D1100996

Ces gens qui
ne se voient pas
tels qu'ils sont

Infographie : Louise Durocher

Catalogage avant publication
de Bibliothèque et Archives nationales du Québec et
Bibliothèque et Archives Canada

Simring, Steven S.
   Ces gens qui ne se voient pas tels qu'ils sont

   Traduction de: Blindspots.

   1. Défaitisme. 2. Perception de soi. 3. Ombre
(Psychanalyse). I. Simring, Sue Klavans. II. Isaacs,
Florence. III. Titre.

BF637.S37S5514 2008   158.1   C2008-94-0118-2

Pour en savoir davantage sur nos publications,
visitez notre site: www.edhomme.com
Autres sites à visiter: www.edjour.com
www.edtypo.com • www.edvlb.com
www.edhexagone.com • www.edutilis.com

01-08

Dépôt légal: 2008
Bibliothèque et Archives nationales du Québec

ISBN 978-2-7619-2360-6

DISTRIBUTEURS EXCLUSIFS :

• Pour le Canada et les États-Unis :
MESSAGERIES ADP*
2315, rue de la Province
Longueuil, Québec J4G 1G4
Tél.: 450 640-1237
Télécopieur: 450 674-6237
* filiale du Groupe Sogides inc.,
   filiale du Groupe Livre Quebecor Media inc.

• Pour la France et les autres pays :
INTERFORUM editis
Immeuble Paryseine, 3, Allée de la Seine
94854 Ivry CEDEX
Tél.: 33 (0) 1 49 59 11 56/91
Télécopieur: 33 (0) 1 49 59 11 33
Service commande France Métropolitaine
Tél.: 33 (0) 2 38 32 71 00
Télécopieur: 33 (0) 2 38 32 71 28
Internet: www.interforum.fr
Service commandes Export – DOM-TOM
Télécopieur: 33 (0) 2 38 32 78 86
Internet: www.interforum.fr
Courriel: cdes-export@interforum.fr

• Pour la Suisse :
INTERFORUM editis SUISSE
Case postale 69 – CH 1701 Fribourg – Suisse
Tél.: 41 (0) 26 460 80 60
Télécopieur: 41 (0) 26 460 80 68
Internet: www.interforumsuisse.ch
Courriel: office@interforumsuisse.ch
Distributeur: OLF S.A.
ZI. 3, Corminboeuf
Case postale 1061 – CH 1701 Fribourg – Suisse
Commandes: Tél.: 41 (0) 26 467 53 33
            Télécopieur: 41 (0) 26 467 54 66
            Internet: www.olf.ch
            Courriel: information@olf.ch

• Pour la Belgique et le Luxembourg :
INTERFORUM editis BENELUX S.A.
Boulevard de l'Europe 117,
B-1301 Wavre – Belgique
Tél.: 32 (0) 10 42 03 20
Télécopieur: 32 (0) 10 41 20 24
Internet: www.interforum.be
Courriel: info@interforum.be

Gouvernement du Québec – Programme de crédit
d'impôt pour l'édition de livres – Gestion SODEC
– www.sodec.gouv.qc.ca

L'Éditeur bénéficie du soutien de la Société de développement des entreprises culturelles du Québec pour son
programme d'édition.

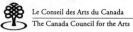

Le Conseil des Arts du Canada
The Canada Council for the Arts

Nous reconnaissons l'aide financière du gouvernement
du Canada par l'entremise du Programme d'aide au
développement de l'industrie de l'édition (PADIÉ) pour
nos activités d'édition.

Dʀ Steven Simring
Sue Klavans Simring

avec la collaboration de Florence Isaacs

Ces gens qui ne se voient pas tels qu'ils sont

Traduit de l'américain par Suzanne Anfossi

LES ÉDITIONS DE
L'HOMME

Une compagnie de Quebecor Media

*À Gene Busnar, que nous aimions
et qui restera à jamais dans notre mémoire.*

Remerciements

Au cours de toutes nos années de pratique en santé mentale, nous avons accompagné nos patients avec comme objectif de les aider à voir plus clair dans leurs façons de se comporter. L'idée d'écrire un livre sur ce sujet nous est venue lors de nos rencontres avec Gene Busnar. Nous faisions appel à Gene, un musicien puis écrivain, pour qu'il nous aide à préciser nos idées et à étoffer notre concept de zone d'écueil individuelle. Nous en étions à mi-chemin dans notre parcours quand nous avons appris la mort tragique et prématurée de notre ami. Nous devons énormément à cet homme et à sa merveilleuse épouse, Liz, ainsi qu'à sa fille, Nadeen.

Il n'est jamais facile de prendre la relève de quelqu'un, mais Florence Isaacs a su s'acquitter de cette tâche avec brio. Florence est une rédactrice de grand talent. Elle a fait preuve d'une infinie patience avec nous, faisant siennes nos idées pour leur donner vie et forme. Nous lui sommes extrêmement reconnaissants du travail magistral qu'elle a accompli.

Bien entendu, rien de tout cela n'aurait été possible sans le concours de notre fantastique agent, Linda Konner. C'est elle qui, après nous avoir aidés à bien cerner le concept de zone d'écueil, nous a présenté d'abord Gene, puis Florence, et ensuite PJ Dempsey de M. Evans and Company.

Introduction

*La folie, c'est de toujours se comporter de la même manière
et de s'attendre à un résultat différent.*

BENJAMIN FRANKLIN

La plupart des patients que nous voyons en psychothérapie sont des gens qui réussissent assez bien dans la vie. Ce sont des personnes intelligentes, qui font bien leur métier, qui ont une famille et des amis. Un bon nombre gagnent un revenu des plus impressionnants. Ces personnes nous consultent parce que certains de leurs schémas de comportement ne cessent de leur causer des ennuis.

Prenons l'exemple d'un cadre d'entreprise de quarante-deux ans : occupant un poste de gestionnaire intermédiaire, il ne parvient jamais à grimper aux échelons hiérarchiques supérieurs. Tout le monde lui dit qu'il fait un boulot fantastique, mais lorsque d'aventure il tente d'obtenir une promotion, il finit par dire ce qu'il ne faut pas et le poste est confié à un collègue plus jeune.

Autre exemple, celui d'une femme dans la force de l'âge à la tête d'une manufacture de vêtements à la mode connaissant un succès retentissant. Cette dirigeante, qui a toujours fait d'excellents revenus, ne dispose pourtant d'aucuns fonds de retraite.

Elle avait certes réussi à mettre de côté des sommes considérables dans ce but, mais elle a fini par dilapider l'argent, constamment mal guidée par des conseillers en placements incompétents.

Et il y a le cas de cet homme de vingt-cinq ans, sur le point de perdre son permis de conduire. En consultation, il nous avoue faire souvent des excès de vitesse, mais se justifie en disant que tous ses amis aussi en font. Lorsqu'il arrive à ses amis d'être arrêtés par la police, ils s'en sortent presqu'à tout coup sans problème. Mais pas lui. Notre jeune homme commence par se disputer avec l'agent de police, et immanquablement il se voit écoper d'une contravention pour excès de vitesse – à laquelle s'ajoute un avertissement pour phare arrière défectueux.

En écoutant tous ces récits au fil des années, nous avons commencé à nous poser la question suivante: «Comment se fait-il que des gens intelligents commettent des erreurs stupides – et qu'ils ne cessent de les répéter encore et encore?» Les problèmes qu'éprouvaient ces gens et qui leur causaient tant d'ennuis étaient d'une évidence flagrante à nos yeux et aux yeux de la plupart des personnes de leur entourage. Pourtant ces patients étaient incapables de voir leur propre comportement destructeur, même si par ailleurs leur faculté de voir les choses clairement n'était pas affectée.

Nous avons remarqué que d'autres personnes intelligentes de notre connaissance – des amis et des collègues – n'échappaient pas à cette règle. Elles refaisaient constamment les mêmes erreurs, faisant porter le blâme des conséquences sur autrui ou la malchance. On aurait dit qu'elles ne voyaient jamais en quoi elles s'étaient trompées. Et bien évidemment, nous ne perdions jamais de vue que nous non plus n'étions pas à l'abri de ce phénomène.

Nous avons pu isoler un certain nombre de zones d'écueil spécifiques – ces lacunes dans notre vision qui font trébucher même les plus intelligents d'entre nous. Ces zones d'écueil font apparaître des schémas de comportement prévisibles qui finissent toujours par créer des problèmes. Si seulement nous étions prévenus du danger, raisonnons-nous, nous saurions quoi faire pour nous protéger.

Nous avons acquis la conviction, grâce à nos travaux cliniques, que certaines zones d'écueil spécifiques étaient typiques à certains genres de personnes. Par exemple, une personne peut être vulnérable à un type de zone d'écueil et pas à d'autres. Parfois une zone d'écueil n'émerge que dans certaines circonstances données, ou ne se manifeste que dans certains aspects de la vie d'une personne. Une personne pouvait être très comblée sur le plan professionnel, et pourtant mener une vie personnelle désastreuse. Le fait de réussir dans un secteur ne garantissait pas forcément qu'on réussisse dans d'autres. Nous avons aussi remarqué que les gens tendaient à se sous-estimer eux-mêmes et à sous-estimer leurs forces. Ils pouvaient agir de manière positive beaucoup plus qu'ils ne le croyaient.

Il est impossible de se prémunir contre les zones d'écueil. Elles font partie de la condition humaine. Mais il existe un antidote : la conscience de soi. Les patients que nous recevons en thérapie nous posent constamment la même question : « Qu'est-ce que je n'arrive pas à comprendre ? Qu'est-ce que je fais qui ne va pas ? Qu'est-ce qui m'échappe ? ». Notre rôle est de les aider à trouver la réponse. Vous aussi, nous pouvons vous aider. Vous pouvez en fait devenir votre propre thérapeute grâce aux outils mêmes que nous employons dans notre propre pratique. Il vous faudra d'abord apprendre à reconnaître quelles sont les zones d'écueil qui vous affectent pour les repérer plus facilement, avant qu'il ne soit trop tard. Certaines techniques éprouvées auprès de nos patients peuvent vous aider à mieux comprendre où vous avez trébuché, à apprendre de vos erreurs et à prévenir les peines et les déceptions. Vous découvrirez aussi les actions que vous faites qui sont justes.

Tentez d'imaginer votre vie comme si vous rouliez sur une voie rapide. Il y aura sûrement de grands espaces où la voie sera libre et où il vous sera facile de conduire à vive allure. À d'autres moments, il y aura des obstacles imprévus et des virages soudains où il vous sera difficile de prévoir ce qui vous attend. Il vous faudra parfois prendre des décisions rapides si vous voulez éviter une collision. À d'autres moments, vous ne saurez peut-être pas quel chemin prendre ou comment contrôler votre vitesse. Ce livre vous guidera tout au long de votre parcours – au foyer, au travail et en société. Vous aurez bien moins souvent à dire : « Voilà que je recommence ! »

PREMIÈRE PARTIE

Les zones d'écueil : principes de base

CHAPITRE I

Qu'est-ce qu'une zone d'écueil ?

La liberté, c'est simplement le chaos vu sous un meilleur éclairage.

ALAN DEAN FOSTER

Une zone d'écueil est un obstacle émotionnel, tout comme un angle mort nous empêche de voir ce qui se passe sur la route et provoque des accidents d'automobile. Imaginez-vous au volant de votre voiture sur l'autoroute. Vous décidez tout à coup de changer de voie. Vous ne voyez pas la voiture qui file à toute allure sur la voie d'à côté et qui s'approche de vous par-derrière. À moins que vous ne changiez d'idée, vous ne pourrez éviter la collision, car l'angle mort vous rend inconscient du danger imminent. Les zones d'écueil vous empêchent elles aussi, sur le plan émotionnel, de voir le danger potentiel que représente une certaine situation dans la vie. Ces zones d'écueil vous embrouillent la vue et déclenchent chez vous des schémas de comportement destructeurs qui vous conduisent à prendre des décisions irréfléchies. Parce que vous êtes incapables de bien voir une situation donnée, vous commettez des erreurs qui font en sorte que vos relations personnelles, vos finances, votre carrière en subissent les conséquences dommageables, parfois même pour le reste de votre vie.

Les zones d'écueil expliquent pourquoi vous vous retrouvez constamment dans des relations sentimentales qui se terminent mal, ou que vous aboutissez irrémédiablement dans des conflits sans issue. Elles sont la raison pour laquelle vous êtes constamment mal conseillé dans vos décisions d'affaires ou financières, sans pour autant tirer profit de vos erreurs passées. Les zones d'écueil vous empêchent de manœuvrer lorsque surgit inévitablement un obstacle dans la vie – et de faire des choix plus judicieux pour le contourner.

Nous avons tous commis un jour ou l'autre une erreur de jugement, en admettant « ne pas avoir vu venir » la situation. Mais nous ne parlons pas ici de maladresses occasionnelles. Les zones d'écueil sont d'une autre nature. Elles se caractérisent par un comportement répétitif, presque compulsif. Pour que votre erreur de jugement puisse être qualifiée de zone d'écueil, il faut que vous ayez agi de la même façon et de manière répétée dans le même genre de situations. Ce sera le cas, par exemple, si votre conseiller en placements vous rappelle pour vous faire son même petit boniment, celui qui vous a fait perdre votre argent dans de mauvais placements à deux reprises par le passé. Si vous décidez d'aller de l'avant une nouvelle fois et que vous le laissez investir dans ce nouveau titre qu'il vous suggère parce que vous croyez que cette fois-ci il saura faire fructifier votre placement, vous êtes en plein dans une zone d'écueil.

Lorsque vous choisissez de vous engager encore et encore avec des partenaires indisponibles sur le plan affectif, ou avec une partenaire superficielle et irresponsable, ou bien auprès d'un ami qui vous draine de votre énergie et qui ne tient jamais compte de vos propres besoins, c'est que vous êtes dans une zone d'écueil. Lorsque vous laissez vos collègues de travail s'approprier régulièrement le crédit de vos réalisations, ou que vous restez dans un emploi de misère année après année, en refusant d'envisager d'autres options, c'est que vous êtes dans une zone d'écueil.

La manière d'opérer d'une zone d'écueil

Lorsque vous êtes dans une zone d'écueil, la réalité d'une situation donnée existe bel et bien, mais vous ne la voyez pas. Il vous est impossible de penser de manière rationnelle. Vous croyez que la prochaine fois (ou que la prochaine personne) sera différente, malgré que tout indique clairement le contraire. Vous ne voyez pas non plus que votre façon de faire face à la situation (quelle qu'elle soit) ne donne aucun résultat. Bien pire, votre manière de vous comporter contribue à perpétuer le problème. Imaginez que vous soyez le parent d'un jeune adolescent ayant de mauvaises fréquentations, et qui ne respecte pratiquement jamais son heure de rentrée. Votre solution consiste à lui crier par la tête et à le punir. Votre jeune ne comprend toujours pas le message, et votre réaction reste encore et toujours la même – vous punissez encore et vous criez encore. Il est évident aux yeux de n'importe quel observateur que vous êtes dans une situation sans issue. Mais vous, vous ne le voyez pas. Vous êtes incapable de faire les choses autrement. Vous ne pouvez pas vous arrêter et vous dire : « Attends une minute. Ça ne fonctionne pas. Peut-être serais-je mieux d'essayer une autre méthode. » Vous continuez de refaire la même action inefficace. Ce raisonnement erroné vous empêche de faire des démarches pour trouver une autre solution plus efficace.

Cette même manière irrationnelle de penser et ce même manque de vision sont une porte grande ouverte à tous ceux qui cherchent à vous tromper, et c'est pourquoi les arnaqueurs savent si bien profiter des zones d'écueil. Lorsqu'un vendeur vous offre de vous procurer quelque chose gratuitement, ou qu'il se lance dans des promesses extravagantes qui sont difficiles à croire, vous refusez d'écouter votre petite voix, celle qui vous dit qu'il y a sans doute quelque chose de louche là-dessous, et vous voilà en train de foncer tête baissée.

Qu'importe que vous vous fassiez prendre à votre propre jeu ou que vous soyez trompé par d'autres : non seulement vous ne tenez pas compte de vos propres doutes, mais vous êtes sourd aux avertissements que les autres vous donnent. Exemple : vous vous fiancez avec une personne qui a déjà été mariée deux fois. La propre mère de cette personne vous dit que vous commettez une grave erreur. Mais vous, vous êtes convaincu que tout ira bien. Vous ne voulez rien entendre qui pourrait modifier vos plans.

Les endroits de prédilection où surgissent les zones d'écueil

Les zones d'écueil peuvent surgir dans n'importe quel aspect de votre vie : votre vie de couple, votre vie sociale, votre vie de famille, vos rapports avec l'argent, votre travail. Elles émergent pendant les périodes de grande intensité affective. Lorsque vous vous sentez menacé, craintif, en colère, dépassé ou excité, vous êtes susceptible d'entrer dans une zone d'écueil, car il vous est impossible de raisonner avec toute votre tête. Lorsque vous êtes éperdument épris de quelque chose, d'une occasion d'affaires ou d'une personne, vous ne pouvez pas être objectif. Les zones d'écueil font souvent surface dans les situations qui touchent aux relations sentimentales et à l'argent, parce qu'il arrive souvent que les gens soient irrationnels dans ces domaines.

Les zones d'écueil surgissent également au moment de faire des achats importants. Il y a des années de cela, nous avons failli acheter une maison qui se serait révélée une erreur monumentale. Cette maison magnifique, extravagante dans sa modernité, avait été conçue par un architecte qui avait su ravir notre imagination. Elle possédait d'adorables tourelles, des murs gracieusement courbés, et beaucoup d'éléments en verre. Mais pour tout le reste, elle ne correspondait absolument pas à ce que nous voulions. Nous avions besoin d'un espace suffisant pour élever une famille en pleine croissance et nous voulions habiter un secteur ayant un bon réseau d'écoles, ce que la localité n'offrait pas. La maison avait beau avoir un design superbe, les murs courbés enlevaient de l'espace pour vivre, et aucun système de climatisation n'avait été prévu. Les chambres des enfants étaient situées dans un pavillon adjacent à la maison principale.

La seule chose qui respectait nos attentes, c'était que cette maison était esthétiquement belle, et n'était pas sans nous rappeler ce que le designer Philip Johnson, aujourd'hui décédé, disait lorsqu'on lui demandait de définir ce qu'est un fauteuil confortable. Pour lui, un fauteuil confortable est un fauteuil agréable à regarder. Par contre, ce n'est pas le genre de meuble que vous voudrez acheter si ce que vous voulez, c'est de vous asseoir confortablement pour lire votre journal.

Nous avons failli acheter la maison en dépit de ses inconvénients parce que nous voulions que ça marche. Nous tentions de trouver une logique dans notre raisonnement. «Nous n'avons pas besoin de climatisation; après tout, les week-ends ne sont pas si nombreux durant l'été où la température grimpe au point d'en avoir besoin», nous disions-nous avec conviction. «Soit, il n'y a pas beaucoup d'espace, et alors? Nous pouvons vivre dans une maison aux murs courbés, et nous n'avons pas vraiment besoin de fenêtres de verre isolant.» Heureusement la raison finit par l'emporter. C'était une maison superbe, mais il n'y avait pas assez de place pour les enfants.

Nous avions été séduits par le côté glamour de la maison et par l'idée que les gens passeraient devant en disant «Mince! Tu as vu ça?». Les zones d'écueil ont aussi un pouvoir de séduction parce qu'elles offrent une porte de sortie facile. Elles vous permettent de faire comme si les difficultés auxquelles vous devez faire face n'existaient pas, plutôt que de les aborder franchement. Elles vous laissent vous en remettre au jugement des autres, plutôt que d'en arriver à une décision mûrement réfléchie. Les zones d'écueil sont un baume qui vous autorise à vous dire dans une pseudo-logique: «J'ai fait ce que j'ai pu», alors qu'en fait, il n'en est rien. Lorsque choisir la solution la plus facile, abdiquer votre pouvoir et utiliser une pseudo-logique comme base de raisonnement servent d'excuses pour rater des occasions et faire des choix non judicieux, c'est que vous êtes dans une zone d'écueil.

L'étendue des zones d'écueil

Les zones d'écueil peuvent surgir à n'importe quel moment dans la vie, et tout le monde est visé. En fait, nous sommes habituellement dans plusieurs zones d'écueil à la fois. Les zones d'écueil peuvent se limiter à une situation particulière. C'est le cas lorsque vous ne tenez jamais compte des indices qui vous montrent qu'il n'est plus dans votre intérêt de continuer à faire affaire avec quelqu'un, et que vous vous entêtez à rester sur vos positions. Une même zone d'écueil et un même schéma de comportement peuvent aussi se présenter dans différents domaines de votre vie, par exemple lorsque vous ne voyez pas que votre patron est mécontent de votre travail, et que simultanément vous ne voyez pas que votre conjoint est malheureux. Dans certains cas, il arrive qu'une zone d'écueil soit présente dans votre vie en général. Si vous êtes une personne extrêmement anxieuse, l'intensité de vos émotions vous empêche de penser clairement, qu'il s'agisse d'acquérir un condo, d'embaucher du personnel, d'évaluer vos besoins à la retraite ou de vous lancer dans une relation extraconjugale.

Les zones d'écueil se présentent aussi selon divers degrés d'intensité. Une zone d'écueil peut émerger de manière si discrète qu'elle ne causera que peu ou pas de problèmes. Par exemple, il se peut que vous vous sentiez intimidé à l'idée de parler devant un groupe de personnes important, mais que vous n'ayez aucune difficulté à exprimer vos opinions dans d'autres circonstances. Dans le cadre de votre travail, cette zone d'écueil ne vous cause pas vraiment de problème. Par contre, certaines zones d'écueil dont la charge émotionnelle est plus grande peuvent causer de vrais problèmes, et vous conduire à agir de façon téméraire, ou au contraire à laisser faire les choses passivement jusqu'à ce qu'un désastre frappe, sans que vous n'ayez pris les moyens de vous protéger. À l'extrême, une zone d'écueil très envahissante peut anéantir votre vie. Elle peut vous occasionner des démêlés avec la justice ou même vous mener en prison. Elle peut briser votre mariage ou détruire votre carrière. Le défi consiste à apprendre à maîtriser vos zones d'écueil plutôt qu'à les laisser vous maîtriser. Et c'est là tout l'objet de ce livre.

Repérer les zones d'écueil

Chacune des zones d'écueil individuelles possède des caractéristiques qui lui sont propres. Mais il y a quatre indices généraux qui permettent de déceler si oui ou non vous êtes dans une zone d'écueil. Vous savez qu'il s'agit d'une zone d'écueil lorsque:

- vous n'obtenez pas les résultats que vous souhaitez;
- il vous est arrivé sensiblement la même chose par le passé, et le résultat a été négatif;
- les gens vous disent: «Tu es en train de refaire la même erreur»;

- vous ne tenez pas compte de votre petite voix intérieure, si faible soit-elle, qui vous dit qu'il y a peut-être quelque chose qui ne tourne pas rond.

Surmonter les zones d'écueil

Il est vital que vous appreniez à maîtriser les zones d'écueil qui vous causent des problèmes, car elles vous empêchent d'atteindre vos buts, bloquent la route du succès et nuisent à votre bonheur et à votre bien-être en général. Pour vous aider à les transformer ou à les éliminer, nous avons mis au point un processus en cinq étapes, que nous avons nommé « la Méthode infaillible ».

La Méthode infaillible vous aidera à réaliser des objectifs qui changeront votre vie :

- Dépasser les émotions puissantes qui déforment votre jugement ;
- Distinguer les personnes dignes de confiance de celles qui ne le sont pas ;
- Savoir ce que vous attendez vraiment des gens, et aussi ce qu'ils attendent de vous ;
- Comprendre comment les messages que vous croyez véhiculer sont reçus par les autres ;
- Prendre des décisions justes en sachant déceler les faits derrière les émotions, et les utiliser dans votre meilleur intérêt ;
- Vous défendre contre les effets des zones d'écueil d'autres personnes ;
- Atteindre des objectifs et dépasser vos attentes dans votre vie personnelle et professionnelle.

Ces habiletés s'imbriquent les unes dans les autres, et une fois que vous les aurez acquises, vous serez beaucoup mieux en mesure de prédire et de maîtriser la tournure des événements. Pour vous aider à franchir cette étape cruciale dans votre cheminement, vous disposerez de tout un éventail de stratégies. Les outils que nous proposons se basent sur des années d'expérience clinique, et sur le fait que nous avons éprouvé nos techniques sur le terrain, afin de s'assurer de leur efficacité.

Jamais il n'a été aussi important de savoir négocier avec nos zones d'écueil. Nous vivons à une époque où l'incertitude et le scepticisme sont présents comme jamais, et il semble qu'il soit plus difficile que jamais de faire confiance aux bonnes intentions d'autrui – pour ne pas dire à notre jugement. La menace constante d'actes terroristes et de guerre mondiale émousse encore davantage notre sentiment de contrôle et de bien-être collectif. Cette insécurité grandissante a contribué à créer un environnement où nous sommes de plus en plus vulnérables à la fois aux mensonges d'autrui, mais aussi aux mensonges que nous nous racontons à nous-mêmes.

Notre intention est de vous guider dans le brouillard de la duperie et de vous en faire sortir pour retrouver la lumière. Vous serez ainsi capable d'anticiper les problèmes et de les minimiser ou de les éviter, puisque vous serez capable de vous dire : « Un instant ! Je sais où sont mes vulnérabilités. Suis-je en train de prendre une décision ou de faire quelque chose pour les mauvaises raisons ? Est-ce que mon raisonnement est clair, est-ce que je suis en train de prendre la responsabilité de mon propre bonheur ? » Peu importe la réponse, cette voie sera la bonne si vous voulez acquérir une plus grande maîtrise de votre vie.

Comment utiliser ce livre

Vous donner tous les outils possibles pour bien évaluer les personnes, les situations et vos propres motivations, et ce, avec une précision jamais encore atteinte, en plus d'accroître vos chances dans la vie, voilà ce nous visons pour vous. Voici de quelle manière vous devez utiliser ce livre pour y arriver :

1. Tentez d'évaluer à quel point les zones d'écueil font partie de votre vie en ce moment en remplissant l'Inventaire initial des zones d'écueil (voir le chapitre 2).
2. Apprenez à reconnaître les huit zones d'écueil critiques (voir le chapitre 3), et observez lesquelles semblent correspondre à vous (ou à d'autres).
3. Lisez bien la Méthode infaillible (voir le chapitre 4) pour comprendre comment analyser les zones d'écueil en général et comment y faire face.
4. Confirmez lesquelles parmi les zones d'écueil se rapportent à vous personnellement en répondant au bref questionnaire qui se trouve au début de chacun des chapitres relatifs à une

zone d'écueil en particulier. Les chapitres 7 à 14 traitent chacun des huit zones d'écueil critiques. Ils décrivent la zone d'écueil dans ses moindres détails et vous montrent comment la surmonter en appliquant la Méthode infaillible.

5. Lisez d'abord le chapitre 7, Première zone d'écueil : *Prendre ses désirs pour des réalités*. En effet, cette zone d'écueil agit en tandem avec plusieurs autres zones. Vous pourrez ensuite choisir de lire les chapitres traitant de chacune des zones d'écueil qui s'applique le plus à vous. Mais nous ne saurions trop insister sur l'importance de lire tous les chapitres, peu importe dans quel ordre. Même si une zone d'écueil en particulier semble ne vous causer personnellement aucun problème, vous trouverez des conseils utiles et d'autres renseignements qui pourront vous aider à faire face plus facilement à bien des situations. En outre, la lecture de ces chapitres vous aidera à reconnaître les zones d'écueil présentes chez d'autres. Vous avez beau être le meilleur conducteur qui soit, vous devez savoir prévoir l'aveuglement des autres, dont les actions peuvent vous mettre en danger.

6. Lisez la troisième partie, qui conclut ce livre (soit les chapitres 15 à 19) pour apprendre à reconnaître l'aspect qui, chez vous, joue un rôle dans l'apparition des schémas de comportement destructeurs, et à modifier ces schémas ; lisez-la pour savoir comment faire face aux autres obstacles psychologiques, et pour savoir à quel moment la lecture d'un livre n'est plus suffisante et qu'il vous faut consulter. Vous lirez des récits détaillés de personnes ayant réussi à surmonter leurs zones d'écueil. Le dernier chapitre vous aidera à évaluer vos progrès et à faire face à l'adversité pendant que vous poursuivez vos démarches en vue de maîtriser vos propres zones d'écueil. Vous apprendrez aussi comment négocier avec les zones d'écueil d'autrui qui vous causent des difficultés.

CHAPITRE 2

Évaluation de vos zones d'écueil

Il vaut mieux faire une erreur au début qu'à la fin.

DICTON AFRICAIN

Tout le monde est aux prises avec des zones d'écueil : politiciens, pilotes d'avion, physiciens, professeurs d'université, milliardaires, tout le monde. Nous sommes tous à risque, peu importe notre quotient intellectuel, le solde de notre compte de banque, notre degré de scolarité ou ce que nous faisons dans la vie. Pour évaluer le rôle que jouent les zones d'écueil dans votre vie en ce moment, répondez au questionnaire ci-dessous. Vos réponses mettront en évidence les aspects de votre vie où des zones d'écueil vous causent des problèmes. Elles vous donneront aussi une idée des différentes manières dont vous vous leurrez vous-même.

INVENTAIRE INITIAL DES ZONES D'ÉCUEIL

Directives : Notez chacun des énoncés suivants sur une échelle de 1 à 5, comme suit :

1 = pas d'accord la plupart du temps
2 = pas d'accord à l'occasion

3 = d'accord et pas d'accord à peu près également
4 = d'accord à l'occasion
5 = d'accord la plupart du temps

- **Mes décisions entraînent habituellement les résultats que j'avais prévus.**

(Il existe une correspondance entre la façon dont vous croyiez que les événements allaient se dérouler et la façon dont ils déroulent en réalité. Si vous vous retrouvez souvent perplexe à vous demander « Mais comment diable ai-je fait pour me retrouver dans ce bourbier ? », c'est que vous avez passé outre à certains facteurs ou que vous n'avez pas tenu compte d'une information qui aurait pu vous aider à obtenir le résultat que vous souhaitiez, ou du moins à éviter de vous retrouver dans le pétrin.)

- **Quand une situation ne donne pas les résultats escomptés, je suis capable de voir où j'ai failli dans mon évaluation.**

(Pour cesser de répéter les mêmes erreurs, vous devez comprendre ce que vous avez fait qui n'a pas fonctionné. Blâmer simplement la malchance ne sert à rien : cela vous empêche de voir plus loin et d'examiner le rôle que vous avez vous-même joué dans un fiasco quelconque – comme par exemple un manque de recherche préalable dans le cadre d'un projet ou d'une occasion d'affaires avant de vous lancer dans l'aventure.)

Je sais habituellement comment faire pour éviter d'être submergé par des émotions fortes telles que l'amour fou ou la peur, qui déforment mon jugement.

(Il arrive à tout le monde de passer par des périodes particulièrement intenses sur le plan émotif, mais êtes-vous capable de voir que ce n'est pas le moment de prendre des décisions ? Êtes-vous capable de prendre un peu de recul et d'admettre : « Je suis trop en colère pour penser clairement. Je déciderai demain, quand je me serai calmé. » ?)

Je parviens assez bien à reconnaître ceux en qui je peux avoir confiance, et ceux en qui je ne peux pas avoir confiance.

(Êtes-vous régulièrement de ceux que les gens abusent ou qui sont continuellement déçus par les autres ? La confiance que vous mettez dans vos amis, vos collègues ou des professionnels, tels qu'un comptable ou un agent immobilier, est-elle bien placée? Il y a un juste milieu entre trop faire confiance et rater des occasions.)

- **Je sais ce que j'attends des gens.**
  (Êtes-vous capable de vous concentrer sur vos objectifs sans vous laisser distraire par le charisme de quelqu'un? Si votre objectif est d'investir intelligemment, cela n'a rien à voir avec la personnalité du vendeur, ou la liste des clients de prestige du conseiller financier.)

- **Je perçois bien ce que les gens attendent de moi.**
  (Avez-vous toujours l'impression que les gens profitent de vous? Arrivez-vous à faire la différence entre une personne qui souhaite être votre ami et celle qui veut simplement vous soutirer des renseignements, ou celle qui est à la fois l'un et l'autre? Si la réponse est non, il vous arrivera souvent d'être déçu par les autres.)

- **Les autres reçoivent les messages que je leur communique exactement comme je l'entendais.**
  (Y a-t-il beaucoup de malentendus dans votre vie? Croyez-vous que votre conjoint ou que vos collègues de travail devraient pouvoir lire dans votre pensée et comprendre ce que vous voulez sans que vous ayez à leur dire? Arrive-t-il souvent que ce que vous faites ou ce que vous dites fasse long feu? S'il vous arrive régulièrement d'offenser des gens sans le vouloir ou qu'on ne vous rappelle jamais après une entrevue d'emploi, c'est que vous envoyez des messages qui ne correspondent pas à vos intentions.)

- **Je sais toujours quand il faut (et quand il ne faut pas) agir dans une situation donnée.**
  (Tout est une question de savoir choisir le bon moment. Achetez-vous ou vendez-vous toujours au mauvais moment? Ou demandez-vous une augmentation de salaire toujours trop tôt ou trop tard? Êtes-vous capable de vous retirer d'un projet lorsque les conditions changent et que les chances de réussir ne semblent plus être de votre côté?)

- **J'assume la responsabilité de mes fautes et de mes erreurs, et je m'attends à ce que les autres fassent de même.**

(Si vous vous cachez constamment derrière un alibi, vous ne réussirez jamais à régler vos problèmes de manière efficace et à améliorer votre rendement la fois suivante. S'excuser et se lamenter continuellement, en disant par exemple « Pauvre de moi », vous entraîne continuellement à répéter les mêmes erreurs.)

- **J'ai le sentiment de maîtriser ma propre destinée, bien que je sois conscient que certaines choses soient hors de mon contrôle.**

(Avoir conscience de ses limites est une chose essentielle dans la vie. Il vous faut comprendre que vous ne pouvez pas tout savoir et que tout ne se passe pas toujours parfaitement bien. Le fait de surestimer ou de sous-estimer vos capacités peut vous anéantir, ou du moins vous entraîner dans la désillusion. Le succès réside dans l'équilibre, dans le fait de savoir établir des objectifs réalistes, et d'avoir une idée juste de ce que vous pouvez accomplir.)

Si vous avez obtenu un total :
de 45 à 50 points :
Les zones d'écueil ne vous causent que peu de problèmes.

de 37 à 44 points :
En règle générale, vous n'éprouvez que des problèmes mineurs, ou bien vous éprouvez des problèmes plus importants dans un ou deux domaines particuliers.

de 30 à 36 points :
Certaines zones d'écueil vous causent possiblement de graves difficultés dans un ou deux domaines, ou des problèmes modérément graves dans un éventail quelque peu plus étendu.

de 25 à 29 points :
Certaines zones d'écueil vous causent probablement de graves difficultés dans trois ou quatre domaines clés, ou des problèmes modérément graves dans cinq domaines ou plus.

de 24 points ou moins :
Certaines zones d'écueil vous causent probablement de graves difficultés dans plusieurs domaines clés. Vous éprouvez vraisemblablement des problèmes graves liés à duperie dans cinq domaines ou plus, ou bien des problèmes modérément graves dans sept domaines ou plus.

Si vous avez obtenu un total de 45 points ou plus, de manière générale vous vous connaissez bien. Il n'y a probablement aucun aspect important de votre vie où des zones d'écueil pourraient effectivement vous causer problème. Un total de 37 à 44 points indique que vos zones d'écueil causent quelques problèmes. Soyez vigilant. Si vous avez obtenu un total de 25 à 36 points, vos zones d'écueil commencent à vous donner du fil à retordre. Faites attention aux comportements autodestructeurs. Un total de 24 points ou moins laissent entendre que vos zones d'écueil sont présentes de manière très importante dans tous les aspects de votre vie. Assurez-vous de prendre connaissance de la Méthode infaillible qui se rapporte à chacune des zones d'écueil pour mettre en lumière les domaines problématiques et modifier vos comportements.

Conditions qui vous rendent plus vulnérable aux zones d'écueil

Il faut savoir que certaines conditions vous rendent plus susceptibles à l'éclosion d'une zone d'écueil. Les émotions fortes ou les efforts démesurés que vous faites pour prouver quelque chose peuvent vous faire tomber dans une zone d'écueil. Les transformations de la vie et le chagrin lié à une perte peuvent aussi faire émerger une zone d'écueil. Prenez garde lorsque les circonstances suivantes se présentent :

Les émotions fortes
Chaque fois que vous avez une poussée d'adrénaline, c'est-à-dire chaque fois que vous vous sentez menacé, nerveux, craintif, en colère ou submergé par les émotions, le degré d'anxiété s'accroît et cela affecte votre manière de voir les choses. Les émotions très positives, comme la passion que vous éprouvez envers quelqu'un

ou quelque chose, vous empêchent aussi de voir les choses clairement ou de penser de manière rationnelle. Par exemple, si l'on vous presse de prendre une décision ou d'obtenir des résultats rapidement, vous risquez de faire émerger une zone d'écueil, car le stress affecte le jugement. Si l'on exerce de la pression sur vous pour que vous augmentiez le volume des ventes (ou si l'on vous presse de vous marier), vous aurez probablement plus tendance à prendre des risques insensés ou à prendre des raccourcis.

Le changement

Le changement, même le changement positif, comme lorsque vous commencez un nouvel emploi, que vous vous mariez, que vous mettez un enfant au monde, ou que vous déménagez dans une nouvelle localité, crée un état d'anxiété mêlé de joie auquel s'ajoutent d'autres émotions intenses. Cet état nuit à votre faculté de raisonner et vous rend plus susceptible à commettre des impairs. Même obtenir une promotion peut vous mettre dans le pétrin. Devenir patron est un changement de rôle qui implique de grandes responsabilités, modifie les relations avec vos collègues, et crée d'autres tensions susceptibles d'obscurcir votre jugement. Il se peut aussi qu'on cherche à vous discréditer.

La perte

Toute perte entraîne une certaine vulnérabilité sur le plan émotionnel, qu'il s'agisse d'une perte d'emploi, de revers financiers, de la fin d'une relation amoureuse, d'un divorce ou d'un décès. Cette vulnérabilité déclenche à son tour l'émergence de zones d'écueil. Ce sont des périodes où votre estime de vous-même est mise à rude épreuve et où vous vous sentez trop submergé par la douleur pour prendre des décisions éclairées. David Denby, critique de cinéma au *New York Times*, décrit dans son livre *American Sucker* les années d'enfer qu'il a vécues après que son épouse l'eût quitté après vingt ans de vie commune. Il développa alors une obsession des sites pornographiques et des voitures, et eut une liaison avec une femme mariée. Il perdit aussi une fortune lors de la chute des marchés boursiers en 2001. Tout le monde perd un peu la tête pendant les premiers temps d'une séparation. Le traumatisme de la perte réduit votre capacité à réfléchir, et de ce fait il vous met en position de vivre des situations où vous serez dupé, par vous-mêmes ou par les autres.

Le désir de prouver quelque chose

Lorsque vous cherchez à prouver quelque chose, vous vous préoccupez davantage de vos propres besoins que des faits liés à une situation donnée, et vous êtes moins porté à étudier le pour et le contre avant de prendre une décision. Lorsque, après un divorce, vous cherchez à prouver que vous êtes encore désirable, il est fort probable que vous ayez davantage tendance à trouver des prétextes pour vous engager avec quelqu'un qui vous rabaisse continuellement et vous soutire votre argent.

Tentez de vous rappeler que ces situations sont des « drapeaux rouges », des signaux d'avertissement qui vous disent de vous arrêter et de réfléchir, si vous ne voulez pas avoir des ennuis.

CHAPITRE 3

Savoir reconnaître
les huit zones d'écueil critiques

On répète plus vraisemblablement les mêmes erreurs
plutôt que d'en tirer profit.

MALCOLM FORBES

Les zones d'écueil vous empêchent d'atteindre votre plein potentiel dans la vie, et c'est pourquoi nous voulons vous aider à composer avec les vôtres. Nous avons ainsi défini huit zones d'écueil critiques (voir ci-dessous), c'est-à-dire huit pièges émotionnels qui vous entraînent à répéter sans cesse les mêmes erreurs de jugement et dont les effets désastreux affectent vos relations personnelles, vos finances et votre carrière.

1. Prendre ses désirs pour des réalités

Cette zone d'écueil consiste à croire que quelque chose existe simplement parce que vous voulez qu'il en soit ainsi, qu'il s'agisse de questions liées à votre travail, à votre foyer ou à l'argent. Prendre ses désirs pour des réalités, c'est croire, par exemple, qu'un arrangement quelconque vous permettant d'obtenir quelque chose sans avoir rien à payer est légitime, que vos collègues vous aimeront, ou encore que votre fiancé s'arrêtera de jouer une fois que vous serez mariés. Vous persistez à croire cela malgré qu'il existe quantité de preuves à l'effet contraire. Par exemple, peut-être vivez-vous constamment au-dessus de vos moyens en vous disant: «L'année prochaine, je vais faire plus d'argent, et je serai en mesure de payer tout ce que je dois.» Puis, l'année suivante arrive et la situation économique est telle que vous n'y arrivez pas. Vous êtes dans la zone d'écueil *Prendre ses désirs pour des réalités*.

En l'an 2000, pendant que des millions de personnes assistaient au plongeon fulgurant des marchés boursiers, prendre ses désirs pour des réalités était une chose très répandue. Les cours ne cessaient de baisser, et les investisseurs conservaient quand même leurs titres. «Le marché va remonter», se rassuraient-ils, tenant bon la barre pendant que les pertes s'accumulaient. «Après tout, le cours des actions ne peut descendre que jusqu'à un certain point», raisonnaient-ils. Les gros comme les petits investisseurs choisirent de ne pas bouger, adoptant une stratégie qui de toute évidence ne donna pas les résultats escomptés. Certains d'entre eux essuyèrent des pertes si considérables qu'ils durent piger dans leurs économies de retraite. Aujourd'hui, ils se mordent les doigts de n'avoir pas vendu plus tôt. «Comment ai-je pu rester là à ne rien faire?», s'écrient-ils.

2. Ne pas savoir si vous maîtrisez ou non une situation
Lorsque vous êtes dans cette zone d'écueil, vous avez tendance à surestimer ou à sous-estimer le degré de contrôle que vous avez sur une situation donnée. C'est le cas lorsque vous tentez de «mettre à votre main» ou de changer votre conjoint, ou de transformer votre enfant, qui n'a rien d'un athlète, en une vedette sportive; non seulement c'est inutile, mais la relation en écope chèrement. Ou bien vous vous obstinez à rester en couple avec une personne dans une relation qui n'avance à rien depuis des années, persuadé qu'à un moment donné vous arriverez à convaincre la personne de vous épouser. En général, c'est la déception qui vous attend. Vous croyez maîtriser une situation, alors qu'en réalité il n'en est rien. Lorsque vous êtes dans cette zone d'écueil, vous vous engagez continuellement dans de trop

nombreux projets, en surestimant ce que vous pouvez accomplir en réalité. Souvent vous finissez par vous épuiser et vous n'êtes pas en mesure de respecter vos échéances. Votre réputation en souffre.

À l'inverse, vous aurez peut-être l'impression de ne pouvoir rien faire par vous-même, alors qu'en réalité, vous avez du pouvoir. Vous vous percevez comme n'ayant pas le choix, alors que c'est faux, ou bien vous sous-estimez vos forces. Par exemple, vous avez de la difficulté à établir vos limites et à dire non. Plus souvent qu'autrement, vous vous retrouvez à faire que ce vous ne voulez pas faire, comme lorsque vous avez des projets de carrière, mais que votre famille insiste plutôt pour que vous joigniez les rangs de l'entreprise familiale (ou de l'armée). Vous avez l'impression que vous n'avez d'autre choix que d'abandonner vos espoirs de réalisation personnelle et de suivre le courant.

3. Croire aux mythes

Vous acceptez comme vrais les mythes, les croyances populaires ou les pensées et les dictons constamment rebattus, tels que « Les couples heureux ne se disputent jamais » ou « L'ardeur au travail est toujours récompensée » – sans jamais les remettre en question. À la maison, au travail, et partout ailleurs vous vivez votre vie en fonction de ces affirmations. Ces mythes se fondent souvent sur des demi-vérités ou d'anciennes vérités qui n'ont plus cours aujourd'hui, et c'est pourquoi le fait d'y croire nuit parfois à vos relations avec les autres, à votre carrière et bien plus encore.

Par exemple, vous demeurez en poste dans un emploi donné, en attendant encore et encore que l'on vous accorde une promotion méritée mais que vous n'obtenez jamais, au lieu d'envoyer votre curriculum vitae à d'autres employeurs potentiels et de chercher un nouvel emploi. Cette zone d'écueil vous empêche de voir à vos propres intérêts et d'atteindre vos objectifs. Elle agit aussi en alimentant ces désirs que l'on prend pour des réalités, en fournissant des prétextes pour éviter de procéder aux modifications qui s'imposent. Les mythes qui touchent la famille sont particulièrement destructeurs.

4. Ne pas savoir comment vous êtes perçu

Vous avez une perception erronée de la façon dont les gens vous voient. Cette zone d'écueil peut anéantir une carrière ou mener à des échecs amoureux (sans parler des échecs politiques). Vous avez une perception déformée de vous-même, et cela vous empêche d'être conscient des réactions que vous provoquez chez les autres. Vous ne vous rendez pas compte à quel point vous êtes perçu comme un être colérique, arrogant ou insensible. L'inverse est également vrai. Il se peut que les autres vous perçoivent comme une personne drôle, éloquente et intelligente, et que vous ne soyez pas du tout conscient de l'attrait que vous exercez sur eux. Quand vous ne savez comment vous êtes perçu par les autres, vous n'êtes pas conscient non plus du contexte dans lequel ces interactions se produisent, ou vous l'interprétez de manière erronée, vous vous trompez par rapport à ce que les autres veulent de vous. Il se peut que vous ne voyiez pas les intentions cachées des gens et que vous ne pensiez pas à surveiller vos arrières. Par exemple, lorsque vous vous présentez pour une entrevue d'emploi, vous négligez de vous informer sur l'entreprise ou de vous préparer aux questions qu'on vous posera sur les forces qui font de vous un bon candidat utile à l'entreprise. À la place, vous vous concentrez sur ce que *vous* voulez retirer de cet emploi. Et vous vous demandez ensuite pourquoi on ne vous rappelle pas.

5. Être à la recherche d'un héros

Vous êtes tellement subjugué par une personne, surtout quand il s'agit d'un partenaire amoureux ou d'un associé d'affaires, que votre jugement en est affecté. Cette personne devient votre idole et vous lui attribuez des «pouvoirs magiques», vous remettant entre ses mains pour vous faire gagner de l'argent ou vous protéger ou vous donner un statut particulier. Toutefois, vous placez ainsi votre confiance sans avoir la preuve que vous pouvez effectivement le faire. Vous vous retrouvez alors déçu, ou bien dans de sérieux ennuis personnels ou financiers. Cette zone d'écueil vous fait courir des risques lorsque vous recourez aux conseils d'experts de quelque domaine que ce soit. Vous cherchez à obtenir les services d'un avocat ou d'un conseiller financier qui a du charisme, ou bien vous faites appel au médecin d'une vedette quelconque, sans vous préoccuper de savoir s'ils répondront vraiment à vos besoins.

6. Être un héros ou un sauveur

Voici l'envers de la zone *Être à la recherche d'un héros*. Lorsque vous êtes dans cette zone d'écueil, vous volez continuellement au secours des autres, pour satisfaire vos propres besoins autant que ceux des autres. Vous aimez qu'on vous place sur un piédestal, ou vous avez l'impression que vous ne valez rien sauf lorsque vous venez en aide à quelqu'un. Vous êtes attiré par les gens dans le besoin, y compris vos partenaires amoureux qui sont continuellement dans le pétrin, que ce soit sur le plan financier, judiciaire ou affectif.

Par exemple, vous épousez successivement des femmes déprimées ou qui dilapident votre argent. Ou alors vous sortez les gens de prison en acceptant de payer leur caution, ou vous tentez de leur trouver du travail. Ces «bonnes actions» vous drainent de votre énergie, car ces gens bien souvent ne veulent pas s'aider eux-mêmes; elles vous empêchent aussi de vous investir dans des activités plus importantes et positives, et de vivre des relations personnelles équilibrées.

7. Être submergé par les émotions

Les émotions fortes, comme l'amour, la jalousie, la rage, la douleur et la tristesse, affectent votre jugement. Vous vous précipitez en prenant des décisions impulsives et destructrices, et vous agissez de manière prompte et téméraire lorsque vous êtes aux prises avec le flot d'émotions qui vous assaille. Souvent vous vous engagez de manière irrévocable sans examiner les conséquences de vos gestes. Par exemple, un client vous a causé des problèmes, et vous persistez à décharger sur lui votre rage en lui écrivant une lettre remplie de colère où vous énumérez tous ses torts. Vous en faites un ennemi. Un an plus tard, il quitte l'entreprise et va travailler pour une compagnie que vous cherchez à obtenir comme cliente, pour découvrir ensuite qu'il est en mesure de bloquer toutes vos tentatives en ce sens. Cette zone d'écueil vous conduit à prendre des décisions impulsives et irrationnelles, que ce soit dans votre vie sentimentale, vos finances ou d'autres domaines.

8. Choisir le mauvais moment

Vous ratez des occasions (ou vous vous faites du tort d'une manière ou d'une autre) en agissant trop rapidement, trop tard, ou pas du tout. Vous manquez de vision. Vous craignez de prendre des risques calculés et vous passez à côté d'emplois intéressants. Ou alors vous congédiez quelqu'un trop vite, sans penser aux conséquences de ce geste sur la charge de travail des autres employés. Ou encore vous attendez trop longtemps avant de faire la promotion d'un produit quelconque ; lorsque enfin vous vous décidez, il est déjà passé de mode. Il s'agit d'une zone d'écueil qui touche aussi les relations interpersonnelles. Peut-être décidez-vous de rompre avec votre conjoint sans vous être véritablement donné la chance de vous réconcilier. Plus tard, vous regrettez d'avoir précipité votre divorce. Mais il est trop tard, votre ex-mari vit maintenant heureux avec sa nouvelle épouse. Vous avez l'impression que votre relation amoureuse aurait pu être sauvée si vous n'étiez pas partie si précipitamment et si vous aviez consenti à faire plus d'efforts pour régler vos problèmes.

Repérer et transformer les zones d'écueil

Vous reconnaissez-vous dans une ou plusieurs des descriptions précédentes ? Si oui, lesquelles ? Le type de zones d'écueil dépend du type de chacun ; certaines d'entre elles sont plus faciles à observer que d'autres, selon que vous êtes plus ou moins conscient de qui vous êtes et de la situation dans laquelle elles se manifestent. Transformer une zone d'écueil peut se faire aisément ou plus difficilement, tout dépendant de l'ampleur de son action sur vous. Les zones d'écueil qui s'amalgament à certains traits de la personnalité sont les plus difficiles à transformer, car notre personnalité, de manière générale, ne change pas. Par exemple, si l'on vous perçoit comme une personne trop agressive ou colérique, et que ces traits de caractère font partie de votre personnalité, vous aurez plus de difficulté à transformer votre zone d'écueil qu'une autre personne qui devient agressive ou en colère seulement lorsqu'elle fait face à certaines circonstances ou lorsqu'elle doit composer avec certaines situations ou certaines personnes en particulier.

Les zones d'écueil selon le sexe

On retrouve les zones d'écueil autant chez l'homme que chez la femme, mais la façon dont elles se manifestent diffère parfois d'un sexe à l'autre. Aussi cliché que cela puisse paraître (et malgré qu'il existe de nombreux chevauchements), c'est un fait que dans notre société les hommes et les femmes reçoivent *effectivement* une éducation différente sur le plan social et que par conséquent leurs expériences sont vécues différemment. Par exemple, un homme est généralement moins porté qu'une femme à consulter un médecin, parce qu'on s'attend à ce qu'il se débrouille tout seul plutôt qu'il demande de l'aide. Un homme pourra faire complètement abstraction des symptômes physiques liés à un grave problème de santé et se convaincre lui-même qu'il va bien alors qu'il en va tout autrement. Il en découle que les hommes sont plus susceptibles que les femmes de vivre des situations difficiles concernant leur santé lorsqu'ils sont dans la zone d'écueil *Ne pas savoir si vous maîtrisez ou non une situation*. En revanche, les femmes auront davantage tendance à faire du harcèlement lorsqu'elle se retrouve dans cette zone. Elles se sentent impuissantes et croient (à tort) que le fait d'insister continuellement finit par donner des résultats.

Les hommes, lorsqu'ils élèvent la voix, sont souvent peu conscients de l'effet que cela produit sur les autres. Ils ne se rendent pas compte que leur voix plus forte et plus puissante sur le plan physiologique intimide les femmes et les enfants. Cela leur cause des problèmes à la maison lorsqu'ils se trouvent dans la zone *Ne pas savoir comment vous êtes perçu*.

Les femmes qui sont dans la zone *Croire aux mythes* auront plus de problèmes à exprimer ce qu'elles pensent et à accepter le crédit de leurs réalisations au travail. Elles ont été conditionnées socialement à faire preuve de modestie.

Aller vers des solutions

Maintenant que vous connaissez les huit zones d'écueil critiques, vous allez apprendre comment agir d'une manière plus efficace et plus concentrée. Lorsque vous êtes dans des zones d'écueil, vous agissez à l'encontre de vos intérêts. Vous êtes passé maître dans l'art de faire fi des faits et de la sagesse qui découlent des expériences passées, et ce, dans des domaines importants de votre vie. Nous allons maintenant vous montrer comment vivre de manière plus intelligente – et bien plus heureux.

CHAPITRE 4

La Méthode infaillible en cinq étapes

Qui me trompe une fois, honte à lui ;
qui me trompe deux fois, honte à moi.

PROVERBE CHINOIS

Faire des erreurs est dans la nature humaine ; cela fait partie de la vie et il arrive souvent qu'on en tire des leçons profitables. En revanche, nous pouvons vous aider à ouvrir votre regard, à apprendre de vos expériences et à freiner le mouvement qui vous porte à répéter sans cesse les mêmes erreurs de jugement. Même les plus brillants d'entre nous ont parfois de la difficulté à tirer profit de leurs erreurs. Lorsque nous aboutissons continuellement dans les mêmes situations désastreuses, il nous arrive de nous considérer comme les victimes d'un quelconque dessein cosmique contre lequel nous somme impuissants. « Pourquoi moi ? », nous demandons-nous.

Nous avons conçu un programme que nous avons nommé la Méthode infaillible et qui vous aidera à briser ce cercle vicieux et à être plus efficace. Lorsque vous êtes dans une zone d'écueil, vous désirez quelque chose (avoir une meilleure vie sociale, par exemple), mais vous agissez sans cesse de telle sorte que vous produisez les résultats inverses – ou bien vous vous aliénez les gens. Ou alors, vous demeurez passif ou vous remettez les choses au lendemain, de telle sorte que rien de bon ne puisse arriver. Au lieu de prendre part à des rencontres sociales, vous restez chez vous et vous manquez l'occasion de vous faire de nouveaux amis. La Méthode infaillible agit de deux façons bien précises pour vous permettre de changer les choses :

- elle vous aide à cesser vos comportements autodestructeurs avant qu'ils ne causent des problèmes, et pendant qu'il est encore temps de changer de cap et d'arriver aux résultats que vous souhaitez obtenir ; ou bien

- elle vous aide à analyser les erreurs du passé au lieu de les justifier, à comprendre ce que vous auriez pu faire différemment et pourquoi vous n'avez pas vu plus tôt la réalité telle qu'elle était.

Avec cette Méthode, vous pourrez entreprendre votre propre cheminement en suivant les étapes qu'elle propose. Elle s'applique quelle que soit la zone d'écueil et quelle que soit la situation qui ne vous apporte pas les résultats escomptés – ou lorsqu'une personne vous dit : « Voilà que tu recommences. » Chacune des étapes vous oblige à adopter une attitude résolument honnête envers vous-même et à confronter l'écart qui existe entre vos désirs et ce que vous devez faire pour les réaliser.

La Méthode infaillible en cinq étapes

Étape 1. Se concentrer sur l'objectif que l'on veut atteindre.

Étape 2. Séparer les faits de la fiction.

Étape 3. Reconnaître les blocages émotifs et les faire disparaître.

Étape 4. Solliciter des conseils ou des commentaires pour favoriser un changement positif.

Étape 5. Agir dans son meilleur intérêt.

Étape 1. Se concentrer sur l'objectif que l'on veut atteindre

La première étape de la Méthode infaillible est de savoir quel est l'objectif visé. Assurez-vous de le maintenir bien en vue, qu'il s'agisse d'acheter une maison, de décrocher un emploi, de vous lancer dans une nouvelle relation amoureuse, ou d'investir en vue de votre retraite. Lorsque vous êtes dans une zone d'écueil, vous perdez de vue votre objectif. Le lien entre le but à atteindre et les moyens pour y parvenir est rompu. Vous vous laissez distraire ou vous vous détournez de votre chemin pour suivre une voie qui ne vous mène pas là où vous voulez aller. Posez-vous régulièrement la question : «Suis-je en train de réaliser mon objectif?» Si la réponse est non, c'est que vous devez modifier votre stratégie ou votre plan.

Si votre but est de vous marier, mais que la situation actuelle est telle que la chose n'est pas près d'arriver, demandez-vous quelle est votre stratégie. Si votre partenaire est une personne qui voyage continuellement pour ses affaires et ne veut pas s'engager, vous ne vous rapprochez pas de votre objectif. Ce que vous faites ne mène à rien. Vous devez réfléchir et voir s'il ne serait pas mieux de changer de cap. Peut-être est-il temps de rompre et d'opter pour une approche différente.

Ou peut-être enseignez-vous à l'université et voulez-vous obtenir une chaire d'enseignement. Sans que cela soit dit ouvertement, la règle veut que les titulaires de chaire fassent de la recherche et qu'ils publient les résultats de leurs travaux dans des revues. Si vous détestez la recherche et l'écriture, et que votre stratégie consiste plutôt à vous fier à votre grand talent de pédagogue et à votre popularité auprès des étudiants, il y a fort à parier que votre plan ne vous mènera pas là où vous souhaitez vous rendre.

Peut-être êtes-vous un artiste dont le but est de développer une activité commerciale continue. Vous rencontrez une collectionneuse qui aime vos œuvres et qui achète l'un de vos tableaux. Elle vous dit de rester en contact avec elle. Si votre stratégie est de l'appeler chaque semaine pour bavarder, vous risquez d'émousser son intérêt. La frontière est mince entre rester en contact et être casse-pieds. Ce que vous voulez, c'est bâtir une relation d'affaires avec votre cliente. Elle ne fait pas partie de vos amis.

De telles erreurs se produisent continuellement. Le manque d'objectivité et le défaut d'établir un objectif ou de le maintenir sont à la source de bien des échecs. Parfois, il vous faut aussi *préciser* votre objectif. Si votre but est de trouver un emploi vous permettant de passer beaucoup de temps avec votre famille, vous devrez rechercher un type d'emploi qui exige peu d'heures de travail et accepter le fait que vous n'allez peut-être pas devenir très riche. Si vous posez votre candidature auprès de grandes entreprises, vous n'atteindrez probablement pas votre objectif. Vous allez peut-être faire un tas de fric, mais il se peut aussi que vous ayez à travailler le soir et la fin de semaine. Si vous n'avez pas clairement établi quelles sont les répercussions d'un horaire de soixante-douze heures par semaine sur le temps que vous pourrez consacrer à votre famille, vous vous leurrez.

Si vous voulez vous marier, de quel mariage parlez-vous? Quelles sont vos valeurs? Quelle place la religion occupe-t-elle dans votre vie? Voulez-vous fréquenter l'église chaque semaine? Non? Est-il important à vos yeux que la vie soit axée sur les valeurs familiales? Si oui, qu'est-ce que cela implique pour vous? Pouvez-vous travailler le soir – ou bien vous attendez-vous à dîner en famille tous les soirs? Devez-vous prendre part à tous les événements familiaux? Les enfants doivent-ils vous accompagner *partout* où vous aller? Dans quelle mesure est-il important d'avoir beaucoup de temps libre pour faire des activités sportives, récréatives ou culturelles? Le temps consacré aux loisirs est-il plus important à vos yeux qu'un revenu élevé et un style de vie à la mode? Êtes-vous passionné par votre travail ou n'est-il qu'une manière comme une autre de gagner son pain?

Il arrive souvent que votre vision soit en fait une abstraction et que votre objectif ne soit que peu défini. Il est essentiel d'établir des objectifs bien définis. Lorsque vous le faites, vous avez beaucoup plus de chances d'atteindre votre but et de prendre des décisions qui vont dans le sens de ce que vous imaginez. En revanche, il peut arriver qu'en précisant vos objectifs vous constatiez que votre vision soit irréaliste. Il est possible que vous ayez à la transformer.

Étape 2. Séparer les faits de la fiction

L'étape suivante de la Méthode infaillible, après celle de se concentrer sur l'objectif à atteindre, consiste à séparer les faits (la réalité) de la fiction (votre version personnelle des faits). Il est fort possible que vous ayez imaginé une version des faits correspondant à ce que vous voulez croire, ou alors qui soit issue d'un manque de confiance en vous-même. Tout comme un bon détective ou un journaliste d'enquête, il importe que vous vous concentriez sur «les faits purs et simples» plutôt que sur ce que vous voudriez que les faits soient ou sur ce que vous croyez à tort qu'ils sont. Ce faisant, vous aurez moins tendance à vous leurrer ou à être l'objet de la duperie d'autrui.

Il faut savoir lire les faits correctement et faire des choix en fonction de cette lecture, et non en fonction de l'effet «électrisant» que vous ressentez et qui est provoqué par le côté séduisant d'une situation ou le charisme ou la personnalité attirante du vendeur, par exemple. Pour acquérir les outils qui vous permettront de savoir où se trouve la vérité, faites une vérification au préalable et soyez à l'affût des indices.

Effectuez une vérification au préalable, c'est-à-dire astreignez-vous à la tâche pénible de vérifier les faits et les personnes en cause, et d'évaluer les bénéfices et les risques d'une situation donnée. Par exemple, il arrive souvent qu'un agent immobilier organise la visite d'une maison le dimanche. En vous rendant sur les lieux, vous êtes impressionné en voyant la petite rue tranquille sur laquelle se trouve la maison. À moins que vous n'y retourniez à d'autres moments dans la semaine, vous ne verrez pas que cette rue charmante est en réalité l'une des voies de circulation principale des banlieusards. Très peu d'entre nous effectuent ce genre de recherche.

Imaginons que vous ayez une idée et qu'elle ait, selon vous, le potentiel de se transformer en un grand succès commercial. Il est naturel que vous vouliez aller de l'avant et la mettre en application. Mais vous devez d'abord vous assurer que votre produit fonctionne vraiment, que le marché existe vraiment et que les investisseurs voudront vraiment vous suivre. L'une des choses importantes à faire lorsque vous vérifiez les faits consiste à observer les résultats passés. C'est à cette étape-là que vous découvrez que la station de ski dans laquelle vous vouliez investir possède, certes, des pentes magnifiques, mais qu'elle ne dégage aucun profit depuis des années.

Vérifier au préalable est un art. Ce n'est pas une tâche agréable; le processus est long et fastidieux, et c'est en partie la raison pour laquelle nous ne le faisons pas. Il est plus facile de simplement foncer tête baissée dans l'aventure. Certains d'entre nous accumulent ainsi toute une série d'échecs parce que nous ne faisons pas le travail de recherche qui est nécessaire pour nous protéger.

Soyez à l'affût des indices lorsque vous voulez connaître la vérité. Si vous rencontrez un vendeur ou un collègue pour la première fois et qu'en sortant de votre rencontre vous dites: «Jean Machin est un type vraiment super. Je suis très impressionné et je lui fais totalement confiance», aussi bien vous le dire tout de suite, vous venez de vous faire prendre au jeu de la séduction. Un charme excessif est toujours signe de danger. Les relations de confiance se bâtissent lentement avec le temps, et non au cours d'une première rencontre. Il y a une différence entre, d'une part, réagir positivement envers une personne et établir un lien véritable et, d'autre part, se sentir comme sous l'effet d'une drogue, état qui nuit à votre jugement. Si vous tombez follement amoureux d'une personne dès le premier rendez-vous, méfiez-vous. Vous risquez aussi de tomber tête première dans une zone d'écueil.

Méfiez-vous également d'une personne qui fait des mystères ou qui élude vos questions. Ne rejetez pas ce doute persistant qui vous tenaille et qui vous dit qu'il y a quelque chose qui cloche. Soyez vigilant.

Étape 3. Reconnaître les blocages émotifs et les faire disparaître

La troisième étape de la Méthode infaillible consiste à reconnaître les facteurs qui vous empêchent de réfléchir de manière rationnelle. Connaître les faits vous aidera à composer avec les zones d'écueil, mais cette connaissance ne vous sera pas d'un grand secours si vous ne pouvez pas intégrer ces faits et vous en servir. Voici quelques-uns des facteurs qui limitent votre capacité à raisonner:

L'anxiété

L'anxiété peut être si forte qu'elle déforme votre vision. Vous n'êtes pas en mesure de percevoir avec justesse le danger qui vous menace ou d'interpréter l'information qui vous est présentée. Vous voyez des refuges sûrs là où ils n'existent pas, ou de faux risques qui vous immobilisent à tort. La peur du changement et de prendre des risques, et l'anxiété qui va de pair, sont le lot de nombreuses zones d'écueil.

Par exemple, admettons que vous étiez architecte et que vous ayez refusé de faire face à la réalité, à savoir l'arrivée et l'installation des ordinateurs dans votre secteur professionnel. « Ce n'est qu'une mode passagère », vous êtes-vous dit à l'époque. « On va s'en lasser à la longue. » Vous vous sentiez anxieux et inquiet à l'idée de devoir apprendre une toute nouvelle façon de travailler. « Et si je n'arrivais pas ? Et si j'échouais ? » vous demandiez-vous. Parce que vous n'avez pas su vous adapter, vous avez peu à peu perdu les contrats sur lesquels vous comptiez. Le carnet de commandes est resté vide et vous avez dû fermer boutique.

Le déni

Il s'agit ici d'un type de déni particulier ; en effet, ce n'est pas que vous refusez d'admettre la véracité des faits, mais plutôt que vous n'acceptez pas ce qu'ils signifient. On voit souvent cette forme de déni chez les alcooliques. Ces personnes ne disent pas « Je ne bois pas » ; elles insistent plutôt pour dire « Je bois, mais ce n'est pas si grave que ça. Je peux me contrôler. » Elles reconnaissent les faits, mais elles les voient au travers de lunettes roses. Toutes les zones d'écueil comportent un élément de déni.

La dépression

La dépression, qui déforme vos perceptions, est le trouble affectif le plus répandu dans notre société. Souvent vous ne savez même pas que vous êtes déprimé. L'avenir semble morose, alors que la réalité est toute autre. Il en résulte que vous passez parfois à côté d'occasions intéressantes parce que certains problèmes anodins vous paraissent sans issue.

L'entêtement

Voilà un blocage qui vous empêche de prendre en considération une information nouvelle qui pourrait vous conduire à modifier votre orientation ou votre stratégie. Vous vous en tenez à une décision ou à un plan bien particulier, peu importe sa valeur, en excluant toute autre option. Être résolu est une qualité lorsqu'elle est associée au bon sens, mais elle fait place à la rigidité lorsque le jugement est absent ou faussé.

L'impulsivité

L'impulsivité vous pousse à agir de manière immédiate, en faisant totalement abstraction de tous les faits qui pourraient vous dissuader ou tempérer votre élan. Si vous êtes exagérément impulsif, vous aurez tendance à rechercher les solutions faciles, et à accepter des ententes de règlement défavorables au moment de la rupture d'un contrat, simplement pour en finir au plus vite. Ou alors vous vous lancez tête baissée dans des projets louches ou des relations malsaines. En agissant trop rapidement, vous vous exposez davantage à toutes sortes de problèmes.

Vouloir à tout prix

Lorsque vous voulez à tout prix quelque chose, cela réduit votre vision et limite vos pensées, et par conséquent vos possibilités. Cela fait de vous une cible facile pour tous ceux qui cherchent à vous duper, car vous vous sentez complètement dépassé par les événements et vous êtes souvent prêt à sauter sur la première occasion qui se présente. Vous êtes tellement concentré sur votre douleur que vous repoussez intentionnellement toute information susceptible de vous aider à sortir de votre dilemme. C'est le cas, par exemple, d'une personne de quarante-deux ans, divorcée, qui cherche à tout prix à prouver qu'elle peut réussir sa vie amoureuse, et qui contre toute logique décide de ne pas voir que son nouvel amour est un toxicomane.

Étape 4. Solliciter des conseils ou des commentaires pour favoriser un changement positif

Il est impossible de composer avec une zone d'écueil si vous ne connaissez pas les faits. En ce sens, recevoir des conseils ou des commentaires constitue une voie privilégiée pour obtenir de l'information. Si cette information est juste, elle projettera la zone d'écueil en pleine lumière. Elle contiendra des éléments que vous n'aurez peut-être pas pris en considération auparavant, clarifiera votre pensée et vous permettra de réévaluer une situation donnée. Ce n'est qu'à cette condition que vous pourrez amorcer un processus de changement.

Faites appel à d'autres pour obtenir de l'information et des conseils ; cela vous aidera à prendre des décisions et à faire face à un problème particulièrement difficile, qu'il s'agisse de problèmes de politiques internes au travail, d'un conflit avec votre conjoint, ou de difficultés avec vos enfants. Votre parenté ou vos amis pourront parfois vous donner l'information dont vous avez besoin. À d'autres moments, vous aurez besoin d'une aide professionnelle : comptable, avocat, conseiller d'orientation scolaire, thérapeute. S'il s'agit de questions liées au travail, établissez un réseau et apprenez à compter sur le soutien des autres. Par exemple, l'une des façons, au sein de votre secteur professionnel, de bien faire la différence entre une mode passagère et une transformation appelée à être permanente et qui vous obligera à faire des ajustements, consiste à consulter vos collègues et d'apprendre de leur expérience.

Soyez également attentif aux commentaires non sollicités, surtout lorsqu'on vous met en garde de ne pas vous engager auprès d'une personne ou d'une entreprise, ou dans un accord commercial quelconque. Comme quelqu'un dans notre famille le disait toujours : « Si tout le monde te dit que tu es mort, fais le mort. »

Étape 5. Agir dans son meilleur intérêt

Prenez garde aux distractions qui vous éloignent de votre objectif. Imaginez que vous soyez en train de négocier l'achat d'une maison et que vous disiez à votre agent immobilier le prix que vous entendez payer. Celui-ci vous répond : « Ce prix est une insulte envers la vendeuse. Je ne prendrai même pas la peine de lui communiquer votre offre. » Ce genre de situation se produit assez souvent ; ou bien vous renoncez à cette maison ou bien vous vous sentez si intimidé que vous haussez substantiellement votre offre. Mais il reste que l'acheteur, c'est vous. Votre meilleur intérêt n'a rien à voir avec le fait de plaire ou non à la vendeuse, ou avec la tentative de polir votre image pour éviter d'avoir l'air chiche. Là n'est pas la question. Vous ne connaissez même pas la vendeuse. Il ne s'agit que d'une transaction d'affaires. L'objectif visé est d'acquérir une maison qui vous plaise à un prix qui vous plaise et que vous pourrez vous permettre financièrement parlant. Si c'est impossible, vous devrez laisser tomber et chercher ailleurs. Vouloir être aimé et avoir l'air « gentil » ne sont pas des motivations appropriées dans cette situation.

Tâchez de comprendre à qui revient la responsabilité des fiascos dans le passé. Si vous vous êtes fait arnaquer plus d'une fois, tâchez de savoir une bonne fois pour toutes pourquoi cela est arrivé. Vous êtes-vous fait embobiner par un irrésistible baratin de vendeur, ou par votre propre zone d'écueil qui a fait de vous une cible toute désignée ? Il est souvent facile de confondre l'un pour l'autre, mais c'est à vous que revient la responsabilité de votre propre vulnérabilité à la duperie des autres.

Les dupeurs étaient bien préparés. Ces arnaqueurs sont généralement des spécialistes de la psychologique appliquée. Ils comprennent parfaitement ce qui motive les gens qu'ils prennent pour cible, ainsi que leurs points faibles. Quels que soient le contexte ou les enjeux potentiels, il est toujours périlleux de vous laisser prendre au jeu – que la duperie soit initiée par vous ou par quelqu'un d'autre. Vous pouvez ainsi aboutir à des choix personnels, financiers ou professionnels désastreux qui ont parfois de graves conséquences à long terme.

Gérez vos désirs rivaux. Pour déterminer quels sont vos meilleurs intérêts lorsque vous avez des désirs rivaux, tentez de distinguer laquelle des possibilités est la plus sensée au moment présent. Admettons que vous ayez été mise à pied à votre travail et que soudainement vous receviez deux offres d'emploi. L'un de ces emplois propulsera votre carrière, doublera votre chèque de paie, et vous offrira la sécurité matérielle de travailler pour une grande entreprise prospère. Mais vous devrez travailler de neuf heures à dix-sept heures, alors que vous avez deux enfants d'âge préscolaire. Le deuxième emploi, au sein d'une jeune entreprise en plein essor, vous offre un salaire beaucoup moins alléchant. L'avenir de la compagnie à long terme n'est pas assuré. Par contre, vous pouvez travailler à distance et vous n'avez qu'à vous présenter au bureau qu'une journée par semaine.

Vous voulez l'argent, la carrière et la sécurité qu'offre le premier emploi. Vous voulez aussi élever vos enfants. Comment choisir ? Tâchez de trouver ce qui est le plus important pour vous à ce moment précis de votre vie. La tâche n'est pas simple, puisque si vous choisissez l'un, vous abandonnez les avantages de l'autre. Si le facteur décisif est l'argent et la possibilité de développer votre carrière, allez vers le premier employeur. Si par-

dessus tout vous voulez un horaire flexible pendant que les enfants sont jeunes, choisissez l'entreprise en plein essor.

Sachez bien que le choix que vous faites aujourd'hui sera
peut-être différent plus tard. Une fois que les enfants auront atteint l'âge d'aller à l'école, vous pourriez revoir votre décision et
opter pour un emploi à temps plein offrant un meilleur salaire.

Prendre le contrôle de votre avenir

La Méthode infaillible en cinq étapes vous donne les outils
nécessaires pour comprendre vos erreurs et éviter de les répéter.
Dans les chapitres 7 à 13, nous vous indiquons comment appliquer cette méthode en fonction de vos propres zones d'écueil.
Au fur et à mesure que vous apprendrez à surmonter vos zones
d'écueil, vous acquerrez une meilleure connaissance de vous-
même, des autres et du monde en rapide changement qui vous
entoure.

CHAPITRE 5

L'incidence des transformations importantes de la vie sur les zones d'écueil

Faute avouée à demi pardonnée.

Proverbe

Vous vous mariez... vous prenez votre retraite... Vos enfants entrent dans l'adolescence... Nous avons tous à vivre des transitions au cours de notre vie. Et tout le monde est particulièrement vulnérable aux zones d'écueil à ces points tournants de notre existence où des époques se terminent et d'autres s'amorcent. Cela est simplement dû au fait que les zones d'écueil tendent à se manifester aux moments de grands changements. Le changement, même lorsqu'il est positif, nous déstabilise. Il accroît notre degré d'anxiété et déforme notre vision de ce qui se passe vraiment. Le changement offre un terrain fertile à la duperie, que l'on se dupe soi-même ou que l'on soit dupé par les autres.

Il nous faut souvent adopter de nouveaux comportements lorsque nous avons à composer avec les transitions de la vie. Parce que les émotions ont tendance à prendre toute la place à ces moments-là, les zones d'écueil peuvent nuire à une adaptation harmonieuse. Personne n'y échappe sans vivre un certain bouleversement, mais le fait de savoir à quoi vous attendre vous aidera à négocier les virages plus doucement et vous préparera en vue des problèmes qui pourraient surgir.

Les zones d'écueil intensifient les pressions et les tensions propres à chacun des stades de la vie. Vous êtes tout particulièrement à risque de voir émerger une zone d'écueil lorsque vous en êtes à l'une des étapes suivantes de la vie :

La recherche d'un partenaire

Durant cette période, vous êtes vulnérable parce que vous risquez de choisir un partenaire pour les mauvaises raisons. Vous choisirez peut-être un compagnon ou une compagne qui ne vous convient pas ou qui est incompatible avec vous, simplement parce que vous réagissez à la pression qu'exercent sur vous vos parents, ou parce que vous vous sentez en reste par rapport à vos amis. En effet, ces derniers sont tous mariés, par exemple, ou engagés dans des relations sérieuses, et vous vous sentez obligé de trouver un partenaire, vous aussi. Il est possible que votre désir de partenaire soit si fort qu'il vous empêche de voir les problèmes. Vous fermez volontairement les yeux devant les signaux d'alarme qui vous indiquent que cette personne est immature, insolvable, indisponible sur le plan affectif, malhonnête, bref, qu'elle ne vous convient pas d'une manière ou d'une autre. Les femmes de 35 ans et plus subissent une pression accrue pour fonder une famille, du fait qu'elles deviennent graduellement moins fertiles.

Une autre raison qui pousse souvent les gens à choisir un mauvais partenaire est leur difficulté à rester seul. Que vous soyez un homme ou une femme, il arrive que la solitude vous pèse, et vous ressentez peut-être à ces moments-là que vous ne valez rien à moins qu'il n'y ait quelqu'un dans votre vie. Vous n'avez peut-être jamais appris à vous sentir bien dans votre peau lorsque vous êtes seul – ou encore à former un réseau d'amis vers qui vous tourner pour vivre des moments de camaraderie et de partage intime. Le besoin désespéré de se sentir lié à quelqu'un accroît le risque qu'une zone d'écueil émerge, telle que *Prendre ses désirs pour des réalités* ou *Être submergé par les émotions*. Lorsqu'elle émerge, la zone d'écueil vous entraîne à faire fi des différences flagrantes par rapport aux valeurs d'un partenaire potentiel, de ses incompatibilités ou de ses défauts. Ce même besoin d'attachement peut vous entraîner à demeurer dans une relation amoureuse qui ne va nulle part. Vous vous persuadez vous-même que la personne finira pas s'engager, alors qu'il est clair pour le reste du monde que cela n'arrivera jamais.

Le mariage

Se marier : que voilà une occasion joyeuse et néanmoins pleine de pièges, des pièges créés par les zones d'écueil. Il faut dire d'abord qu'il n'est pas rare d'avoir peur quand on s'est engagé envers une autre personne. Les disputes au sujet de la cérémonie et de la couleur des meubles, qui surviennent entre le moment des fiançailles et celui du mariage, masquent souvent cette crainte. C'est en fait un bon moment pour observer si les doutes que vous éprouvez par rapport à l'autre sont fondés dans la réalité. Ce qui n'empêchera pas que vous refuserez peut-être d'admettre certains faits susceptibles d'ébranler votre décision. La perspective que l'on puisse changer d'avis peut s'avérer trop sombre pour être même envisagée, ce qui vous conduit à repousser de la main tout ce qui démontre de manière évidente que vous êtes en train de commettre une erreur. L'atmosphère émotionnellement chargée peut aussi nuire aux questions d'ordre pratique. Il se peut que vous négligiez de signer un contrat avant le mariage, alors qu'en fait la chose serait avisée.

Une fois les noces passées, vous pourriez croire que maintenant que vous êtes mariés, les conflits d'avant le mariage se régleront, par exemple le temps que passe votre femme au téléphone à parler avec sa mère ou le temps que passe votre mari à sortir avec ses amis. Parfois les désaccords sont attribuables à la nervosité qui précède le mariage, simplement, et se dissipent rapidement. Mais parfois ils sont le reflet de réelles divergences sur lesquelles vous avez fermé les yeux dans le feu des premiers émois, et qui concernent le choix de l'endroit où vous allez vivre, ou bien l'organisation de vos horaires de travail.

La réalité, c'est qu'une fois votre engagement officialisé, la vie se complique. Même si vous avez déjà vécu ensemble avant le mariage, il vous faudra négocier les rôles et les responsabilités de chacun. Les règles et les attitudes au sujet de l'argent, des amis, et des vacances ne sont plus les mêmes. Chaque couple doit construire sa propre cellule familiale, établir de nouvelles limites avec les familles d'origine et apprendre à composer avec les transferts de loyauté. Votre loyauté va maintenant principalement à votre nouvelle épouse ou nouveau mari, et pourtant vous tenez à conserver des liens étroits avec vos parents et vos frères et sœurs. C'est une question d'équilibre. Tous ces changements tissent la toile de fond qui permettra l'émergence de zones d'écueil telles que *Prendre ses désirs pour des réalités* et *Ne pas savoir si vous maîtrisez ou non une situation*, qui auront pour effet d'accroître les tensions.

La naissance d'un enfant

Plus qu'à n'importe quel autre stade du mariage, c'est après la naissance du premier enfant que les divorces se produisent. Vous avez sans doute des attentes irréalistes sur la manière dont les choses se passeront après la naissance en ce qui concerne votre vie et vos rôles respectifs, déclenchant ainsi l'apparition d'une zone d'écueil telle que *Croire aux mythes*. Vous avez l'impression que de passer d'un duo à un trio sera chose facile. Mais la vie après l'arrivée de bébé ne ressemble en rien, ni de près ni de loin, à la vie que vous aviez avant – une source de bien des conflits.

Vous êtes habituellement mal préparé aux changements radicaux qui s'opèrent dans votre relation de couple après l'arrivée d'un enfant. Vous, en tant que personnes, et vos besoins, ne sont désormais plus le centre des préoccupations du ménage : ce sera plutôt le nouveau-né. À moins que vous n'ayez grandi dans une famille nombreuse, vous n'avez probablement aucune expérience pour faire face à l'énorme défi que représente le fait de s'occuper d'un enfant et la division des tâches qui en découle. Dans plusieurs pays, le congé de paternité n'est toujours pas une réalité pour la plupart des hommes, et un père devient parfois jaloux du lien intense qui se forme entre la mère et son enfant et qui le met de côté, semble-t-il. Ou, si vous êtes une femme et que vous aviez prévu retourner au travail, vous vous retrouverez peut-être sous le choc de constater que vous préféreriez vraiment rester à la maison pour vous occuper de votre bébé.

Avoir un bébé limite aussi considérablement votre liberté d'action en tant que couple, et la quantité de temps que vous passez ensemble. Comme nous le disait un mari un jour: «Quand notre premier enfant est né, j'ai cru que nous n'allions plus jamais avoir de relations sexuelles.» Et ce n'est pas tout. Lui et son épouse ne pouvaient plus sortir au restaurant ou aller au cinéma sans devoir d'abord planifier leur sortie avec soin. Toutes ces questions créent des tensions affectives et monétaires dont on doit discuter et qu'il faut régler si le couple veut pouvoir s'adapter et demeurer uni.

Être le parent d'un adolescent

Il n'est pas facile d'être le parent d'un adolescent. Les adolescents testent nos limites, en plus d'être exposés à des dangers plus nombreux (et différents) que ceux des enfants plus jeunes, comme les accidents de voiture, la toxicomanie et les risques associés aux relations sexuelles. Vous devez accorder aux ados plus de liberté et changer votre manière d'être parent, tout en assurant une supervision juste si vous voulez être de bons parents à cette période. Mais il est possible que la zone d'écueil *Ne pas savoir si vous maîtrisez ou non une situation* fasse obstacle. Ou vous tomberez dans la zone *Prendre ses désirs pour des réalités* pour vous rassurer et vous faire croire que votre enfant ne consomme pas de drogue ou qu'il n'a pas de relations sexuelles, alors que c'est le cas. «Pas mon enfant», direz-vous, et c'est là une réaction que l'on constate souvent.

Les parents croient souvent aussi qu'ils peuvent sortir leurs adolescents du pétrin lorsqu'ils sont en difficulté, comme lorsqu'ils ont des démêlés avec la justice, ou qu'ils se bagarrent avec leurs camarades. La question à vous poser est la suivante: «Suis-je en train de lui apporter le soutien dont il a besoin, ou suis-je en train de répondre à mon besoin à moi d'être un sauveur?» Y aurait-il une zone d'écueil à l'œuvre ici?

L'entrée dans l'âge mûr

Des zones d'écueil telles que *Être submergé par les émotions* ou *Choisir le mauvais moment* mènent souvent aux divorces que l'on constate chez les couples dans la quarantaine et la cinquantaine.

Le miroir vous dit que vous perdez vos cheveux, et vous savez que l'état de vos genoux vous oblige à abandonner le ski. Qui plus est, au travail on préfère offrir les promotions aux plus jeunes. Vous ressentez de l'agitation, vous avez l'impression de ne pas vous être pleinement réalisé, et vous reportez la responsabilité de votre état sur votre épouse. Ses remarques continuelles et son manque de reconnaissance vous rendent malheureux. Et pourtant la véritable raison de votre mécontentement, c'est le fait que vous vieillissiez, chose que vous n'arrivez pas à accepter. Vous êtes submergé par la peur de vieillir et cela vous empêche de faire la paix avec le fait que vous ne puissiez plus faire autant de choses qu'avant. Au lieu d'affronter votre peur de vieillir, vous avez une aventure extraconjugale.

Ou bien, à l'approche de la ménopause, vous sentez que vous ne vous êtes pas réalisée. Vous avez l'impression que c'est votre dernière chance de trouver le bonheur pendant que vous êtes encore belle et que les hommes vous trouvent séduisante. C'est à cette période que certaines femmes ont des aventures et quittent le nid conjugal. «J'ai fait une erreur en mariant cet homme», décidez-vous, au lieu de faire face à la réalité et d'admettre que votre image change. Vous êtes terrifiée à l'idée de vieillir et de devenir moins séduisante.

Le syndrome du nid vide apporte aussi son lot de mécontentement et de blâme du conjoint. Si vous êtes de celles qui sont restées à la maison pour prendre soin des enfants, il se peut que vous soyez plus vulnérable que les femmes qui ont travaillé à l'extérieur lorsque vous perdez le rôle de maman que vous occupiez tous les jours et qui constituait pour vous un emploi à temps plein. Il se peut aussi que vous ne perceviez pas le mécontentement de votre mari. La rupture conjugale frappe parfois de plein fouet, et c'est ainsi que vous vous retrouvez dans le cabinet du thérapeute en train de dire: «Je ne peux pas y croire. Il m'a quitté.» Les zones d'écueil sont *Choisir le mauvais moment* et *Prendre ses désirs pour des réalités* – c'est-à-dire croire qu'une union conjugale dont la fonction première était d'assurer le bien-être des enfants restera la même qu'auparavant.

Il se peut que vous n'entrevoyiez pas la possibilité d'un problème, même lorsque vous avez très peu choses en commun excepté le fait d'être tous les deux parents; on peut déjà prévoir que lorsque les enfants auront quitté la maison, vous allez avoir des problèmes. Ou bien vous vous rendez compte que tout ne va pas bien, mais vous sous-estimez l'ampleur réelle du problème. Prendre ses désirs pour des réalités est une zone d'écueil qui vous porte à croire qu'il sera facile pour vous et votre conjoint d'être ensemble après le départ des enfants, comme ce l'était lorsqu'ils étaient présents et qu'ils servaient de distraction et de tampon entre vous.

Les zones d'écueil qui affectent les questions de santé constituent un autre problème grave à l'âge mûr. Peut-être êtes-vous parvenu à ne pas tenir compte des conséquences liées au fait de trop manger, de fumer, ou du manque d'exercice lorsque vous aviez trente ans, mais à cinquante-cinq ans, le risque de contracter le cancer, une maladie du cœur et d'autres problèmes de santé représentant une menace pour la vie, devient une réalité immédiate. Des zones telles que *Choisir le mauvais moment* et *Ne pas savoir si vous maîtrisez ou non une situation* peuvent s'avérer mortellement dangereuses.

Le divorce

Divorcer est une épreuve dévastatrice pour les deux partenaires, qui sont souvent aux prises avec de forts sentiments de culpabilité et d'échec. La perte, affective tout autant que financière, est énorme. Les amis qui autrefois étaient communs, poursuivent leur amitié soit avec vous, soit avec votre conjoint, mais rarement les deux, ou bien disparaissent tout simplement. Une femme aura parfois l'impression de perdre son statut social lorsqu'elle cesse d'être «Madame Untel». Si vous êtes celui ou celle qu'on a laissé, la déception et les conséquences néfastes de la séparation sur votre amour-propre, sur votre capacité à faire confiance et sur votre sentiment de bien-être peuvent affecter votre faculté de raisonnement et même votre état de santé, ce qui fait de vous la cible toute désignée des arnaqueurs. Des zones d'écueil telles que *Être à la recherche d'un héros* sont l'une des raisons pour lesquelles on conseille aux conjoints qui se divorcent de ne pas immédiatement entrer dans une nouvelle relation. Vous risquez trop de vivre des histoires d'amour malheureuses lorsque vous êtes sous le coup d'une déception sentimentale.

Être parent d'un enfant marié

Lorsque votre fils ou votre fille se marie, vous devez vous adapter à une nouvelle façon d'être en rapport avec votre enfant. Vous aurez besoin de vous habituer à une autre forme de proximité que celle que vous connaissiez déjà. La zone d'écueil *Choisir le mauvais moment* peut émerger, vous empêchant de voir la réalité en face, à savoir que la première responsabilité de votre enfant est maintenant envers son conjoint ou sa conjointe, et non pas envers vous. Il est possible que vous ayez des attentes irréalistes, et que vous ne parveniez pas à admettre que les frontières ne sont plus les mêmes – et que votre enfant doit répondre aux besoins de sa belle-famille et adopter les routines et les rituels de la famille de son conjoint ou de sa conjointe.

Survivre à la mort du conjoint ou d'un des parents

Il arrive souvent que la zone d'écueil *Être submergé par les émotions* se manifeste à la suite d'une perte importante. Le décès de votre compagne ou de votre compagnon a des répercussions sur tous les aspects de votre vie, à un point que vous ne pouvez imaginer. C'est l'ami que vous perdez, et à la fois l'amoureux, une façon de vivre, et peut-être même une sécurité financière.

Même si la mort d'un parent âgé est une chose à laquelle on s'attend dans la vie, elle constitue néanmoins un choc. Votre mère ou votre père ne sera plus jamais auprès de vous, et avec elle ou lui disparaît votre identité de fils ou de fille. Vous êtes tout à coup propulsé dans la génération plus vieille.

Que vous soyez dans l'une ou l'autre situation, il se peut que vous ayez des attentes irréalistes si vous croyez que les choses reviendront à la normale dans les six semaines ou les six mois après les obsèques. Vous sous-estimez ce que sont le processus de deuil et le temps qu'il faut pour revenir à un état d'équilibre intérieur raisonnable. Vous vaquez à vos occupations quotidiennes, et vos amis ont l'impression que tout va bien, mais vous ne voyez pas à quel point vos capacités sont affaiblies. Lorsqu'on vient de perdre un être cher, le chagrin nous empêche de raisonner correctement, et c'est pourquoi les veufs, les veuves et toute autre personne en deuil courent un grand risque de devenir la proie des escrocs.

Le départ à la retraite

Partir à la retraite engendre une autre transformation des rôles qui peut faire émerger la zone d'écueil *Ne pas savoir si vous maîtrisez ou non une situation.* Le fait de se retirer du monde du travail peut entraîner une perte d'estime de soi si vous étiez un homme ou une femme qui s'identifiait intimement à son travail. Ce changement représente en général un moins grand choc chez la femme, parce que les femmes ont davantage l'habitude d'occuper plusieurs rôles à la fois. Le changement est généralement plus radical pour la femme lorsque la relation conjugale se modifie. Votre conjoint se retrouve soudainement à la maison toute la journée et tient à ce que vous preniez le déjeuner avec vous, alors que vous avez votre propre travail ou que vous voulez poursuivre d'autres activités.

L'aspect financier constitue une autre source de stress à mesure que l'on vieillit. Une personne âgée peut moins bien maîtriser son avenir économique que lorsqu'elle était plus jeune. Les coûts accrus des soins de santé et la diminution du montant des pensions de retraite peuvent occasionner des problèmes financiers. Marié ou célibataire, dans cette tranche d'âge vous êtes le plus vulnérable face aux tentatives d'escroquerie, comme celles des télémarketeurs. On vous a appris dans votre jeunesse à être courtois, et vous vous sentez mal à l'aise de raccrocher le téléphone au nez de quelqu'un.

Composer avec les transitions

Les transformations propres aux différentes étapes de la vie comportent maints dangers, car les transitions appellent l'émergence de zones d'écueil, chez chacun d'entre nous. Si vous avez l'impression d'y voir clair à ces stades de votre vie, cela constitue en soi une zone d'écueil. En période de transition, c'est notre faculté de raisonner qui en paie le prix.

Être submergé par les émotions, et l'expression dit tout ou presque, fait partie des facteurs dont il faut tenir compte dans toute forme de transition. Chaque étape de la vie se prête aussi à l'émergence de certaines autres zones d'écueil, surtout si vous avez déjà tendance à les voir apparaître dans votre vie. Il nous est impossible de savoir pourquoi vous êtes est vulnérable à une

---

zone et pas à une autre, quoique l'étape de la vie où vous êtes et votre personnalité y jouent un rôle.

Sachez reconnaître en quoi l'étape de la vie où vous êtes présentement augmente votre vulnérabilité aux zones d'écueil. Prévoir les difficultés et s'y préparer, c'est mieux se protéger contre des erreurs pénibles.

CHAPITRE 6

Quelques outils pour vous aider à prendre de meilleures décisions de vie

Il n'y a que ceux qui ne font rien, qui ne se trompent point.

PROVERBE

Nous avons mis au point quelques outils pour vous aider à prendre de meilleures décisions lorsque vous faites face à des problèmes associés aux zones d'écueil. Nous vous renverrons à ces outils à certaines occasions au cours des chapitres suivants. Dans l'intervalle, nous vous suggérons de prendre une longueur d'avance et de vous familiariser avec ces outils. Au fur et à mesure que vous en connaîtrez davantage sur chacune des zones d'écueil, vous serez capable d'utiliser ces évaluations pour éviter les erreurs de jugement, comprendre les erreurs du passé et faire des choix judicieux dans l'avenir.

Un détecteur de mensonges appliqué aux relations personnelles

Voici une liste de 20 énoncés pouvant s'appliquer à n'importe quel partenaire potentiel et auxquels vous pouvez répondre avant de prendre un engagement sérieux. Cet outil d'évaluation peut aussi s'appliquer à votre partenaire actuel, ou à d'anciens partenaires pour comprendre où et comment les choses se sont gâtées. Cet outil vous donne la possibilité d'évaluer trois différents types d'indices :

Section A

Signaux donnés par d'autres au sujet d'une personne. Il s'agit d'opinions que vous demandez à d'autres, ou de commentaires non sollicités dont vous prenez note. Vous pouvez vous fier à des amis et à des membres de la famille qui vous connaissent, qui vous aiment et en qui vous avez confiance, pour vous dire si cette relation sera bonne pour vous, surtout si la plupart d'entre eux sont d'accord. Prenez garde de ne pas rejeter systématiquement tout commentaire négatif parce que vous voulez tomber amoureux, ou que vous ressentez un sentiment d'urgence, ou encore que vous n'aimez pas entendre quoi que ce soit qui pourrait vous faire changer d'avis une fois votre décision prise.

Section B

Signaux décelés à partir du comportement de la personne. Du langage non verbal jusqu'au vocabulaire employé, les gens se livrent tels qu'ils sont vraiment. Certains traits de caractère sont évidents dès la première rencontre. D'autres se dévoilent au fil du temps. De tous les états émotifs, l'amour est l'un de ceux qui nous aveuglent le plus, et c'est pourquoi il est parfois plus facile de déceler les signes d'un comportement négatif au début de la relation, avant que la passion n'obscurcisse votre jugement. Si vous notez un quelconque schéma de comportement qui vous dérange, observez-le bien. Parlez de vos inquiétudes avec la personne, ou discutez-en avec quelqu'un qui vous donnera des commentaires auxquels vous pouvez vous fier. Si vous êtes toujours mal à l'aise, soyez extrêmement vigilant, ou bien rompez la relation.

Section C

Messages intérieurs. Il s'agit des jugements que vous portez vous-même à la suite de vos propres évaluations. Pour ne plus être l'objet de la duperie des autres, vous devez être le meilleur juge de vous-même – et devenir votre propre meilleur ami. On juge bien souvent à partir de nos sensations viscérales ou sur des faits relativement peu nombreux, et c'est pourquoi vous devez tenir compte de vos réactions et faire preuve de courage dans vos évaluations.

DÉTECTEUR DE MENSONGES – RELATIONS AMOUREUSES

Directives : Notez chacun des énoncés suivants sur une échelle de 1 à 5, comme suit :

1 = pas d'accord la plupart du temps
2 = pas d'accord à l'occasion
3 = d'accord et pas d'accord à peu près également
4 = d'accord à l'occasion
5 = d'accord la plupart du temps

Section A

1. Mes amis croient qu'il ou elle est un bon partenaire pour moi.
2. Ma famille croit qu'il ou elle est un bon partenaire pour moi.
3. J'éprouve de la fierté lorsqu'il ou elle m'accompagne à des réunions d'affaires ou à des rencontres sociales.
4. D'après les renseignements que j'ai pu obtenir, il ou elle est honnête à propos de ses antécédents ou de sa vie actuelle.
5. Je suis libre de toute pression extérieure qui pourrait m'influencer considérablement dans ma décision de m'engager.

Section B

6. Il ou elle est une personne généreuse, mais sans excès, dans sa façon de gérer l'argent.
7. Il ou elle est une personne fiable et attentionnée envers moi et envers les autres.
8. Lorsqu'il ou elle est en colère ou que quelque chose le ou la dérange, il ou elle gère ses émotions sans me prendre ou prendre les autres pour cible.
9. Il ou elle semble ne pas être alourdi(e) par le poids d'une forme ou une autre de toxicomanie ou autre dépendance destructrice grave.

10. Il ou elle fait preuve d'ouverture d'esprit et d'honnêteté dans la communication de ses sentiments, et est de manière générale digne de confiance.
11. Il ou elle me stimule à me développer en tant que personne.
12. Il ou elle sait bien écouter.

Section C

13. Nous sommes d'accord sur la plupart des valeurs fondamentales de la vie et nous nous respectons l'un l'autre dans nos différences.
14. Nous avons échangé sur notre vie passée et sur le bagage affectif que vous apportons dans notre relation. Si des difficultés devaient surgir, nous n'hésiterions pas ni l'un ni l'autre à consulter.
15. Si jamais je subis des revers, que je suis malade ou que je ne vieillis pas avec grâce, j'ai confiance que son amour pour moi ne changera pas.
16. Je me sens totalement en confiance et en sécurité avec lui ou elle, sur les plans affectif, physique et sexuel.
17. Si nous avions des enfants, j'ai l'impression qu'il ou elle serait un bon parent.
18. Je suis capable de vivre avec lui ou elle malgré ses défauts et ses petites manies.
19. S'il lui arrivait de subir des revers, au travail ou dans sa santé, je mettrais volontiers mes ressources à contribution pour l'aider et le ou la soutenir.
20. Nous sommes des meilleurs amis, capables d'affronter n'importe quel problème ou obstacle qui se présente.

Si vous avez obtenu un total :
de 90 points ou plus :
Cet homme ou cette femme est vraiment une bonne personne pour vous.

de 75 à 89 points :
Il ou elle possède beaucoup de bonnes qualités, mais il y a quelques problèmes à régler.

de 60 à 74 points :
Les bons et les mauvais côtés semblent s'équivaloir ; à vous de juger s'il faut persévérer ou bien passer à autre chose.

de 59 points ou moins :
Cette personne ne vous permet pas d'atteindre vos objectifs à long terme, même si vous éprouvez de l'attirance pour elle.

Inventaire pour l'évaluation des risques

Servez-vous de l'Inventaire pour l'évaluation des risques lorsque vous voulez évaluer le pour et le contre d'un risque à prendre dans une situation donnée, qu'il s'agisse d'une question d'ordre personnel, professionnel ou financier. Pour dresser l'inventaire, prenez d'abord une feuille de papier et divisez-la en deux colonnes. Dans l'une des colonnes, énumérez les dangers du risque que vous voulez prendre, et les avantages que le fait de prendre ce risque vous apporterait. L'exercice semble simple à effectuer, mais en mettant par écrit et en voyant les avantages et les inconvénients devant vos yeux, ils vous apparaîtront plus concrets, et cela vous aidera à distinguer les inquiétudes réalistes de celles qui le sont moins. Par exemple, vous songez peut-être à quitter votre emploi pour retourner aux études en vue d'entreprendre une nouvelle carrière. Les colonnes ci-dessous permettent de clarifier quels sont les dangers et les avantages d'un tel changement.

DANGERS	AVANTAGES
Perte de revenu	Revenu supérieur dans l'avenir
Frais de scolarité en plus	Travail que j'aime
Possibilité d'échec	Regain de l'estime de soi
Marché de l'emploi saturé au moment de l'obtention du diplôme	Vaste choix de spécialités
Moins de temps à consacrer au conjoint et aux enfants	Prestige et avantages associés à une carrière professionnelle

Inventaire de la performance passée

L'une des façons de vivre votre vie à son plein potentiel consiste à miser sur vos forces. Cependant, les zones d'écueil peuvent limiter votre capacité à évaluer vos réalisations et vous conduire plutôt à mettre l'accent sur vos aspects négatifs. Il se peut que vous reveniez sans cesse sur vos défauts sans comprendre où résident vraiment vos forces. Lorsque vous connaissez ce en quoi vous êtes bon, vous pouvez porter votre attention sur ces éléments et éviter les activités qui ne vous conviennent pas et qui risquent de ne conduire qu'à de piètres résultats.

Pour affiner votre vision, faites l'inventaire de vos réalisations les plus réussies (les situations que vous avez bien gérées) et vos plus lamentables échecs (les situations que vous avez mal gérées) des dernières années. Nous vous proposons ci-dessous un exemple d'inventaire lié au travail pour vous montrer le genre d'éléments à rechercher.

SITUATIONS BIEN GÉRÉES	SITUATIONS MAL GÉRÉES
1. Obtenir un contrat d'affaires	1. Négocier une augmentation de salaire
2. Diriger des projets	2. Accepter de se faire donner des ordres
3. Présider des comités	3. Faire partie d'un comité à titre de membre
4. Former des employés	4. Assurer le service à la clientèle
5. Obtenir un meilleur emploi	5. Embaucher du personnel
6. Travailler en réseau	6. Organiser une collecte de fonds

Sur une feuille de papier, dressez votre propre inventaire concernant votre vie sociale ou tout autre aspect de votre vie. Que révèle cet inventaire à propos de vos forces et de vos faiblesses? Cet exercice vise à vous aider à trouver une correspondance juste entre ce que vous faites et vos habiletés lorsque la chose est possible, et à vous inciter à réaliser davantage d'activités dans lesquelles vous excellez. On se sent naturellement bien quand on performe au maximum de ses capacités.

Questionnaire d'évaluation des sources

Lorsque vous cherchez à obtenir du *feed-back*, il est essentiel de le faire auprès des bonnes personnes. Il est important que vous sachiez à qui faire confiance et qui possède l'information juste. Le questionnaire qui suit apporte des éclaircissements quant à ce que vous devriez rechercher. Il vous aidera à répondre à la question suivante : « S'agit-il d'une bonne source si je veux obtenir du *feed-back* ? »

DÉTECTEUR DE MENSONGES
POUR LA RELATION AVEC LA SOURCE

Directives : Répondez par Oui ou par Non à chacune des questions en encerclant la réponse :

1. Cette personne me connaît bien.	Oui Non
2. Cette personne a une connaissance approfondie du domaine visé.	Oui Non
3. Cette personne est reconnue pour être digne de confiance.	Oui Non
4. Cette personne n'est pas trop en cause sur le plan affectif dans ce problème ou cette situation.	Oui Non
5. Il est peu probable que cette personne adopte un parti pris trop prononcé dans cette situation.	Oui Non

Analysez vos réponses

Voici quelques éléments à considérer pour chacune des questions de l'outil d'évaluation.

1. Une personne qui connaît bien vos forces et vos faiblesses vous rendra de meilleurs services, en général, qu'une personne qui possède une trop haute opinion de vous.

2. Recherchez les experts. Vous devez faire vous-même vos propres démarches, selon la situation. Si vous visez l'obtention d'un poste de cadre au sein d'une grande entreprise, faites appel, par exemple, à votre association professionnelle, à un conseiller en recrutement de personnel, ou à un conseiller en orientation professionnelle. Si vous cherchez un foyer d'accueil où placer un membre de votre famille, un travailleur social, un procureur spécialiste des personnes âgées ou bien des amis qui ont déjà vécu l'expérience pourront vous aider. Soyez également ouvert aux commentaires venant de sources imprévues. Par exemple, il arrive parfois que même un concurrent puisse vous aider, si cette personne n'est pas en compétition directe avec vous dans une situation donnée. Votre meilleure source d'information pour savoir comment vous y prendre la prochaine fois fera peut-être partie lui-même de la partie adverse. Peut-être est-il de notoriété publique qu'un certain professeur constitue votre principal opposant dans vos efforts pour obtenir une chaire d'enseignement. Et de fait, il a réussi à bloquer toute tentative d'atteindre votre but. Votre première réaction sera peut-être de l'éviter, ce qui est la pire chose à faire. Comment pouvez-vous élaborer votre défense pour contrer son opinion si vous ne savez pas pourquoi il s'oppose à votre candidature? Tentez de l'aborder. Regardez-le dans les yeux et dites-lui: «Je sais que vous tentez de m'empêcher d'obtenir ce poste et vous avez beaucoup de pouvoir. Que puis-je faire pour vous faire changer d'avis?» Voilà une stratégie qui pourrait s'avérer très efficace. Peut-être votre recherche était-elle mal orientée? Il se peut qu'il suggère certaines améliorations à apporter, pour que vous puissiez rendre vos travaux compatibles avec ceux des autres chercheurs de la faculté. Il est possible que vous gagniez cette personne à votre cause et que vous en fassiez un allié. D'une manière ou d'une autre, vous n'aurez rien perdu à essayer.

3. Sachez reconnaître qu'il y a des gens qui pourraient envier votre succès, votre aisance matérielle ou même les bons résultats scolaires de votre enfant. Prenez garde à ceux qui veulent

soi-disant vous aider et qui troublent votre union conjugale, volent votre argent, vous induisent en erreur, ou tentent de vous engager dans des activités amorales ou corrompues. Il est important que vous larguiez ces mauvais amis.

4. Personne ne peut être totalement objectif, mais certaines personnes, dans une situation donnée, s'engagent moins que d'autres sur le plan affectif. Attention aux gens qui sont motivés par autre chose que votre intérêt à vous. Si vous cherchez l'opinion d'autres personnes à propos d'un problème conjugal, vous ne devriez probablement pas vous adresser à un ami qui entretient des sentiments amers sur le divorce. Faites attention aussi aux gens qui vous donnent leur avis sans posséder les compétences nécessaires pour le faire. Ils ne peuvent pas savoir ce qu'ils ne savent pas.

5. Une personne qui n'est pas partie, affectivement parlant, dans une situation donnée peut quand même adopter une opinion rigide sur le problème. Il est possible que cette personne ait inconsciemment un parti pris. Si vous voulez des conseils au sujet d'une possible vasectomie, ne demandez pas à quelqu'un qui s'oppose au contrôle des naissances.

DEUXIÈME PARTIE

Comment vaincre
les huit zones d'écueil

CHAPITRE 7

Première zone d'écueil :
Prendre ses désirs pour des réalités

Prendre ses désirs pour des réalités
De toutes les occupations, désirer est la pire.

EDWARD YOUNG

Pour savoir si vous êtes dans la zone d'écueil *Prendre ses désirs pour des réalités*, notez chacun des énoncés suivants, comme suit :

1 = pas d'accord la plupart du temps
2 = pas d'accord à l'occasion
3 = d'accord et pas d'accord à peu près également
4 = d'accord à l'occasion
5 = d'accord la plupart du temps

- Je me convaincs moi-même que les choses se passent bien au travail ou ailleurs, alors qu'en réalité c'est tout le contraire.
- Quand je veux vraiment quelque chose, j'arrive à me convaincre de le faire, même si ce n'est pas une sage décision.
- Je crois que les autres veulent la même chose que moi.

- Je prends souvent des risques dans ma vie personnelle, sur le plan financier ou dans ma vie professionnelle qui finissent par me causer des problèmes.
- Une fois que j'ai décidé de faire quelque chose, je résiste à l'idée de changer quoi que ce soit, même lorsque de nouveaux faits se présentent.

Signification du total obtenu:
20-25 points:
Vous avez de graves problèmes avec la zone d'écueil *Prendre ses désirs pour des réalités*.

15-19 points:
La duperie vous cause de sérieux problèmes.

8-14 points:
Vous devez faire preuve de vigilance à certains égards.

7 points ou moins:
Vous n'avez que peu ou pas de problèmes avec la zone d'écueil *Prendre ses désirs pour des réalités*.

Un total de 7 points ou plus signifie que vous êtes une personne qui croit ce qu'elle veut croire, peu importe la situation réelle.

Comprendre cette zone d'écueil

La première zone d'écueil émotionnel est *Prendre ses désirs pour des réalités* – c'est-à-dire croire qu'une chose existe parce vous voulez qu'elle soit. *Prendre ses désirs pour des réalités* est une situation qui se produit constamment, et c'est pourquoi il est si facile de s'endetter, de perdre de l'argent dans des placements, de choisir un partenaire qui ne nous convient pas, ou même d'acheter des vêtements qui ne nous mettent pas à notre avantage. On désire ce qu'on n'a pas: la richesse, le succès, la reconnaissance, l'amour, une vie plus palpitante. Et on décide de la manière dont l'histoire se terminera. Cette zone d'écueil émerge particulièrement couramment dans un cadre de relations amoureuses, un domaine où le fait de réfléchir avec son cœur plutôt qu'avec sa tête vous entraîne dans des situations problématiques. Prendre ses désirs pour des réalités vous fait choisir le même genre de personne qui ne vous convient pas, relation après relation. Vous ne cessez de trouver des raisons pour expliquer leur irresponsabilité, leur infidélité ou leur incapacité à s'engager parce que vous voulez que cette personne soit l'homme ou la femme de vos rêves. Ensuite vous vous faites croire que la relation se dirige dans la bonne direction, c'est-à-dire que vous allez épouser votre âme sœur et filer le parfait bonheur, parce que c'est comme ça que vous voulez que l'histoire se termine.

Quand vous êtes dans cette zone d'écueil, vous ne remettez pas en question ce que vous faites, parce que vous ne voulez pas que des faits que vous n'aimez pas se mettent en travers de votre chemin. Imaginez que la solitude vous pèse et que vous soyez à la recherche d'un partenaire sérieux. Dès le premier rendez-vous, vous vous rendez compte que cette personne lève le coude un peu trop souvent. La zone d'écueil *Prendre ses désirs pour des réalités* vous empêche de vous poser la question : « Hé, est-ce que je veux vraiment revoir cette personne ? Ce ne serait pas là le signe qu'elle a des problèmes avec l'alcool ? » En flagrant délit de *Prendre ses désirs pour des réalités*, vous ne voulez pas voir les faits qui pourraient faire semer le doute chez vous et vous faire dévier de votre voie. Vous voulez ce que vous voulez quand vous le voulez, et vous ne cherchez pas à savoir si la poursuite de votre but a du sens ou quelles pourraient en être les conséquences.

Cette zone d'écueil a aussi des répercussions lorsque vient le temps de prendre des décisions en matière d'argent et de finances. Par exemple, la voiture sport à deux places que vous voulez acquérir n'offre pas assez d'espace pour accueillir tout l'équipement que vous transportez avec vous, mais *Prendre ses désirs pour des réalités* vous convainc que tout ira pour le mieux. Vous trouvez des excuses, ou vous choisissez délibérément de ne pas tenir compte des faits dérangeants qui vont à l'encontre du choix d'une telle voiture. L'an dernier, vous vous êtes convaincu d'acheter une maison à Tahiti pour y passer vos vacances, trouvant toutes sortes de bonnes raisons pour mettre de côté vos doutes quant à la fréquence de vos visites là-bas. Prendre ses désirs pour des réalités peut vous induire en erreur pour n'importe quel achat important parce que vous êtes séduit par le petit côté « enivrant » de la chose et que vous fermez les yeux sur ce qui a vraiment du sens compte tenu de vos besoins.

Prendre ses désirs pour des réalités entraîne aussi parfois une personne à tout remettre au lendemain, à tomber dans la passivité ou à éviter les conflits ou les embêtements. Ce genre de comportement vous maintient dans une bulle de sécurité confortable alors que vous pourriez agir de manière à réellement vous protéger ou pour réaliser quelque chose de plus important dans votre vie. Lorsqu'il est clair pour tout le monde au bureau que vous ne ferez jamais partie des associés de la firme, *Prendre ses désirs pour des réalités* vous maintient dans une position d'attente de reconnaissance, alors que vous pourriez explorer d'autres avenues ailleurs. C'est aussi la zone d'écueil qui vous porte à ne pas vous poser de questions sur votre mariage, au lieu de vérifier de temps à autre l'état de votre relation. Vous aurez peut-être tendance à passer sur les mésententes plutôt que d'en discuter, ou bien à ne pas tenir compte du mécontentement exprimé par votre partenaire, en vous disant qu' « il n'y a rien de bien grave là-dedans ».

Il n'est pas rare que les gens qui ne tiennent pas compte des signaux d'alarme ne comprennent qu'une fois que le mal est fait. Mais il est souvent trop tard. Vous ne pouvez plus *Prendre vos désirs pour des réalités* une fois que votre conjoint vous a quitté, que votre patron vous a congédié, que votre maison longtemps négligée a disparu dans un incendie, ou que vous venez d'apprendre que vous avez le cancer, après avoir fumé pendant trente ans. À ce stade-là, vous ne pouvez pas faire autrement que de voir la vérité en face : elle vient de vous frapper en plein visage.

Les dangers associés à cette zone d'écueil

Prendre ses désirs pour des réalités est une zone dangereuse, car elle vous entraîne dans des difficultés financières ou des démêlés avec la justice ; elle sape votre carrière ou brise vos relations sentimentales ; elle menace même votre santé. Lorsque vous êtes dans cette zone, il vous est impossible de voir immédiatement la situation dans son ensemble, ou de prendre des mesures pour élargir votre vision. Elle vous permet de trouver des explications logiques aux choses, de telle sorte que vous continuez à faire ce que vous voulez faire. Quelques exemples extrêmes des effets de cette zone : des membres de la haute direction d'une entreprise qui falsifient les livres comptables ou des politiciens véreux qui acceptent des faveurs illégales. « Comment ont-ils pu croire qu'ils pourraient s'en tirer ? », nous demandons-nous.

Prendre ses désirs pour des réalités nous porte à faire le genre de réplique suivante : « Mon mari ne rentre que rarement à la maison le soir, mais notre relation de couple le rend très heureux. » Lorsqu'il finit par vous quitter, vous êtes complètement sonnée. Il est dangereux de fermer les yeux sur les signaux d'alarme dans votre relation de couple, car cela vous empêche de discuter des difficultés avec votre partenaire et de trouver des solutions. Autre exemple de discours qu'on se fait à soi-même : « Je ressens des douleurs à la poitrine depuis quelque temps, mais ce n'est probablement rien. Il est inutile que je consulte un médecin ou que je me rende aux urgences. » Voilà qui est dangereux, car c'est peut-être un infarctus qui vous guette.

Prendre ses désirs pour des réalités est une voie d'évitement facile (au début), et c'est pourquoi elle est la zone d'écueil que l'on voit se manifester le plus souvent. La question est la suivante : jusqu'où croyez-vous pouvoir voyager sur les frêles ailes de la fantaisie ? Tôt ou tard, la réalité vous rattrapera.

Ce qui se cache derrière cette zone d'écueil

Prendre ses désirs pour des réalités possède un pouvoir extrême, et c'est pourquoi cette zone d'écueil est parfois si insidieuse. Ce qui se cache derrière cette zone, c'est le faux espoir. L'espoir est une chose merveilleuse et essentielle dans des circonstances telles qu'une maladie qui menace la vie, car le fait de garder espoir peut jouer un rôle crucial dans le processus de guérison. Cependant, ce qui se produit lorsqu'on prend ses désirs pour des réalités, c'est le refus de tenir compte de la véritable signification des faits tels qu'ils sont présentés. Quand l'espoir devient un substitut à l'action intelligente, il vous détruit. L'espoir est positif seulement *après* avoir fait tout ce qui est possible pour obtenir une issue souhaitable.

Parce que la réalité vous force à revoir vos conceptions, la zone d'écueil *Prendre ses désirs pour des réalités* déclenche aussi une réaction de déni. Elle vous autorise à nier le sens des faits et à refuser de faire face à une réalité déplaisante.

Par exemple, en sortant d'un espace de stationnement, vous égratignez la voiture qui se trouve à côté de la vôtre. Au lieu de laisser une note, vous partez. Vous ne voulez pas avoir à confronter le propriétaire de la voiture ou à aviser votre compagnie d'assurance de peur de voir vos primes augmenter. Vous vous rassurez : « Je n'ai pas fait vraiment de dommage. Ce n'est probablement rien. » Le lendemain vous aurez peut-être reçu un appel du propriétaire de la voiture qui vous a vu partir et a noté votre numéro de plaque (ou qui a été avisé de l'incident par un passant consciencieux). Vous êtes alors non seulement accusé d'avoir causé des dommages, mais aussi de délit de fuite. Même si vous vous en tirez à bon compte, il se peut qu'un sentiment de culpabilité soit le prix à payer pour votre comportement. C'est le refus de faire face à une réalité déplaisante qui vous fait tomber dans le pétrin.

Trois éléments clés

Les comportements ci-dessous sont à la base de la zone d'écueil *Prendre ses désirs pour des réalités*. Ils en font une force d'obstruction dans la vie, car ils vous leurrent à vous protéger vous-même contre une réalité déplaisante :

Le raisonnement égocentrique

Par raisonnement égocentrique, on entend se fier à son propre réservoir de connaissances et ses propres opinions et points de vue sur les choses, même lorsque l'information est limitée et déformée. Vous continuez à raisonner à l'intérieur d'un espace restreint plutôt que de rechercher des sources externes plus objectives pour bien mettre en évidence les faits relatifs à une situation donnée. Lorsqu'une situation crée un stress émotif plus grand que vous le jugez approprié, ou qu'une personne vous dit que vous êtes dans une impasse, ou bien que vous ressentez vous-même que vous êtes dans une impasse, c'est que vous êtes incapable de voir les choses sous une autre perspective.

Par exemple, votre fils de dix-sept ans manifeste un manque d'intérêt pour l'école depuis plusieurs années déjà. Maintenant qu'il est temps de s'inscrire à l'université, il attend à la dernière minute pour remplir les formulaires de demande, a besoin qu'on le stimule pour qu'il obtienne des lettres de recommandation de ses professeurs, et ne se présente pas à ses rendez-vous avec le conseiller en orientation. De toute évidence, il n'est pas prêt à entreprendre des études universitaires, et cela ne l'intéresse pas non plus. Mais vous ne le voyez pas parce que vous voulez qu'il obtienne un diplôme universitaire. Vous ne regardez pas plus loin. Vous tenez pour acquis que votre fils veut la même chose que vous, sans demander l'opinion ou les conseils du conseiller en orientation ou d'autres parents.

Les perceptions égoïstes

Vous vous félicitez vous-même de vos succès et blâmez les forces extérieures ou autrui quand vous échouez. Voici le genre de raisonnement en question : « J'ai perdu de l'argent dans ce projet immobilier parce que le marché s'est effondré », alors que la véritable raison de votre échec, c'est que vous n'avez pas suffisamment étudié votre dossier et que vous avez choisi un mauvais emplacement. Ce n'est pas votre faute si vous ne réussissez jamais à payer votre solde de carte de crédit au complet. « Le paiement minimum est si peu élevé – seulement 25 $ par mois », insistez-vous, tandis que vous continuez à effectuer des achats et à cumuler de l'intérêt. Cette déformation de l'information vous empêche d'apprendre de vos erreurs, tout simplement parce que vous croyez que vous n'en avez fait aucune. Les scénarios où vous vous protégez vous-même peuvent en venir facilement à faire partie de votre vécu intérieur. Vous en arrivez ainsi à y croire et à les considérer comme la vérité pleine et entière.

La résistance au changement

Il s'agit de la réaction naturelle à la peur de l'inconnu, créatrice d'anxiété et de doute. Plutôt que de tolérer l'inconfort, il est plus facile de s'en tenir au statu quo. C'est en partie la raison qui nous fait demeurer au sein d'une relation amoureuse difficile ou qui nous retient de changer d'emploi même lorsque les possibilités d'avancement sont nulles. Les gens n'ont pas tous la même capacité à tolérer le changement.

On s'attache facilement aux patterns établis de longue date, même quand ils nous conduisent sur des voies dangereuses. Peut-être la mondialisation des marchés a-t-elle entraîné des changements dans votre secteur d'affaires. Des amis du milieu vous ont vivement recommandé de vous adapter et d'offrir un autre genre de service maintenant en demande – service qui correspond éminemment bien à vos talents. Au lieu de cela, vous vous cramponnez au statu quo parce que c'est ce que vous avez toujours fait et que vous craignez d'essayer quelque chose de nouveau. Les prédictions de vos amis se réalisent. Les caisses sont à sec et votre entreprise fait faillite. Nous faisons souvent preuve d'ingéniosité dans la manière dont nous utilisons notre aversion au changement pour ne pas laisser les faits déplaisants nous atteindre. Et pourtant «le mal qu'on connaît» n'est pas toujours meilleur que celui qu'on ne connaît pas. La résistance au changement empêche de voir les autres possibilités et de changer de stratégie. Lorsque nous sommes dans la zone *Prendre ses désirs pour des réalités*, nous croyons que la seule option valable est celle que nous avons déjà choisie.

Comment vaincre *Prendre ses désirs pour des réalités*

Peu importe dans quel domaine de votre vie se présente *Prendre ses désirs pour des réalités*, vous pouvez éviter que cette zone n'engendre d'autres catastrophes en suivant les cinq étapes de la Méthode infaillible. Cette marche à suivre vous aidera à comprendre pourquoi vous n'avez pas été en mesure de voir la vérité plus tôt ou en quoi votre aveuglement vous a mené à prendre de mauvaises décisions. Vous pouvez aussi appliquer la Méthode infaillible pendant que vous êtes sous l'influence de la zone *Prendre ses désirs pour des réalités*, pour vous aider à mettre un terme à ce que vous faites, à réfléchir clairement et à changer de cap avant qu'un désastre ne se produise.

Étape 1. Se concentrer sur l'objectif que l'on veut atteindre

Sachez quel est l'objectif visé. Que votre but soit de vous lancer dans une relation amoureuse, de décrocher un emploi ou d'acheter un chalet, ne le perdez pas de vue. Si vous n'êtes pas en train d'atteindre votre but, c'est que vous avez perdu votre concentration ou que la situation a changé. Dans un cas comme dans l'autre, vous devez réévaluer votre stratégie. Ne craignez pas de revoir vos objectifs. Obligez-vous à le faire, s'il le faut.

Si votre but est de rencontrer quelqu'un et de vous marier – et que cela n'arrive pas – peut-être est-ce parce que votre stratégie ne fonctionne pas et que vous devez tenter autre chose, comme faire du bénévolat, entrer dans un club de voile, ou faire toute autre activité où vous pouvez établir des liens avec de nouvelles personnes. Si vous travaillez seize heures par jour, vous vous leurrez si vous pensez pouvoir entrer dans une relation sérieuse. Replacez vos priorités et sortez du bureau. Rappelez-vous, la zone *Prendre ses désirs pour des réalités* émerge lorsqu'on nie la réalité. C'est parce que le déni vous procure parfois un bien-être qu'il doit être examiné.

En revanche, s'il s'avère peu probable que vous atteigniez un jour votre objectif, vous devrez peut-être tout simplement le laisser tomber, ou le modifier. Aider votre enfant à faire des études universitaires est un objectif à long terme tout à fait valable. Mais si votre adolescent n'a pas la maturité voulue à cette étape-ci, il est possible que vous ayez à reporter cet objectif à plus tard.

Ce qu'il faut savoir, c'est qu'il est très difficile au début de sonner l'alarme et de se dire à soi-même : « Un instant. Je ne suis pas sûr que les choses soient correctes. Suis-je en train de déformer l'information pour m'empêcher d'envisager d'autres options ? » Mais vous devez absolument le faire. Avec de la pratique, cela deviendra une habitude.

Étape 2. Séparer les faits de la fiction

Faites des choix en fonction de faits et d'information réels (et non pas simplement en fonction de votre propre version). Par exemple :

Votre version : Je veux acheter une voiture sport *cool*.

Les faits : Le coffre arrière est trop petit, car vous êtes un représentant de commerce qui transporte des échantillons de grandes dimensions, et cette voiture sera la seule que vous posséderez.

Votre version : Je suis en train de tomber amoureux de quelqu'un qui me dit à quel point je suis intelligent et merveilleux.

Les faits : Cette personne souffre d'endettement chronique, est infidèle ou consomme trop d'alcool.

Pour éviter de vous brûler encore une fois, passer le test du Détecteur de mensonges à la page 67. Cela vous aidera à ralentir vos ardeurs et à y regarder de plus près lorsque vous penserez à vous engager envers une personne, avant que la passion n'ait raison de votre jugement. Vous pouvez aussi vous en servir pour évaluer votre partenaire actuel.

Étape 3. Reconnaître les blocages émotifs et les faire disparaître

Surveillez où vous allez

Il se peut que le chemin qui mène à votre objectif soit cahoteux et rempli d'embûches et de détours. Prenez garde au raisonnement égocentrique, aux perceptions égoïstes et à la résistance au changement. Soyez également à l'affût des éléments suivants :

La panique

Elle se manifeste par la peur effroyable, si vous déviez de votre plan, de perdre une occasion qui ne se reproduira plus jamais et de subir des dommages irréversibles. Jamais vous ne deviendrez un associé de la firme ou jamais vous n'aurez droit à une part des profits. Jamais vous ne vous marierez. Tâchez de vous calmer pour pouvoir réfléchir rationnellement et solutionner le problème de manière constructive. Tentez des approches telles que la méditation ou la relaxation. Ou bien parlez à votre médecin au sujet d'un médicament, si nécessaire. Vous ne pouvez pas vous permettre d'être submergé par les émotions au moment de prendre une décision quelconque, parce que vous ne serez pas en mesure de raisonner efficacement.

Des menaces à l'estime de soi ou à l'identité

Lorsqu'on s'engage à fond dans l'obtention d'un certain résultat, on a tendance à nier la réalité et à résister au changement. Si vous avez fait des études universitaires, il est possible que vous vous attendiez à ce que vos enfants fassent de même. Si votre fils souhaite plutôt devenir mécanicien, vous croyez que le fait de laisser tomber le projet d'études universitaires représente un échec personnel ou la preuve de votre incompétence. Voilà qui est dur à avaler. Mais il ne s'agit là que d'une interprétation. C'est le projet qui a échoué, pas vous.

Étape 4. Solliciter des conseils ou des commentaires pour favoriser un changement positif

Recherchez une deuxième ou une troisième opinion

Explorez vos perceptions et parlez à des gens qui sont en mesure de voir les choses plus clairement que vous, ou du moins différemment. Selon le type d'aide dont vous avez besoin, qu'il s'agisse d'un prêtre, d'un conseiller en orientation, d'un thérapeute, d'un comptable, d'un ami ou d'un membre de la famille en qui vous avez confiance, cette personne peut déceler les points faibles de votre raisonnement. Si vous avez tenté sans succès de résoudre un conflit avec l'aide de votre conjoint ou d'une personne importante à vos yeux, peut-être serait-il indiqué dans votre cas de suivre une thérapie. (Voir le chapitre 17.)

Soyez prêt à entendre de mauvaises nouvelles

Peu importe qui vous consultez, soyez conscient que vous entendrez peut-être autre chose que ce que vous voulez entendre ou que vous ayez à changer d'avis. Rappelez-vous que le fait de ne pas vouloir l'entendre ne fait pas disparaître une mauvaise nouvelle pour autant. Les problèmes dont on ne s'occupe pas s'aggravent habituellement avec le temps.

Soyez à l'affût des « mais »

Admettons qu'on vous dise : « Ça ne donne aucuns résultats (ou cela n'est pas dans ton meilleur intérêt). Tu dois essayer de faire autre chose », et que vous répliquiez en disant : « Oui, mais… », vous êtes en train d'essayer de trouver une explication logique à cette mauvaise nouvelle. Cessez de trouver des prétextes pour vous donner raison de continuer un comportement destructeur.

Attendez-vous à vivre une période d'incertitude

Si vous décidez de changer de cap, attendez-vous à passer par une période d'anxiété et de doute. Cela se produit parce qu'une fois que vous avez admis que l'approche que vous utilisez dans le moment ne fonctionne pas, vous rompez l'équilibre et entrez dans un état de transition désagréable. Il est important à ce stade de tolérer l'inconfort qui accompagne nécessairement tout changement et d'arrêter de répéter les mêmes vieux comportements. Ensuite vous pourrez larguer les stratégies destructrices qui vous minaient l'existence.

Étape 5. Agir dans son meilleur intérêt

Prenez des risques

Prendre des risques fait partie de la vie. Vous tentez votre chance lorsque vous amorcez une nouvelle amitié, que vous vous mariez, que vous changez de carrière, ou que vous achetez une maison. Apprenez à vous faire confiance pour évaluer les dangers et les avantages d'une décision et faire un pas dans la bonne direction.

Réfléchissez

Si le problème est de savoir si oui ou non vous devez quitter votre emploi, posez-vous la question suivante : « Cet emploi va-t-il dans le sens de mes objectifs ? » Si ce travail est très bien payé et que l'objectif principal est de gagner de l'argent, ce fait pourrait prendre préséance sur tout autre facteur, comme la possibilité d'avancement. Il se peut aussi que vous ayez tout avantage à garder cet emploi si vous manquez d'expérience ou qu'il n'existe aucune ouverture dans votre domaine. Simultanément, vous pourriez vous faire du tort en n'acceptant pas le nouvel emploi.

Faites l'Inventaire pour l'évaluation des risques

Il y a toujours un risque, peu importe ce que nous faisons. Tenez compte de votre instinct. Si vous souhaitez vous marier, vous devez prendre le risque de vous rapprocher de quelqu'un. L'inventaire vous aidera à évaluer les dangers réels d'une décision ou d'un changement comparativement aux avantages que vous pourriez en retirer. (Voir à la page 67.)

Un cas typique de *Prendre ses désirs pour des réalités*

Prendre ses désirs pour des réalités se manifeste de bien des manières et dans bien des aspects et circonstances de la vie. Prenons seulement l'exemple d'Eileen, une jeune femme de vingt-neuf ans. Eileen, héritière d'une imprimerie prospère, n'a pu s'empêcher de tomber dans le piège de la duperie et d'en payer chèrement le prix. Elle habitait avec ses parents dans une banlieue cossue. Son fiancé, Elliott, âgé de trente-huit ans, était un habitué du quartier de New York qu'on nomme *garment center*, et il aimait bien la compagnie des femmes et la cocaïne. Elliott, un beau grand brun ténébreux, conduisant une Rolls Royce et possédait une maison au bord de l'eau. Il voulait se marier, mais il voulait aussi que son épouse soit riche, pour pouvoir payer ses dettes et poursuivre le train de vie qu'il menait, bien au-dessus de ses moyens.

Eileen et Elliott se sont rencontrés pendant un week-end du mois d'août dans un club de nuit à la mode. Le couple est sorti ensemble à peine deux mois avant de se fiancer. Elle était complètement tombée sous le charme. Il avait suffi qu'ils les voient une fois pour que les amis et membres de la famille d'Eileen annoncent en bloc que cette relation courait tout droit au désastre. Par un pur hasard, il se trouvait que l'amie de la cousine d'Eileen avait déjà été fiancée à Elliott deux ans auparavant, mais qu'elle avait rompu avec lui lorsqu'elle avait su qu'il sortait avec une autre femme. Cette cousine avait senti qu'il était de son devoir de mettre Eileen en garde de ne pas se laisser entraîner de la sorte. « Tu es jalouse, voilà tout », avait répondu Eileen d'un ton sec, après que sa cousine lui eut annoncé que son fiancé voyait une autre femme.

La mère d'Eileen était tombée sous le charme d'Elliott encore plus que sa fille. « Il est un peu extravagant, c'est sûr », avait-elle dit à sa fille, « mais je suis certaine qu'il va s'assagir une fois que vous serez mariés. Dénicher un homme comme lui, ça n'arrive qu'une fois dans la vie, surtout quand on approche la trentaine. Tu serais folle de ne pas saisir cette chance. »

Les noces (aux frais des parents d'Eileen) avaient accueilli 500 convives en tenue de soirée, et s'étaient révélées l'illustration parfaite du mensonge à soi-même. C'était comme si l'événement s'était passé dans deux mondes différents. Eileen était radieuse. Cependant, Elliott avait invité un grand groupe d'amis et de collègues de travail à ce mariage huppé, et pendant toute la soirée beaucoup d'entre eux, sans s'en cacher, avaient fumé de la marijuana et consommé de la cocaïne. Elliott s'était montré particulièrement affectueux auprès d'une certaine jeune femme, qui avait en fait toutes les apparences d'une petite amie. Les amis et les cousins d'Eileen avaient assisté à la scène, n'en croyant pas leurs yeux.

Moins de neuf mois après le mariage, Eileen déposait une demande de divorce. Elliott n'avait jamais cherché à cacher son attirance pour les femmes et sa consommation de drogue, mais Eileen (encouragée par les certitudes de sa mère) avait cru qu'il cesserait ces activités une fois marié. Après quelques semaines, elle avait compris qu'elle s'était trompée. Eileen est vite retournée vivre chez ses parents, éperdue et honteuse.

Eileen aurait pu s'éviter de grandes douleurs si elle avait su interpréter correctement l'ensemble des signaux d'alarme qui s'étaient manifestés au cours des semaines précédant le mariage. Eileen avait aussi accès à de l'information bien précise (par sa cousine) qu'elle aurait pu vérifier par un simple coup de fil.

Eileen voulait qu'Elliott soit l'homme de ses rêves, alors elle s'était fait croire qu'il l'était. À vingt-neuf ans, elle voyait avec inquiétude le temps passer et avec lui les possibilités de trouver un mari qui répondrait aux exigences mythiques qu'elle (et sa mère) s'était fixées. Elle se sentait acculée «au pied du mur», et il avait donc été beaucoup plus difficile pour elle de faire preuve d'objectivité.

En réalité, son fiancé était un manipulateur qui avait besoin d'argent, consommait des drogues illégales et dont on connaissait bien la facilité à duper les femmes. Eileen avait choisi d'ignorer tous les signaux internes et externes qui auraient pu la faire changer d'avis sur ce mariage. Comme cela arrive souvent, la tendance d'Eileen à se mentir à elle-même avait été exacerbée par une foule de facteurs externes, y compris sa propre anxiété et le charme d'Elliott.

Si Eileen avait évalué la nature réelle de sa relation avec Elliott à l'aide du Détecteur de mensonge appliqué aux relations interpersonnelles (voir la page 67), elle ne l'aurait peut-être jamais épousé. Cet outil est particulièrement utile lorsqu'on cherche à déterminer l'avenir (ou les raisons de l'échec) d'une relation amoureuse.

Quand Eileen a commencé à comprendre ce qui l'avait conduite à vivre cette crise dans sa vie, elle a été de plus en plus capable de définir clairement ce qu'elle désirait d'une relation amoureuse. Après deux années passées à fréquenter d'autres hommes, Eileen rencontra un physiothérapeute de trente-six ans, qu'elle épousa. Ils s'entendent très bien et sont très heureux ensemble, même si elle ne ressent pas la même magie qu'avec Elliott. «Si l'on considère mes expériences passées, c'est probablement une bonne chose», admet-elle.

Un bon début

Il en coûte cher de glisser dans la zone d'écueil *Prendre ses désirs pour des réalités,* qu'il s'agisse d'argent, de relations amoureuses, de réussite professionnelle ou de tranquillité d'esprit. Cette zone est souvent présente en même temps qu'une ou plusieurs autres zones d'écueil, que vous apprendrez à reconnaître dans les chapitres suivants. Que la zone se manifeste isolément ou non, il est possible de bien gérer le fait de *Prendre ses désirs pour des réalités.* Il est possible de briser ce cercle vicieux, d'acquérir une vision plus claire de la réalité, et de faire en sorte de vous rapprocher de vos objectifs.

CHAPITRE 8

Deuxième zone d'écueil :
Ne pas savoir si vous maîtrisez
ou non une situation

L'espérance est le songe d'un homme éveillé.

ARISTOTE

Pour savoir si vous êtes dans la zone d'écueil *Ne pas savoir si vous maîtrisez ou non une situation,* notez chacun des énoncés suivants, comme suit :

1 = pas d'accord la plupart du temps
2 = pas d'accord à l'occasion
3 = d'accord et pas d'accord à peu près également
4 = d'accord à l'occasion
5 = d'accord la plupart du temps

- J'essaie de faire entrer les autres dans le moule que j'ai choisi pour eux.
- J'ai tendance à ressasser des situations que je ne peux changer.
- Je fais preuve d'une trop grande assurance dans des situations sociales, professionnelles ou autres, ou bien je sous-estime mes propres capacités.

- Après avoir délégué une tâche à quelqu'un, je donne des conseils ou je critique la façon dont elle a été faite.
- J'ai de la difficulté à dire non quand je ne veux pas faire quelque chose.

Signification du total obtenu :

20-25 points :
Vous avez de graves problèmes avec la zone d'écueil *Ne pas savoir si vous maîtrisez ou non une situation*.

15-19 points :
Vous avez quelques problèmes importants en ce qui concerne le contrôle.

8-14 points :
Vous devez faire preuve de vigilance à certains égards.

7 points ou moins :
Vous n'avez que peu ou pas de problèmes avec la zone d'écueil *Ne pas savoir si vous maîtrisez ou non une situation*.

Un total de plus de 7 points signifie que vous surestimez ou sous-estimez le degré de maîtrise que vous avez sur une situation donnée.

Comprendre cette zone d'écueil

La deuxième zone d'écueil émotionnel est *Ne pas savoir si vous maîtrisez ou non une situation* – c'est-à-dire avoir de la difficulté à percevoir correctement ce que vous pouvez et ne pouvez pas contrôler dans votre vie. Cette zone d'écueil est ce qui explique pourquoi vous être malheureux sur le plan professionnel, pourquoi vous n'allez jamais chercher l'aide dont vous avez besoin, ou pourquoi vous croyez pouvoir changer votre partenaire ou votre enfant, même si tout indique que ce n'est pas le cas.

Il est naturel que vous cherchiez à avoir la maîtrise de ce qui vous arrive ; cependant, cette zone d'écueil vous entraîne dans des voies erronées en ce qui concerne le pouvoir et le contrôle :

Vous surestimez le degré de contrôle que vous exercez dans une situation donnée, et vous prenez des risques imprudents ou vous vous mettez en position d'être déçu. Par exemple, vous vous mariez en croyant avoir le pouvoir de « remettre » votre partenaire « sur le droit chemin » dans des aspects très fondamentaux de sa vie et de le faire devenir ainsi la personne que vous souhaitez qu'il soit. Vous croyez pouvoir transformer un accro du boulot en une personne qui prend des vacances et qui aime flâner, ou bien une personne paresseuse en une personne ambitieuse, ou bien un être centré sur ses propres besoins en une personne moins égoïste. Lorsque la chose ne se produit pas, vous continuez d'essayer, en obtenant continuellement les mêmes résultats frustrants.

Vous sous-estimez vos options et vos choix. Vous avez la certitude de n'avoir aucun pouvoir dans une situation où, en réalité, vous en avez. Vous croyez n'avoir aucun contrôle, qu'il s'agisse de séduire quelqu'un, de trouver un emploi qui vous convient, ou de négocier avec votre patron. Vous vous sentez dépassé par les circonstances, et vous vous dites des choses comme « Je n'ai pas la formation voulue pour occuper cet emploi, alors pourquoi se donner la peine d'aller à l'entrevue », ou « Je ne ferai jamais aucune rencontre à cette fête, j'ai les jambes bien trop potelées ».

En réalité, on peut vouloir chercher à maîtriser bien des choses : vos relations amoureuses, par exemple, ou vos investissements ou vos négociations d'affaires. En revanche, vous n'avez parfois pratiquement aucun contrôle sur certaines autres. De toute évidence, vous n'avez aucun contrôle sur la voiture qui rate un virage et qui entre en collision avec vous, mais heureusement ce genre d'événements relevant du hasard se produit rarement. La plupart du temps, vous avez au moins un pouvoir quelconque de vous protéger – et de faire progresser vos intérêts propres. Il s'agit de clarifier les situations sur lesquelles vous avez une influence réelle par rapport à celles où vous n'en avez aucune. C'est seulement à ce moment-là que vous pouvez résoudre des problèmes.

Les dangers associés à cette zone d'écueil

Croire que, dans une situation donnée, vous avez soit trop de contrôle, soit trop peu vous met en danger sur le plan financier, personnel ou professionnel. La zone d'écueil *Ne pas savoir si vous maîtrisez ou non une situation* se combine souvent à *Prendre ses désirs pour des réalités*, dont il accentue l'ampleur.

Lorsque vous amplifiez la portée de votre influence, vous refusez d'admettre qu'il existe des limites réelles. Cette façon de penser peut vous ruiner. Imaginez que vous soyez un détaillant qui ne cesse d'ouvrir de nouveaux magasins dans les régions voisines. Rêvant d'étendre vos activités à l'échelle nationale, et plus qu'impressionné par votre sens aigu des affaires, vous continuez à ouvrir de nouveaux magasins, sans tenir compte de l'augmentation du prix des loyers et des primes d'assurance, des problèmes avec les créanciers, sans parler de la nouvelle concurrence féroce. Vous vous sentez invincible, et vous ne voyez pas à quel point votre situation est précaire et la rapidité avec laquelle votre entreprise s'effondre. En fin de compte votre commerce fait faillite. Les journaux sont remplis d'articles relatant la chute d'entreprises ayant trop rapidement pris de l'expansion.

L'envers de la médaille, dans cette zone d'écueil, consiste à sous-estimer le pouvoir ou le contrôle que l'on possède, ou bien à l'abdiquer. Cela aussi peut s'avérer catastrophique. Parce que vous vous sentez impuissant, vous remettez entre les mains d'autrui les décisions importantes de votre vie, permettant à une autre personne de faire des choix à votre place, tels le cheminement relatif à un choix de carrière. Il arrive ainsi que vous restiez coincé dans des situations qui vous rendent désespérément malheureux. Résultat : une profonde insatisfaction existentielle, ou bien l'émergence possible d'une rébellion inconsciente et de comportements autodestructeurs.

Ce qui se cache derrière cette zone d'écueil

Le contrôle est au cœur de la vie de tout le monde. Nous sommes tous vulnérables. La vie est remplie d'incertitudes. Vous serez peut-être pris en otage dans un détournement d'avion. Peut-être serez-vous trahi ou rejeté en amour. Ou il se peut que votre patron ne vous aime pas. Ce qui vous empêche de paralyser, c'est l'*illusion de contrôle*, c'est-à-dire la capacité de vivre votre vie en dépit des dangers qui vous menacent. L'illusion de contrôle vous permet de fonctionner comme un être humain normal. Sans cette illusion, vous deviendriez hyperconscient de votre vulnérabilité. Si vous vous arrêtiez à penser à tout ce qui pourrait vous arriver quand vous conduisez votre voiture, vous ne conduiriez plus jamais. Mais puisque le fait de conduire est une nécessité, vous vous devez d'adapter votre perception de la réalité en fonction de ce sur quoi vous avez ou non le contrôle pour pouvoir continuer à vivre. Les problèmes commencent lorsque votre illusion de contrôle se déforme.

Éléments clés

La zone d'écueil *Ne pas savoir si vous maîtrisez ou non une situation* carbure aux éléments suivants :

L'attention portée sur ses défauts

Vous sapez votre confiance en vous-même en revenant sans cesse sur vos faiblesses et en minimisant vos atouts. Nous avons tous notre façon de nous percevoir nous-mêmes, les gens avec qui nous transigeons et les situations avec lesquelles nous avons à composer. Cette manière de voir les choses influe sur notre perception de la réalité et notre capacité à prévoir le comportement des autres et le déroulement des événements. Lorsque votre perception de vous-même est constamment négative, vous êtes incapable de voir vos forces et vous laissez le sentiment d'impuissance vous immobiliser. Cette façon de penser vous empêche de constater les possibilités qui s'offrent à vous.

Si vous êtes un fumeur, par exemple, vous pensez peut-être que la cigarette vous contrôle et vous vous persuadez vous-même que vous êtes incapable d'arrêter de fumer. Vous vous dites, comme bien d'autres : « Je n'y arriverai pas. Je vais devenir fou. » Bien que fumer soit effectivement une forme de dépendance, beaucoup de personnes arrivent à s'en défaire. Avec beaucoup de motivation, on est souvent capable d'accomplir bien plus de choses que nous ne le pensons.

L'infatuation de soi-même

Votre perception de la réalité est déformée par l'infatuation, ce sentiment exagéré de votre pouvoir, de votre valeur, de vos connaissances ou de votre importance. L'infatuation vous assure que vous pouvez accomplir bien plus que vous ne le pouvez en réalité, et vous entraîne à faire fi du danger. Par exemple, vous faites l'acquisition d'une société d'alimentation en électricité, croyant ainsi pouvoir réduire le nombre d'heures d'ouverture de votre compagnie et éliminer les services d'urgence sans pour autant perdre de la clientèle. Tout est sous contrôle, croyez-vous, et vous comptez sur l'excellente réputation de la compagnie pour vous soutenir, même si les clients continuent de manifester leur insatisfaction. Au bout du compte, ils finissent par aller voir ailleurs. L'infatuation est aussi une façon de nier votre vulnérabilité. Par exemple, vous avez toujours éprouvé de la difficulté à gérer du personnel, et pourtant vous postulez un poste de superviseur. Vous tentez de justifier votre raisonnement par la logique : « Cette fois-ci, je serai à la hauteur », même si vos nombreuses tentatives par le passé se sont soldées par des échecs, et que rien d'autre n'a changé depuis. Vous ne vous êtes pas inscrit à une formation en management et n'avez pas entrepris d'autres mesures pour améliorer vos compétences. Même si l'objectif de vouloir progresser est louable, la frontière est bien mince entre avoir confiance qu'on peut aller plus loin et l'infatuation de soi-même. L'infatuation, c'est quand vous n'avez rien appris de vos expériences passées.

La vie est remplie d'incertitudes, et il n'y a rien que vous puissiez faire pour empêcher cela. Cependant, il vous est possible d'exercer le pouvoir que vous possédez vraiment et de profiter des vastes possibilités que la vie vous offre. Vous pouvez aussi prendre conscience de vos limites et ainsi assurer votre bien-être.

Comment vaincre *Ne pas savoir si vous maîtrisez ou non une situation*

La plupart d'entre nous avons le choix entre plusieurs possibilités lorsqu'il s'agit d'orienter notre vie. Mais la zone *Ne pas savoir si vous maîtrisez ou non une situation* émergera-t-elle pour nous faire obstacle ? Voilà la question. Pour pouvoir composer avec cette zone d'écueil, suivez les cinq étapes de la Méthode infaillible. Elles vous aideront à déceler les fausses perceptions que vous entretenez au sujet du contrôle. Vous comprendrez aussi comment ces perceptions vous conduisent (ou vous ont conduit) à prendre de mauvaises décisions. Enfin, la Méthode vous aidera à ne plus revivre les douleurs du passé.

Étape 1. Se concentrer sur l'objectif que l'on veut atteindre

Soyez conscient du but que vous vous êtes fixé. Ne le perdez pas de vue, qu'il s'agisse d'alléger votre charge de travail, de vous faire une petite amie, ou de vous réorienter sur le plan professionnel. Si vous n'êtes pas en train de réaliser votre objectif, c'est que vous n'êtes plus concentré ou que la situation a changé. Dans un cas comme dans l'autre, vous vous devez de réévaluer ce que vous faites.

Si votre but est de vous faire offrir une bague de fiançailles par l'homme avec qui vous vivez depuis quatre ans, et qu'il n'y a pas l'ombre d'une demande en mariage à l'horizon, c'est que votre stratégie qui consiste à attendre et à espérer ne fonctionne pas. Il vous faut changer de cap. Il ne vous épousera pas, et vous êtes maintenant devant un choix: ou bien vous l'acceptez comme amant, ou bien vous rompez, ce qui vous rendra disponible pour vous mettre à la recherche d'un autre homme qui saura combler vos attentes. Peu importe votre décision, au moins vous ne serez plus en train de vous raconter des histoires.

Peut-être votre but est-il de confier la responsabilité de la gestion des comptes à votre compagnon (ou bien qu'il vous aide à prendre soin du bébé), et cela ne se concrétise pas. Votre façon d'être joue-t-elle contre vous? Si vous êtes constamment sur le dos de votre conjoint à critiquer sa manière de faire les choses, vous n'obtiendrez aucune coopération de sa part. Vous devez avoir confiance que l'autre s'acquittera de cette tâche d'une manière raisonnablement correcte, même si ce n'est pas tout à fait comme vous l'auriez souhaité. Si votre compagnon baisse les bras et vous remet cette responsabilité entre les mains, vous n'aurez obtenu rien d'autre que du ressentiment.

Votre but n'est peut-être pas réaliste. Essayez de déterminer jusqu'à quel point vous pouvez réellement contrôler la réalisation de votre objectif. Vous ne pourrez pas transformer votre enfant en ballerine ou en ingénieur de la NASA à moins qu'il ou elle n'ait le talent et l'intérêt pour le faire. Vous ne pourrez pas réaliser votre rêve de devenir pompier si vous ne répondez pas aux exigences physiques minimales. *Toutefois, tâchez d'être juste envers vous-même.* Si vous ne pouvez pas obliger quelqu'un à vous aimer, vous pouvez toutefois choisir de continuer ou non à fréquenter quelqu'un qui ne vous convient pas. Il arrive couramment aussi que, tout en visant un objectif réaliste, on s'imagine que son rêve est inatteignable simplement parce qu'on n'y a pas réfléchi suffisamment.

Ce n'est pas une mince tâche que de s'arrêter et de se demander si le fait de sous-estimer ou de surestimer ses capacités nous empêche de voir d'autres possibilités. Faites-le quand même.

Étape 2. Séparer les faits de la fiction

Prenez vos décisions en fonction des faits réels, plutôt que d'asseoir vos choix sur un raisonnement faussé. Nos perceptions erronées sur la question du contrôle peuvent nous faire paraître les faits plus sombres ou plus encourageants qu'ils ne le sont vraiment. Voici quelques exemples :

Votre version : J'arriverai à convaincre mon conjoint accro du boulot à modifier son horaire pour passer plus de temps avec moi et les enfants.

Les faits : Demander à quelqu'un de changer est une entreprise risquée, même lorsque l'amour est au rendez-vous et que l'autre désire vraiment se comporter différemment. Notre personnalité sous-jacente ne change pas beaucoup. Nous avons tous besoin de sentir que nous exerçons une influence quelconque sur notre partenaire, mais lui faire subir des pressions pour le ou la faire changer ne provoquera que de la colère. L'autre réagit en se cantonnant encore davantage sur ses positions. Le mieux que vous puissiez faire, c'est de vous changer vous-même.

Votre version : Je n'arrive pas à me faire une petite amie parce que je suis un gars qui n'est ni très grand ni particulièrement beau.

Les faits : Vous avez un merveilleux sens de l'humour, vous êtes brillant, et vous savez écouter ; quand elles sont en votre compagnie les femmes se sentent bien avec elles-mêmes. Ce sont là des qualités chez vous qui les attirent. Reconnaissez vos atouts et cessez de vous comparer à d'autres hommes plus grands, plus beaux ou plus mâles. La seule chose que vous constaterez, c'est que vous ne faites pas le poids sur ce terrain-là.

Votre version : Je veux devenir le président de mon organisation professionnelle. Je suis un bon gars et je travaille à la compagnie depuis des années ; je vais certainement remporter l'élection.
Les faits : Vous surestimez l'attrait que vous exercez sur les autres. Vous vous mesurez à un candidat qui possède une solide vision et qui fait preuve de plus de diplomatie que vous. Vous feriez mieux d'étoffer votre programme et de faire pression auprès des membres pour obtenir leur soutien, sinon vous vous retrouverez le bec à l'eau.

Servez-vous des outils d'évaluation présentés au chapitre 6 pour vous aider à voir la réalité plus clairement.

Étape 3. Reconnaître les blocages émotifs et les faire disparaître

Soyez à l'affût des manifestations d'infatuation et autres obstructions qui vous bloquent dans votre cheminement vers votre objectif. Voici quelques exemples de blocages :

Revenir constamment sur vos points vulnérables

Recentrez-vous et modifiez la perception que vous avez de vos faiblesses. Fort heureusement, il est possible d'apprendre à modifier ses perceptions erronées et d'acquérir une image plus réaliste de ce qui est faisable, quelle que soit la situation.

Si vous ressassez continuellement l'idée que vous n'êtes pas désirable parce que vous mesurez 1,60 m, vous vous direz peut-être, à tort, que les femmes ne voudront pas sortir avec vous ; vous passerez ainsi à côté d'une vie sociale riche où les femmes prennent une place privilégiée.

Recadrez vos défauts

Pour comprendre ce que nous voulons dire par là, prenez l'exemple des petites annonces dans le domaine de l'immobilier. Un taudis sera décrit comme « le paradis du bricoleur ». « Charmant » est un code pour « petit ». « Cuisine moderne » signifie vieille et démodée ; autrement, on aurait dit « nouvellement rénovée » ou « refaite à neuf ».

Maintenant, pour vous aider à élargir la vision que vous avez de vous-même, rédigez le genre de petite annonce que vous mettriez dans la section « Personnel ». Tâchez d'énoncer clairement vos plus belles qualités en demandant à un ami de vous aider. Lorsque vous vous décrivez, modifiez légèrement votre façon de penser et reformulez les aspects négatifs pour les rendre plus positifs. Par exemple, dans votre petite annonce, remplacez le mot « petit taille » par « mignon ». Dites : « Je suis mignon et je sais écouter ». Décrivez-vous comme « en forme » et du type « catcheur », ce qui suscitera chez la lectrice des images de force physique, et non de haute taille. Montrez votre annonce à d'autres pour vérifier si la description correspond à l'essentiel de votre personne. Vous possédez habituellement bien plus d'atouts et bien plus de contrôle que vous ne le croyez. Quand on leur dit qu'un homme est timide, nombreuses sont les femmes à penser : « il est sensible ».

La même approche vaut pour les aspects plus négatifs liés au travail. « Cadre d'entreprise âgé de cinquante-cinq ans » peut se transformer en « cadre d'entreprise possédant vaste et solide expérience ».

Un autre exercice consiste à vous demander comment vous agiriez si vous étiez un bel homme de 1,85 m. Entreriez-vous dans une pièce en souriant avec un air assuré ? Alors inspirez-vous de ce scénario pour modeler votre comportement. Cela vous paraîtra artificiel et forcé au début, mais très vite vous verrez que cette manière de faire les choses s'inscrira naturellement en vous. Nous connaissons tous des hommes et des femmes qui, lorsqu'on les regarde, sont loin d'avoir une apparence à tout casser, mais que leur assurance rend très attirants.

Se sentir dépassé par les événements

L'un des aspects de la zone *Ne pas savoir si vous maîtrisez ou non une situation* est un sentiment d'anxiété et de désespoir si grand qu'il vous empêche de fonctionner. La solution : il faut compartimenter. Le fait de compartimenter vous permettra de repousser le sentiment d'impuissance dans l'un des aspects de votre vie.

D'une certaine façon, c'est comme si vous le mettiez dans une boîte pour l'oublier, de telle sorte que vous puissiez fonctionner de manière plus efficace sur un autre aspect. Lorsqu'il y a quelque chose de douloureux dans votre vie (comme une maladie ou une relation amoureuse difficile), et qu'il n'y a rien que vous puissiez y faire, le fait de prendre le contrôle et de compartimenter s'avérera très positif. Par exemple, imaginez une situation où votre fils de trente et un ans est à la dérive. Il occupe des emplois de bureau temporaires, n'a jamais aucune relation stable avec les femmes ; bref, il vous donne constamment du souci. Vous êtes à ce point préoccupé par ce « nuage noir » au-dessus de votre tête que vous êtes incapable de profiter des moments où vous êtes avec les autres membres de votre famille. Mettez vos soucis de côté dans une boîte, puis refermez le couvercle. Vous pourrez ainsi arriver à avoir du plaisir et à vous sentir satisfait ailleurs dans votre vie. Rien ne vous empêche d'essayer de trouver des façons de soutenir votre fils, mais il y a une différence entre résoudre des problèmes de manière créative et se faire du souci de manière chronique et obsessive. Toute l'inquiétude du monde n'aidera pas votre fils, et ne fera que vous enlever vos moyens.

Se méfier

Si vous êtes de ceux qui sont incapables de déléguer une tâche, vous serez probablement réticent à lâcher prise sur les autres. Vous croyez pouvoir faire mieux que les autres. Et alors ? Voulez-vous qu'on vous aide, ou non ? La réalité est toute simple : vous devrez cesser d'interférer et de critiquer, à la maison comme au travail. Si jamais quelqu'un se révèle vraiment incompétent, vous le saurez bien assez tôt.

Étape 4. Solliciter des conseils ou des commentaires pour favoriser un changement positif

Demandez l'avis de quelqu'un

Si vous ne savez pas si vous maîtrisez ou non une situation, vous êtes bien mauvais juge pour savoir si vos objectifs ou vos actions sont réalistes ou non. Vous devez vous tourner vers une aide extérieure. Avant de solliciter un poste de superviseur, ce même genre d'emploi dans lequel vous avez connu des échecs répétés, parlez à des amis, des collègues de confiance, n'importe qui, à condition que cette personne vous connaisse et qu'elle connaisse la situation suffisamment bien pour vous donner l'heure juste. Ne vous contentez pas de lui demander : « Quelles sont les chances que j'obtienne ce poste ? » Demandez-lui aussi : « Qu'est-ce que je peux faire pour améliorer mes chances de succès ? » Il se pourrait qu'on vous conseille de suivre des séminaires de gestion pour améliorer vos compétences.

Dressez l'inventaire de vos performances passées

Il s'agit d'une autoévaluation où vous vous donnez à vous-même le *feed-back* nécessaire pour déterminer ce qui a bien fonctionné et ce qui a moins bien fonctionné (voir le chapitre 6). Servez-vous de cet inventaire pour évaluer vos capacités et faire valoir vos forces. C'est là que réside le succès.

Étape 5. Agir dans son meilleur intérêt

Reconnaissez le pouvoir que vous avez

Vous possédez un certain degré de pouvoir dans la plupart des situations. Vous n'avez pas choisi de naître comme vous êtes, mais dans une certaine mesure vous pouvez choisir la manière dont vous vivez votre vie. Si vous êtes convaincu de n'être pas assez intelligent ou pas assez populaire, ou si vous croyez que vous êtes trop vieux pour vous faire de nouveaux amis ou connaître le succès, il vous est impossible de changer les choses. Lorsque vous persistez à dire : « Il est trop tard pour changer ou essayer quelque chose de nouveau », il est d'autant plus important de contrer cette croyance. En vérité, il est rarement trop tard. Les gens embrassent une nouvelle carrière, démarrent une entreprise et se font de nouveaux amis à n'importe quel moment dans leur vie.

Effectuez des choix raisonnés

Au moment de prendre un risque, demandez-vous toujours : « Si le pire devait arriver, serais-je capable de le tolérer ? » C'est une chose difficile à faire, mais votre bien-être dépend de cette sensation que vous avez le choix entre plusieurs options. Ainsi, si votre décision ne mène pas au résultat escompté, vous n'aurez pas l'impression d'être une victime parce que vous avez exercé votre contrôle.

Il est possible que vous ne fassiez pas suffisamment confiance à vos sensations pour savoir ce qui est juste pour vous. Vous cédez aux pressions familiales qui vous poussent à devenir pharmacien, parce que votre père et votre grand-père ont été pharmaciens avant vous. Vous finissez par vous sentir malheureux parce que vous ne vous êtes jamais posé la question de savoir si cette profession correspondait à vos habiletés ou votre personnalité. Dans de telles situations, il est primordial de faire des choix en toute connaissance de cause et de manière réfléchie, plutôt que de suivre aveuglément la voie proposée par quelqu'un. Tâchez de voir s'il n'y a pas d'autres cheminements de carrière que vous voudriez explorer. Soupesez les conséquences qui découleront de votre résistance aux pressions familiales : l'insatisfaction que vous éprouvez vous-même, contre la possibilité que vos parents se mettent en colère contre vous et vous rejettent. Puis, décidez de ce qui le plus important à vos yeux : explorer une autre avenue professionnelle et vous réaliser, ou bien obtenir l'approbation de votre famille.

Posez-vous la question suivante : « Que suis-je prêt à laisser tomber ? »
Peut-être songez-vous à devenir humoriste. Il est hors de question de laisser tomber votre sécurité d'emploi, mais vous pouvez envisager l'idée de travailler dans des boîtes de nuit le week-end. Si vous pensez vous réorienter professionnellement, mais que vous ne possédez pas l'expérience voulue, vous pourriez prendre du temps pour faire du bénévolat ; cela pourrait vous aider à atteindre votre objectif. Vous pouvez apprendre à rédiger des discours, à organiser des campagnes de financement, ou acquérir d'autres compétentes en travaillant bénévolement au sein d'un organisme de bienfaisance.

Sachez reconnaître quand il est temps de vous avouer vaincu
Reconnaissez qu'il y a des domaines que vous n'arriverez jamais à maîtriser et sachez quand il est temps d'abandonner la partie.

Si vous croyez pouvoir contrôler la façon dont vos enfants pensent et ce qu'ils vont devenir, vous vous préparez à vivre bien des déceptions. En vérité, vous n'avez que peu d'influence sur les capacités athlétiques de vos jeunes, sur ce qui les intéresse dans la vie, sur leur choix de carrière ou leur orientation sexuelle. Si vous persistez à diriger un enfant dans une voie pour laquelle il n'a ni les aptitudes ni l'intérêt voulus, vous risquez de détériorer votre relation. Il y a une différence entre exercer votre influence et faire de la microgestion. Si vous contrôlez trop, vous allez peut-être gagner : votre conjoint ou vos enfants se rendront à vos exigences. Mais ils se rebelleront. Il se peut qu'ils contournent les règles pour obtenir ce qu'ils veulent.

Croire qu'il n'y aura jamais personne d'autre dans votre vie vous empêche souvent de vous rendre à l'évidence pour constater l'échec d'une relation amoureuse. Lorsqu'un ami vous suggère de consulter des sites de rencontre sur le Web, vous répondez : « Non merci ; il n'y a que les ratés qui se retrouvent dans ces trucs-là. » Vous devenez de plus en plus passif et vous laissez tomber. Rappelez-vous : il faut souvent se pousser et subir un certain inconfort lorsqu'on cherche à atteindre ses objectifs.

Un cas typique de *Ne pas savoir si vous maîtrisez ou non une situation*

La zone d'écueil *Ne pas savoir si vous maîtrisez ou non une situation* émerge dans une grande variété de situations. L'histoire de Léo, un urbaniste de cinquante-neuf ans, est l'illustration classique de la manière dont cette zone opère. Un samedi après-midi, Léo se trouvait dans sa cuisine, une bière à la main, en train d'échanger des blagues autour de la table avec deux de ses meilleurs amis qui étaient passés le voir. Le lendemain, il mourait d'un accident vasculaire foudroyant, résultat d'une illusion de contrôle qui s'avéra fatale. Sa mort fut une tragédie qui n'aurait jamais dû se produire.

Il y avait de redoutables antécédents d'hypertension (tension artérielle élevée) dans la famille de Léo. Son père était décédé d'un infarctus alors qu'il était dans la cinquantaine. Plusieurs de ses cousins ainsi que sa sœur et son frère étaient sous traitement pour hypertension. Dans la famille de Léo on n'arrêtait pas de l'exhorter à se soigner : « Il faut que tu te fasses examiner. Tu fais probablement de l'hypertension toi aussi, et tu as peut-être besoin de médicaments. »

Léo avait une peur bleue des médecins et n'en avait consulté aucun depuis trente-cinq ans. Il écoutait poliment lorsque sa famille manifestait son inquiétude, sans suivre leurs conseils. Au lieu de cela, il prenait des vitamines tous les jours ainsi que des remèdes naturels qu'on disait utiles pour abaisser la tension artérielle. Léo croyait qu'il pouvait maîtriser une maladie potentiellement mortelle par lui-même, sans aide médicale. Il disait à son épouse et à sa famille, affolées, qu'il « n'avait pas besoin de médecin ». « Je n'ai pas besoin de médicament, je suis capable de me traiter moi-même. »

Léo poursuivait le même objectif que tout le monde, celui de demeurer en santé et de vivre longtemps. Il croyait toutefois posséder la maîtrise de son corps, sans tenir compte des faits suivants :

- Ses antécédents familiaux le prédisposaient hautement à l'hypertension.
- Ce n'est pas parce qu'il se sentait bien que sa tension artérielle n'était pas élevée. On appelle l'hypertension « le tueur silencieux », à cause du fait que la maladie ne présente souvent aucuns symptômes. Cela ne l'empêche pas d'augmenter le risque d'infarctus et d'accident vasculaire.
- Des traitements efficaces existent, mais une supervision médicale est essentielle.

Léo s'était persuadé que parce qu'il se sentait bien, rien de dangereux ne pouvait lui arriver. Il refusait aussi d'écouter les conseils objectifs qu'on lui donnait. Deux zones d'écueil étaient à l'œuvre : celle relative au contrôle et celle qui nous fait prendre nos désirs pour des réalités. Ensemble, les deux zones l'ont littéralement tué. Ne pas savoir s'il maîtrisait ou non la situation l'a rendu incapable de reconnaître son manque de compétence sur le plan médical et l'a renforcé dans sa décision de devenir son propre médecin.

Léo était un homme et il était d'âge mûr, et cela n'est pas étranger à sa mort insensée. Les hommes sont beaucoup moins portés à consulter un médecin que les femmes. Et s'il n'est pas trop dangereux d'avoir peur des médecins quand on a trente ans – la plupart des gens de cet âge ne meurent pas d'un accident vasculaire ou d'un infarctus – c'est jouer avec le feu que de refuser d'aller voir le médecin quand on atteint l'âge mûr.

Retrouver son propre pouvoir

Tenter de contrôler ce qui est hors de votre contrôle est une perte de temps et d'énergie, en plus d'être la source de profondes déceptions. Cela peut même vous tuer. En étant passif, vous limitez vos succès sur les plans social et professionnel, et vous vous empêchez d'être heureux en général. La solution réside dans l'équilibre. Lorsque vous maximisez le pouvoir que vous possédez réellement, il devient beaucoup plus facile de vivre sa vie et de ressentir un sentiment de bien-être. Les gens disent souvent : « Si j'étais plus riche ou si j'avais plus de succès, ou si mon corps fonctionnait mieux, je n'aurais plus de problèmes. » Mais le bonheur ne dépend pas d'une chose ou d'une autre. Il y aura toujours quelqu'un de plus pauvre, de moins attirant ou de moins capable que vous, et qui pourtant se sent relativement heureux. Misez sur ce que vous possédez *déjà* plutôt que de toujours penser à ce que vous n'avez pas. La manière dont vous vous sentez dépend pour une grande part de votre façon de voir les choses. Vous sentir satisfait ou non dépend de vous.

CHAPITRE 9

Troisième zone d'écueil :
Croire aux mythes

Je ne pourrais jamais mourir pour mes convictions ;
je peux me tromper.

BERTRAND RUSSELL

Pour savoir si vous êtes dans la zone d'écueil *Croire aux mythes,*
notez chacun des énoncés suivants, comme suit :

> 1 = pas d'accord la plupart du temps
> 2 = pas d'accord à l'occasion
> 3 = d'accord et pas d'accord à peu près également
> 4 = d'accord à l'occasion
> 5 = d'accord la plupart du temps

- Je tiens certaines choses pour acquis sans remettre suffisamment en question les fondements sur lesquels elles s'appuient.
- Je crois aux mythes sociaux et culturels.
- J'ai beaucoup de difficulté à m'adapter au changement.
- Je suis une personne très attachée aux valeurs traditionnelles.

- Je n'ai jamais remis en question les croyances de longue date qui ont cours dans ma famille ni même réfléchi beaucoup à celles-ci.

Signification du total obtenu :

20-25 points :
Vous avez de graves problèmes avec la zone d'écueil *Ne pas savoir si vous maîtrisez ou non une situation.*

15-19 points :
Vous avez quelques problèmes importants en ce qui concerne les mythes.

8-14 points :
Vous devez faire preuve de vigilance à certains égards.

7 points ou moins :
Vous n'avez que peu ou pas de problèmes avec la zone d'écueil *Croire aux mythes.*

Un total de plus de 7 points signifie que vous croyez aux mythes sans les avoir étudiés et sans jamais les remettre en question.

Comprendre cette zone d'écueil
La zone d'écueil *Croire aux mythes* se manifeste lorsque vous menez votre vie en fonction de mythes que vous n'avez jamais remis en question. Cette zone d'écueil explique pourquoi vous n'obtenez jamais le crédit que vous méritez ou pourquoi vos collègues de travail vous sabotent, pourquoi vous avez une vie sexuelle décevante ou pourquoi vos enfants se retrouvent dans la classe des professeurs les moins compétents. On entend par mythes des croyances jamais remises en question, telles que celles-ci :
- Si tu es honnête et que tu respectes les règles du jeu, les autres feront de même.
- Les couples heureux ne se disputent jamais.
- Tout s'obtient à force d'effort.
De tels mythes se propagent de génération en génération à

travers des dictons et certains éléments de culture populaire. La difficulté, c'est que lorsque vous êtes dans la zone d'écueil *Croire aux mythes*, vous croyez qu'ils représentent une sagesse irréfutable et une orientation sûre. En vérité, beaucoup de ces mythes n'ont pratiquement aucun fondement. Si vous suivez aveuglément la direction qu'ils proposent, vous vous dirigerez tout droit vers des déceptions.

Il y a des mythes partout : dans notre vie personnelle, dans nos affaires financières et dans nos transactions commerciales. En apparence inoffensifs, ils empêchent toutefois de faire face à d'importantes préoccupations et entretiennent les schémas de comportement destructeurs en place. Les mythes vous empêchent de voir les facteurs ou les changements dans votre environnement où il est primordial que vous vous protégiez, que vous soyez efficace, ou que vous fassiez bouger les choses dans votre propre intérêt. Quand vous acceptez sans discuter ces soi-disant vérités, elles viennent au surplus renforcer la zone d'écueil *Prendre ses désirs pour des réalités*.

Bien des mythes se sont parfaitement intégrés à notre modèle social et culturel. On n'a qu'à penser à «Vingt fois sur le métier remettez votre ouvrage». S'il est vrai que la persévérance est un facteur important de succès, il n'est pas suffisant en soi. Si vous répétez continuellement les mêmes actions qui n'ont donné aucun résultat par le passé, il y a fort à parier que vous échouerez à nouveau. Il vous faudra faire les choses de manière *plus efficace* la fois suivante, peut-être en adoptant une nouvelle stratégie.

La croyance qui dit que «l'on peut être tout ce que l'on veut» peut également entraîner bien des déceptions. L'idée que n'importe qui peut devenir président des États-Unis, par exemple, semble faire partie de mythes de la culture américaine. En vérité, il existe des frontières bien réelles dans cette société, et il est impossible, de manière absolue, d'être tout ce que l'on veut. Dans une certaine mesure, c'est à vous que revient la responsabilité d'acquérir les compétences que vous voulez posséder. Mais vous n'avez aucun contrôle sur le fait d'être doué pour les sciences ou sur celui de posséder la coordination visuelle et motrice nécessaire pour devenir chirurgien. Il ne dépend pas de vous de naître en ayant les critères de beauté voulus pour devenir mannequin, ou de posséder la personnalité qu'il faut pour devenir l'animateur d'une émission-débat à la télévision, ou bien encore d'avoir le talent nécessaire pour devenir une vedette du baseball. En dépit du mythe qui veut que les chances soient égales pour tous au départ, la plupart des gens ont à faire des concessions dans la vie.

La croyance en des mythes liés aux relations personnelles vous détourne de vos objectifs et vous empêche de bien vous évaluer et de bien évaluer les autres. Les zones d'écueil ayant un mythe comme fondement opèrent dans des contextes relationnels variés, qu'il s'agisse d'une union conjugale, d'une relation d'amitié, de fréquentations amoureuses, d'une relation intime, ou d'interactions familiales. Il arrive que les mythes sentimentaux soient particulièrement cruels. Celui qui dit qu' « il n'existe qu'un seul homme (ou une seule femme) pour moi », laisse entendre que si cette personne disparaît de votre vie, vous êtes condamné à demeurer célibataire pour le restant de vos jours. Il n'existe pas qu'une seule personne parfaite pour aucun d'entre nous. Et quelqu'un qui vous semblera fait pour vous à un certain moment aurait peut-être été la pire personne qui soit pour vous, plus tôt ou plus tard dans votre vie. Les gens ont le choix d'évoluer, ou de ne pas le faire.

Les dangers associés à cette zone d'écueil

Croire aux mythes représente un danger ; être dans cette zone peut entraîner votre congédiement, vous empêcher d'obtenir une promotion, vous causer des difficultés de couple ou des problèmes familiaux. Les temps ont changé, et nous vivons maintenant dans un monde où l'on doit pouvoir rapidement changer de direction si l'on veut faire face à de nouveaux défis. *Croire aux mythes* empêche d'acquérir de la souplesse pour composer avec les changements qui surviennent dans notre environnement. Par exemple, si votre patron ne vous aime pas, il se peut que vous n'obteniez jamais de promotion. Il serait probablement dans votre meilleur intérêt de vous faire muter à une autre division où un autre superviseur reconnaîtra votre travail. Et pourtant, la croyance que votre mère vous a transmise selon laquelle toute bonne chose vient à qui sait attendre fera en sorte que vous resterez coincé, en espérant toujours que votre patron changera d'attitude envers vous.

Il existe aussi un type de mythe très différent, par lequel on appose des étiquettes aux membres d'une même famille. C'est une pratique particulièrement destructrice en ce sens qu'elle empêche toute exploration du plein potentiel de quelqu'un. On se servira souvent d'une caractéristique individuelle, comme la timidité, pour inconsciemment définir une personne dans son ensemble. Henri est le « cerveau de la famille », tandis que Louis est « habile de ses mains », que Marie a une « personnalité du tonnerre » et que Julie, qui n'a « aucune personnalité », est par contre « du genre athlétique ». Il est vrai que les membres de cette famille possèdent chacun ces caractéristiques, mais en règle générale ces personnes sont compétentes dans d'autres domaines aussi, mais que l'on ne fait pas ressortir. La personne timide est peut-être aussi un designer de talent ou un petit génie de l'informatique, ou bien possède un don particulier auprès des enfants.

Poser des étiquettes peut s'avérer particulièrement risqué lorsque votre famille apprécie tout spécialement une caractéristique qui ne fait pas partie de vos forces à vous. Par exemple, il se peut que vous soyez très doué pour la mécanique, tout en possédant des capacités moyennes pour les études intellectuelles, alors que votre famille valorise les études supérieures et les réalisations intellectuelles. Le fait d'être « habile de vos mains » sera peut-être moins bien considéré, voire méprisé. Voilà qui pourrait porter très sérieusement atteinte à votre estime de vous-même.

Il y a un certain élément de vérité dans tous les mythes et toutes les fables, sinon ils ne perdureraient pas. Mais aucun ne présente toute la vérité. Souvent les mythes se fondent sur d'anciennes vérités ou des demi-vérités qui n'ont plus cours de nos jours. Les chefs d'entreprise ont beau dire à leurs employés : « J'aime à penser que nous sommes une grande famille », la plupart des gens qui vivent en famille ne se tournent pas les uns contre les autres et ne s'attendent pas à ce qu'ils se tournent contre d'autres employés dont le rendement n'est pas suffisant.

De nos jours, c'est le montant du bénéfice net qui dicte les règles du jeu. N'importe qui peut être démis de ses fonctions – ou voir son emploi exporté outre-mer – même ceux qui gagnent de gros salaires. Croire le contraire, c'est se trouver dans une zone d'écueil.

Ce qui se cache derrière cette zone d'écueil

Les mythes présentent une voie familière sans aucune surprise et procurent un sentiment de sécurité : on sait ce qui va se passer. (Si vous êtes gentil avec les gens, les gens seront gentils avec vous.) On voit souvent les gens exprimer une grande réticence à remettre en question un mythe quelconque, car l'idée de ne pas y croire est trop pénible. Et effectivement, nous avons tous besoin de croire un peu aux mythes : la vie est parfois dure et il nous faut trouver des solutions à des problèmes difficiles. Les mythes procurent certes un certain réconfort et nous rassurent, mais c'est lorsque nous y croyons sans discernement que les difficultés commencent.

Éléments clés

Voici les comportements qui sont à la base de la zone d'écueil *Croire aux mythes* :

Pensée magique

La pensée magique est une variante de *Prendre ses désirs pour des réalités* qui entraîne des blocages dans le processus de résolution de problèmes.

Par exemple, la croyance qui veut que «l'amour vient à bout de tout» sous-entend que vous et votre partenaire êtes capable de surmonter n'importe quelle épreuve tant et aussi longtemps que vous vous aimez. Malheureusement, il ne suffit pas de s'aimer pour se soutenir mutuellement dans les épreuves. L'amour n'écarte pas le chômage, les problèmes de santé ou les malentendus. Pour faire face à l'adversité, il faut de la patience, savoir communiquer, et de la chance. Ce mythe nie le fait qu'il faut lutter dans la vie et que le pouvoir de l'amour a des limites.

Il n'y a rien de mal à fantasmer et de croire qu'un jour vous réussirez à conquérir votre belle princesse et à être heureux. Nous avons tous besoin de nous évader un peu pour pouvoir fonctionner. Mais il faut trouver un équilibre. C'est lorsque vous manquez de perspective et que vous croyez que l'évasion représente la réalité que la ligne est franchie et que les problèmes commencent.

Entêtement, résistance au changement, attentes irréalistes
Voilà des facteurs qui font en sorte que vous laissez les autres agir à votre place. Peut-être avez-vous l'impression que vos enfants se retrouvent toujours chaque année dans la classe des professeurs les moins intéressants. Vous attribuez cela à la malchance et vous continuez à respecter les règles du jeu. Puis vous finissez par comprendre que les enfants qui obtiennent d'être dans la classe des meilleurs professeurs sont ceux dont les parents sont allés voir la direction de l'école et en ont fait expressément la demande. Le mythe qui dit qu'il y a une justice dans le monde vous a induit en erreur. À moins que vous ne demandiez qu'ils soient assignés, eux aussi, à la classe de Mme Gagnon ou de M. Dubois, vos enfants continueront probablement de s'attirer les moins bons professeurs. Il s'agit de distinguer ce qui est vrai et utile dans les mythes de ce qui ne l'est pas, et d'éviter de prendre la voie de la facilité plutôt que de faire face aux problèmes importants.

Comment vaincre *Croire aux mythes*
Vous faites-vous berner (et blesser) par les mythes? Suivez la Méthode infaillible pour définir les mythes qui orientent votre vie. Examinez-les en toute lucidité, et faites en sorte qu'ils cessent de vous occasionner des problèmes dans votre vie personnelle et professionnelle.

Étape 1. Se concentrer sur l'objectif que l'on veut atteindre
Soyez conscient du but que vous vous êtes fixé. Imaginez que vous occupiez un poste de cadre dans un service des relations publiques, et que vous ameniez à la compagnie une grande quantité de nouveaux clients. Votre but est qu'on vous donne le salaire que vous méritez et de détenir un titre prestigieux que vous pourrez afficher sur la porte de votre bureau. Pourtant, rien de tout cela ne se produit, parce que vous croyez au mythe

qui dit que les idées innovatrices et l'excellence du travail seront toujours récompensées. Votre stratégie qui consiste à attendre passivement que l'on vous reconnaisse fait en sorte que d'autres s'attribuent le mérite de vos réalisations. Il est temps de renverser la vapeur et d'afficher vos couleurs.

Peut-être votre but est-il d'être heureux en ménage. Parce que vous croyez au mythe qui dit: «Les couples heureux ne se disputent jamais», votre stratégie consiste à éviter les conflits, quels qu'ils soient. Mais cela n'a pas empêché votre partenaire de vous quitter. «Nous avions une relation tellement merveilleuse. Je ne me souviens pas que nous nous soyons jamais disputés une seule fois», dites-vous fièrement. Mais votre croyance vous a induit en erreur. Aucune règle ne spécifie combien de fois des conjoints sont censés se quereller. Il reste qu'un couple qui ne se dispute jamais indique à coup sûr que quelque chose ne va pas. Le mariage est une affaire compliquée. Peu importe la force de votre amour, si vous êtes humains il vous arrivera de ne pas être d'accord entre vous, qu'il s'agisse d'argent, des enfants ou de la belle-famille. Il est impossible que deux personnes voient les choses toujours exactement de la même manière. Vous devez réfléchir de manière réaliste à ce qui constitue pour vous un mariage heureux, et travailler avec votre partenaire à l'atteinte de cet objectif, en comprenant qu'il est inévitable que des conflits se présentent et qu'il faudra tenter d'y trouver des solutions.

Peut-être souhaiteriez-vous que les périodes de congé soient pour vous des moments de bonheur. Vous savez, comme dans les annonces que l'on voit dans les magazines et à la télévision à Noël ou à l'Action de grâce. Mais vous vous sentez déprimé et vous avez l'impression que votre famille est la seule de tout l'univers à être dysfonctionnelle. Si c'est le cas, il vous faut redéfinir votre objectif pour le rendre plus réaliste, c'est-à-dire célébrer ce temps de festivités d'une façon qui veuille dire quelque chose pour vous. Pour ce faire vous devez vous poser la question suivante: «Que puis-je faire différemment pour rendre cette occasion plus agréable?»

Étape 2. Séparer les faits de la fiction
Transformez votre croyance aveugle dans les mythes en évaluation réaliste.

Votre version : Les gens agissent toujours correctement. Cela ne se fait pas de pavoiser à propos de ses propres réalisations.

Les faits : Les gens agissent souvent incorrectement parce que c'est la voie la plus facile. Encore et toujours, c'est vous qui accomplissez le plus gros du travail en vue d'obtenir de nouveaux clients. Puis, un collègue se précipite sur vous, vous prend dans ses bras, pour ensuite s'approprier tout le mérite. Les associés de votre firme ne savent pas à quel point vous êtes efficace. Quand ils posent la question : « Qui était de l'équipe qui a travaillé sur ce projet ? », on ne vous nomme jamais. La modestie était peut-être une valeur appréciée dans votre famille, mais il faut de l'assurance et savoir se mettre en valeur pour avancer dans un milieu compétitif.

Votre version : Si mon mari m'aimait, il saurait ce dont j'ai besoin.

Les faits : Voilà un mythe où l'on dit qu'on doit pouvoir s'attendre des autres qu'ils lisent dans nos pensées. Les femmes prétendent souvent ce qui suit, à savoir « S'il faut que je dise à mon mari ce qui m'allume ou ce que j'aimerais comme cadeau de la Saint-Valentin, tout le côté romantique du moment est gâché. Il devrait en savoir assez pour m'acheter du parfum ou m'envoyer un bouquet de fleurs. » Mais souvent on ne sait pas ce qu'une personne désire, même quand on l'aime. Il est possible que la personne ait à vous le répéter plusieurs fois. Quel est votre but ? Passer une belle journée, ou rester accroché à un mythe ?

Votre version : Je déteste les congés. À ces moments-là il y a toujours des tensions familiales. Pourquoi Noël ou l'Action de grâce ne sont-ils pas des périodes joyeuses comme pour tout le monde ?

Les faits : Les urgences des hôpitaux débordent de gens déprimés à Noël. « Pourquoi est-ce que je me sens si moche ? », disent les patients. « Tout le monde est censé se sentir bien pendant le congé des Fêtes. » En fait, il y a bien des façons de faire du congé des Fêtes une expérience plus agréable, qui ait davantage de sens pour vous. Si le dîner de Noël est toujours source de tensions, changez d'endroit. Recevez vos invités chez vous, là où vous pouvez maîtriser la situation, au lieu d'aller chez votre mère. Ou bien fêtez avec d'autres ; invitez des amis en plus de la belle-famille qui vous tape sur les nerfs. Ou encore, organisez un brunch plutôt qu'un dîner : cela détendra l'atmosphère. Pour certaines personnes, les congés sont des moments agréables. Si ce n'est pas votre cas, cessez de vous plaindre de l'état de vos relations familiales et réfléchissez à des moyens de passer des moments plus agréables et de profiter davantage des périodes de congé.

Étape 3. Reconnaître les blocages émotifs et les faire disparaître

Voici les facteurs qui font obstacle au bonheur et à la réalisation de soi :

Les attentes déraisonnables

Selon un certain mythe, il est essentiel que vous et votre partenaire atteigniez l'orgasme en même temps. Si cela n'arrive pas, vous aurez peut-être l'impression que quelque chose ne va pas dans votre vie sexuelle. Mais faire l'amour n'est pas qu'une tâche que l'on accomplit, c'est une manière d'être en relation avec l'autre. Ce qui est important, c'est que vous ayez tous deux du plaisir, et non pas que vous atteigniez l'apothéose ensemble.

La peur

La peur d'exposer les failles irréparables d'une union amène souvent les couples à passer outre à leurs mésententes et à faire semblant qu'elles n'existent pas. Si c'est là votre stratégie, vous ne pourrez pas discuter de vos problèmes ni les résoudre. Peut-être vous sentez-vous frustré devant le peu de fantaisie de votre vie sexuelle et le peu d'attentions que vous prodigue votre partenaire. Votre conjointe a peut-être l'impression que vous la tenez pour acquis et que vous ne savez pas apprécier les longues heures qu'elle passe à travailler. Discuter de vos ressentiments provoquera des tensions et créera un déséquilibre dans l'immédiat. Mais ce sera l'amorce d'une meilleure communication entre vous et votre union s'en trouvera stimulée à nouveau.

Le conditionnement

Les mythes qui font que l'on étiquette des membres de la famille peuvent causer beaucoup de tort. Les gens ainsi étiquetés se retrouvent coincés, jusqu'à ce qu'ils en viennent à croire que cette étiquette les représente vraiment. Si l'on vous dit que vous n'avez pas l'oreille musicale, vous n'allez probablement pas tenter d'apprendre à jouer d'un instrument. Lorsque vous entendez continuellement «Tu es nul en français», vous n'allez probablement pas faire d'efforts pour bien écrire. Si votre frère est considéré comme le garçon brillant de la famille, et vous comme le beau garçon, celui qui obtiendra un doctorat, ce n'est pas vous, mais lui.

Posez-vous la question suivante : « Mes choix et la façon dont je me perçois moi-même s'appuient-ils sur mes propres expériences ou correspondent-ils à ce que les autres m'ont dit ? » Sachez reconnaître que si l'on vous a dit que vous étiez nul en arithmétique ou en sport, cela vous limite maintenant dans votre vie actuelle. Jouer du piano peut procurer beaucoup d'agrément, que l'on soit doué ou non.

Étape 4. Solliciter des conseils ou des commentaires pour favoriser un changement positif

Si l'on ne vous témoigne aucune reconnaissance au travail, parlez-en avec des collègues en qui vous avez confiance, de sorte qu'ils vous transmettent ce qui, selon eux, est en jeu. Soyez prêt à entendre qu'il vous faudra vous défendre, même si vous ne considérez pas cela comme une bonne nouvelle. Observez aussi comment d'autres qui font face aux mêmes genres de situations s'y prennent pour se tirer d'affaire. Arrive-t-il que des collègues demandent une promotion et l'obtiennent ? Que font-ils, eux, que vous ne faites pas ? Connaissez-vous d'autres couples qui se disputent, se réconcilient et qui, en général, sont heureux dans leur relation ? Observez la manière dont ils s'y prennent.

Pour évaluer vos capacités de façon réaliste et savoir si l'étiquetage familial a laissé des séquelles chez vous, demandez à des amis et à d'autres personnes en qui vous avez confiance de vous donner leur avis. Ils seront sans doute plus objectifs que vous sur vos multiples talents. Tâchez d'apprendre de ceux qui sont des modèles à vos yeux, de même que des expériences qui vous confrontent.

Étape 5. Agir dans son meilleur intérêt

Déterminez les mythes qui ont tendance à vous diriger
L'un quelconque des mythes dont nous avons parlé dans le présent chapitre a-t-il entraîné des répercussions négatives sur votre vie personnelle ou professionnelle ? Y a-t-il d'autres croyances fortement inscrites en vous qui vous causent des difficultés ? Il vous sera impossible de ne pas tenir compte de tous les mythes qui ont fait partie de votre enfance, mais vous pourrez les examiner avec lucidité lorsque vous affronterez de nouvelles situations, en vous posant la question suivante : « Est-ce réellement vrai ? »

Prenez garde de ne pas étiqueter les autres
Limitez-vous, sans le vouloir, le potentiel de vos propres enfants ou d'autres membres de la famille ? Vous voudrez sans doute mettre en valeur certains des talents de votre enfant; cependant, prenez garde de l'étiqueter d'une manière qui le ou la découragera d'explorer aussi d'autres intérêts et d'exploiter d'autres talents. Oui, Jeannot possède un grand talent pour dessiner des bandes dessinées, mais il se peut aussi qu'il patine comme un pro ou qu'il soit doué pour l'art oratoire ou les échecs. Soyez tout aussi vigilant à ne pas étiqueter vos amis ou des membres de votre parenté d'une manière qui vienne assombrir ou minimiser les autres aspects de leur personne.

Soyez honnête envers vous-même
Croire aux mythes vous a-t-il induit en erreur, ou vous est-il arrivé de choisir vraiment la voie la plus facile pour éviter d'avoir à faire face à des problèmes importants ? Si vous persistez à croire que votre patron devrait vous accorder (sans que vous ayez à le lui demander) une augmentation de salaire en reconnaissance de tout le travail que vous faites, en réalité vous masquez peut-être une peur d'être rejeté. Ou alors vous rêvez d'être auteur. Vous souscrivez automatiquement à la croyance qu'« on ne peut pas gagner sa vie en étant artiste » et vous vous en servez comme prétexte pour éviter tout risque d'échec. En fait, si vous vouliez vraiment devenir un auteur, vous pourriez vous lever une heure

plus tôt chaque matin pour écrire avant de partir au boulot. Même si vous ne pouvez pas gagner votre vie en tant qu'écrivain, vous pouvez apprécier le simple fait d'écrire.

Cessez de toujours faire la même chose

Réfléchissez et faites les choses autrement. Au lieu d'agir toujours de la même vieille façon au travail sans jamais obtenir ce que vous voulez, examinez attentivement les différents rapports entre les employés au travail. Qui possède le pouvoir de décision, et quels sont les objectifs visés par ces personnes? Qui peut vous aider au sein de l'entreprise? Posez-vous la question suivante: «Où serai-je dans un an si je continue d'agir comme je le fais?»

Un cas typique de *Croire aux mythes*

Bien des gens se laissent prendre aux divers mythes qui ont cours dans le milieu de travail et en subissent les effets nocifs. Ces mythes se manifestent de bien des manières. Voici un cas typique, mettant en cause David, âgé de cinquante et un ans. David occupait depuis une dizaine d'années le poste de chef du Département d'histoire d'une grande université du sud des États-Unis, quand un nouveau président fut nommé. Ce président s'engagea à examiner le fonctionnement des divers départements pour en évaluer l'efficacité sur le plan de la gestion, et à prendre les mesures budgétaires ou autres qui, selon lui, s'imposaient. Même si, pour tout le monde, David était une personne extrêmement gentille et faisait très bien son travail, tout le monde savait aussi qu'il figurait sur la liste de ceux qui risquaient de perdre leur emploi.

David avait grandi dans une famille aux valeurs strictes et religieuses; ses parents avaient transmis à leur progéniture combien il était important de savoir faire confiance aux autres et qu'à force de travail, rien n'était impossible. Une sagesse populaire que David s'appliqua à manifester à la lettre, ou presque.

Une fois promu au poste de chef de département, David crut avoir atteint le sommet de sa carrière et redoubla d'ardeur. Il se préoccupait du moindre détail. Conséquence: au lieu de s'occuper des problèmes importants, il encombrait ses collègues de toutes sortes de paperasses, occasionnant ainsi des pertes temps à tout le monde, en plus de rendre les gens irritables.

Les professeurs jaloux du pouvoir que détenait David s'empressèrent d'aller voir le nouveau président pour lui brosser un portrait peu flatteur de leur collègue. Au courant des manigances qui se tramaient en coulisse, l'ami le plus proche de David, qui était aussi son collègue, mit ce dernier en garde : « Ton approche ne fonctionne pas. Il y a des rumeurs qui courent : on pourrait te demander de démissionner. Tu dois changer radicalement ton style de gestion. » David ne prit pas les paroles de son ami au sérieux : « Je n'ai jamais entendu parler de ces rumeurs. »

Le temps que David comprenne la précarité de sa situation, il était déjà trop tard. Mais cela ne l'empêcha pas d'essayer de sauver son emploi : il se préoccupa encore davantage des moindres détails. Il ne vint jamais à l'esprit de David que son travail acharné n'avait aucun rapport avec la situation. Loin d'être impressionné, le président au contraire eut encore davantage le sentiment que David ne parviendrait jamais à améliorer ses compétences en gestion ou en communication, ou à résoudre efficacement des problèmes.

Le nouveau pouvoir en place et d'anciennes récriminations vinrent à bout de sa résistance, et David perdit son emploi. Il est triste de constater qu'il ne comprit jamais les raisons de sa défaite. Même après des mois passés à réfléchir, il ne comprit jamais qu'il aurait pu se protéger de manière beaucoup plus efficace. Il aurait pu, par exemple, présenter son dossier au président et faire valoir ses réalisations avant que les autres ne puissent mettre ses manquements en évidence. Il aurait pu cesser d'accorder sa confiance à des gens qui cherchaient à lui nuire.

Pour David, sa démotion est encore et toujours le résultat d'une injustice commise par une administration indifférente. Pour lui, il s'agit de l'une de ces occasions où la vie choisit arbitrairement de faire gagner le mal sur le bien. Encore aujourd'hui, il continue de croire aveuglément à la valeur (et au triomphe) absolue du travail acharné et de la pureté des intentions. *Croire aux mythes* l'a empêché de se concentrer sur son objectif – conserver son emploi – et de changer de stratégie.

Bien des mythes nous entraînent à agir d'une manière auto-destructrice. Certains d'entre eux sont issus de concepts ou de comportements modèles qui, efficaces à une certaine époque, ne servent plus à rien aujourd'hui. Le travail acharné a pu avoir une plus grande valeur lorsque les gens vivaient du produit de la ferme ou qu'ils gagnaient leur vie à faire d'autres métiers manuels. Aujourd'hui, on accorde de la valeur à ceux qui font preuve d'intelligence dans leur travail, et non pas à ceux qui travaillent fort. Ce n'est pas seulement la quantité de travail qui compte, c'est la nature du travail que vous faites.

Sortir de la noirceur

Les croyances culturelles et familiales invisibles ont toutes une profonde influence sur vos actions. Elles peuvent saboter votre bonheur, nuire à l'atteinte de vos objectifs et permettre à d'autres de profiter de vous. Vous avez maintenant une meilleure idée de ce que sont les mythes ; utilisez cette connaissance pour faire cesser dès maintenant leur action délétère dans votre vie.

CHAPITRE 10

Quatrième zone d'écueil :
Ne pas savoir comment vous êtes perçu

Si je vois une Mercedes dans l'entrée du garage,
cela fait doubler le prix de mes services.

ANONYME, PEINTRE EN BÂTIMENT

Pour savoir si vous êtes dans la zone d'écueil *Ne pas savoir comment vous êtes perçu*, notez chacun des énoncés suivants, comme suit :

    1 = pas d'accord la plupart du temps
    2 = pas d'accord à l'occasion
    3 = d'accord et pas d'accord à peu près également
    4 = d'accord à l'occasion
    5 = d'accord la plupart du temps

- Que ce soit dans ma vie personnelle ou au travail, j'ai de la difficulté à me faire des amis et à les garder.
- Je n'ai pas conscience de l'impression que je donne socialement et professionnellement.
- J'ai beaucoup de mal à décoder les gens.
- Il m'arrive souvent de ne pas savoir quel comportement on attend de moi.

- J'ai de la difficulté à me concentrer sur mon objectif et je m'en écarte facilement.

Signification du total obtenu :
20-25 points :
Vous avez de graves problèmes avec la zone d'écueil *Ne pas savoir comment vous êtes perçu*.

15-19 points :
Vous avez quelques problèmes importants en ce qui concerne la manière dont vous êtes perçu.

8-14 points :
Vous devez faire preuve de vigilance à certains égards.

7 points ou moins :
Vous n'avez que peu ou pas de problèmes avec la zone d'écueil *Ne pas savoir comment vous êtes perçu*.

Un total de plus de 7 points signifie que, même sans le savoir, vous évaluez mal l'image que vous projetez sur les autres.

Comprendre cette zone d'écueil
La zone d'écueil *Ne pas savoir comment vous êtes perçu*, c'est-à-dire avoir une mauvaise perception de l'image que les autres ont de vous, complique vos relations et les chances d'obtenir ce que vous désirez. Elle explique pourquoi vous n'obtenez aucune promotion (ou qu'on ne vous embauche pas), pourquoi les gens ne vous confient aucun mandat professionnel, pourquoi vous n'arrivez pas à rencontrer un gars ou une fille, et pourquoi vos collègues de travail font preuve de froideur à votre égard ou créent des problèmes. Cette zone d'écueil déforme votre vision de l'image que vous projetez auprès des membres du sexe opposé, de votre patron, de vos clients éventuels, de votre famille et de quiconque est important à vos yeux. Elle comporte trois aspects :
Vous ne vous voyez pas vous-même. Vous n'avez pas conscience de la manière dont vous agissez et des réactions négatives que

vos comportements provoquent chez les autres. Par exemple, vous vous percevez comme un être sensible et facile à vivre, alors que votre épouse dit que votre façon de crier après les gens leur fait peur et les intimide. Les hommes qui laissent exploser leur colère lorsqu'ils se sentent impuissants ou frustrés sont souvent stupéfaits d'apprendre que leur famille les voit très différemment. En règle générale, les gens ont tendance à minimiser l'effet sur les autres d'une colère non maîtrisée, mais elle est habituellement plus dommageable que la personne en colère ne le croit. Autre exemple : vous croyez être une personne dévouée et aimable, alors que d'autres membres de votre club de lecture vous perçoivent comme une personne superficielle et hautaine à cause de votre habitude de toujours émailler la conversation de noms de personnes bien en vue. Ou bien vous avez l'impression que personne ne remarque le fait que vous faites constamment des appels personnels pendant les heures de bureau. Comme vous n'avez pas conscience de l'effet que vous produisez ni de la manière dont les gens vous perçoivent, vous n'avancez à rien ou vous ne vous entendez avec personne, que ce soit au travail ou lorsque vous tentez de bâtir une vie sociale ou familiale qui a du sens.

Vous ne voyez pas les intentions des autres. Vous ne captez pas les signaux que vous envoient les gens autour de vous, ni leurs motivations, ni les zones d'écueil dans lesquelles ils se trouvent. On a beau parler d'esprit d'équipe, au travail il y a toujours énormément de compétition à l'interne. Ce n'est pas parce que vous êtes la fierté de votre mère que d'autres seront emballés par vos tout derniers exploits. Il n'est pas si rare de voir des gens chercher les occasions de prendre l'autre en défaut – ou de le juger à l'avance sur la base de preuves ténues – mais vous êtes inconscient de la nécessité de se protéger. Même si l'envie n'est pas un sentiment bien louable, il est dans la nature humaine de se sentir mécontent lorsqu'on voit quelqu'un obtenir un titre ronflant ou être admis à l'école d'administration de Harvard. Le sentiment d'envie peut être particulièrement fort lorsque la personne vous perçoit comme ayant beaucoup plus de chance que les autres en partant, ou si vous étalez votre réussite à la face de tous.

Et, bien sûr, le sentiment d'envie émerge insidieusement aussi dans la vie sociale. Si votre maison est la plus spacieuse en ville, il est fort probable que vous deveniez la cible des envieux.

Vous ne voyez pas le rôle que joue « le contexte ». Dans certaines situations, il est parfois souhaitable d'avoir l'air prospère et d'intimider les gens. Et parfois cette approche ne fera que vous nuire. Si vous êtes avocat et que vous souhaitez en mettre plein la vue en présence de clients importants, vos intérêts seront servis par un bureau luxueux et un complet dispendieux. Mais lorsque vos clients font partie de la classe ouvrière, un bureau luxueux pourrait très bien les faire fuir.

Connaître le contexte est d'une importance capitale lorsque vous êtes à la recherche d'un emploi. Dans le cadre d'une entrevue, ce qui constitue une apparence convenable et positive dépend en partie du poste visé et du domaine de travail. Si vous avez le nez percé, que vous exhibez d'autres piercings corporels, ou que vous avez les cheveux violets, cela ne vous désavantagera pas si vous auditionnez pour faire partie d'un groupe de rock, ou si vous postulez un emploi chez un marchand de disques. Mais il y a fort à parier que dans n'importe quel autre contexte de travail, votre apparence ne passera pas. Si vous voulez diriger une banque, vendre des actions à des investisseurs de la banlieue ou faire carrière dans une profession libérale, il y a plus de chances qu'on vous rappelle si vous mettez toutes les cartes dans votre jeu en vous habillant de manière conservatrice.

Les dangers associés à cette zone d'écueil

La zone d'écueil *Ne pas savoir comment vous êtes perçu* représente un danger en ce sens qu'elle vous ruine une carrière et les rapports avec ceux que vous aimez. Dans les cas extrêmes, elle vous fera congédier et vous amènera devant les tribunaux. Prenons l'exemple du harcèlement sexuel. La plupart du temps, les cas de harcèlement sexuel n'ont rien à voir avec l'acte sexuel comme tel. Ils sont plutôt le fait d'un superviseur (habituellement un homme) dont le comportement, délibéré ou non, crée une atmosphère de travail oppressante pour les employées. Ces employées se plaignent d'être incapables de travailler à cause du harcèlement continuel dont elles sont victimes.

Vous êtes peut-être vous-même un superviseur qui paradez dans le bureau en disant des choses comme : « Salut, ma belle, tu as vraiment un *look* d'enfer aujourd'hui », et autres remarques déplacées. À vos yeux, vous faites cela simplement « pour vous amuser », vous avez l'impression d'être charmant et intelligent, que vous faites des compliments. Mais si vous êtes incapable de percevoir les nombreux messages que vous envoient vos employées, qui trouvent que vous agissez de manière inappropriée, il se pourrait bien que vous finissiez par être accusé de harcèlement sexuel. Ce genre de comportement porte les femmes à quitter leur emploi et à intenter des poursuites judiciaires. Même si vous réussissez à conserver votre emploi, votre réputation anéantira probablement toute possibilité d'avancement professionnel. La direction finit toujours par apprendre quels sont les employés qui nuisent à l'image de la compagnie.

Vous percevoir comme les autres vous perçoivent est d'une importance cruciale en tout temps, mais de toute évidence ce l'est plus dans certaines situations que dans d'autres. Cette zone d'écueil peut non seulement détruire vos relations avec les êtres que vous aimez, mais aussi entraîner des conséquences imprévues. Un jour, un homme faillit mourir à cause du ton de voix autoritaire qu'il employait envers sa femme quand il était en colère et qu'il la contraignait à lui obéir. Depuis plusieurs jours il montrait des symptômes d'hémorragie interne, et malgré cela il interdisait à sa femme d'appeler un médecin. Il avait peur d'avoir à se rendre à l'hôpital. Heureusement, l'épouse finit par trouver le courage d'agir selon son propre jugement. Elle téléphona à leur médecin, qui fit immédiatement admettre l'homme aux urgences. Il avait perdu tant de sang qu'il fallut procéder à une transfusion. Allongé sur son lit d'hôpital, l'homme fut reconnaissant à sa femme de lui avoir sauvé la vie. En parlant ensemble, il fut stupéfait de constater qu'il était passé à un cheveu de la mort, et à quel point sa femme se sentait intimidée face à sa manière agressive de parler.

Ce qui se cache derrière cette zone d'écueil

Si vous êtes comme la plupart des gens, vous avez tendance à ne pas voir vos propres défauts. Lorsqu'on se voit et qu'on s'entend parler sur une pellicule pour la première fois, on reste interloqué, en se disant : «Je n'avais aucune idée que j'étais comme ça.» Il arrive couramment, dans les groupes de thérapie ou de croissance personnelle, que les gens se sentent complètement désarçonnés lorsqu'on utilise ce genre de technique, et que les autres participants leur disent comme on les perçoit de l'extérieur. Souvent, il y a une grande différence entre la manière dont vous vous percevez et la manière dont les autres vous perçoivent.

Il est facile de se laisser prendre au piège de cette zone d'écueil, car elle apaise l'anxiété. Quand vous ne savez pas comment vous êtes perçu, vous n'avez pas à vous préoccuper de la manière dont vous vous présentez, ni de ce que vous dites ou faites. Il est bien vrai qu'il vaut mieux parfois ne pas savoir, et que, jusqu'à un certain point, cela peut nous servir. Il y a certaines choses pour lesquelles vous ne pouvez tout simplement rien faire. Si vous boitez et que ce handicap ne peut être corrigé, il vous faudra faire avec : ne pas revenir constamment sur cet état de fait sera positif. Mais il n'y a qu'un pas facilement franchi entre faire avec et adopter un comportement qui ne vous conduit qu'à l'échec et qui vous porte à vous duper vous-même. En règle générale, lorsqu'il s'agit de faire bonne impression vous pouvez faire beaucoup plus que vous ne le croyez.

Vous allez vous nuire si, pour une entrevue d'emploi, vous portez un complet tout fripé et des chaussures ternies. Comme l'affirme Kathy Sanborn, coach de vie et de carrière à Sacramento, en Californie : «Quand vous ne vous souciez pas de votre apparence, cela donne l'impression que vous n'êtes pas professionnel. Cela va même jusqu'à faire dire à un interviewer : Son travail ne sera probablement pas à la hauteur de nos attentes parce qu'il ne se soucie pas des détails.»

Éléments clés

Voici la dynamique de destruction qui est à l'œuvre lorsque vous ne savez pas comment l'on vous perçoit :

Le raisonnement égocentrique

Avant d'être en mesure de composer avec les réactions des autres à votre égard, il vous faut observer les choses en fonction de leur perspective à eux, toute limitée ou erronée qu'elle puisse être. Le raisonnement égocentrique va à l'encontre de cela, tout comme le fait de *nier* que votre comportement repousse les gens – ou que les autres sont vos rivaux et que vous devez constamment surveiller vos arrières. C'est une erreur que de sous-estimer le pouvoir de l'envie, quel que soit le contexte où vous connaissez du succès.

Les perceptions égoïstes

Vous êtes convaincu que c'est l'autre qui a un problème, pas vous. Dans votre esprit à vous, si vous n'avez pas obtenu cette promotion, c'est que le patron a fait preuve de favoritisme à l'égard d'un autre employé. Vous ne réfléchissez donc jamais à ce qui contribue chez vous à vous faire échouer, c'est-à-dire votre réputation d'être celui à qui on ne peut jamais confier un secret et qui s'empresse de faire courir des rumeurs pendant les pauses.

Le biais de confirmation

Il s'agit de la tendance d'une personne à rechercher ce qui confirme ses croyances, et de s'en tenir à cela. On choisit de ne pas tenir compte de la pertinence d'une information qui contredit son opinion, ou on la sous-estime. Par exemple, peut-être croyez-vous que tous vos employés vous admirent et vous respectent : vous fondez votre opinion sur une seule information qui tend à confirmer votre hypothèse, et vous faites abstraction de toute autre information démontrant clairement qu'un grand nombre de travailleurs entretiennent de l'animosité envers vous. Votre conjoint, par exemple, vous fait remarquer que vous rabaissez votre réceptionniste et criez après le préposé au courrier. Vous vous mettez sur la défensive en répliquant que « Pierre et Julie pensent que je suis un patron génial ».

Cette manière de se duper soi-même ressemble à l'une des techniques employées par les médiums pour berner leurs clients. Le charlatan formule successivement une vingtaine d'observations ou de prédictions concernant votre vie. Si une ou deux d'entre elles correspondent à ce que vous voulez croire, vous aurez tendance à laisser de côté tous les autres énoncés qu'autrement vous considéreriez comme faux. Dans le biais de confirmation, par contre, c'est vous qui êtes le charlatan.

Comment vaincre *Ne pas savoir comment vous êtes perçu*

En règle générale, pour réussir dans le monde, il vaut mieux savoir quelle impression vous faites sur les autres, et comprendre ce qui motive et fait réagir les gens. Ces habiletés deviennent absolument essentielles lorsque vous éprouvez des difficultés au travail, dans votre ménage, ou dans n'importe quel aspect de votre vie, et qu'il vous faut passer à l'action pour pouvoir vous aider vous-même. Suivez la Méthode infaillible en cinq étapes ci-après ; elle vous permettra d'analyser ce qui vous retient d'agir, et de vous « lire » d'une manière plus juste, ainsi que les autres. Cette méthode vous aidera aussi à modifier les comportements qui vous limitent et à élargir vos champs d'action.

Étape 1. Se concentrer sur l'objectif que l'on veut atteindre

Soyez conscient du but que vous vous êtes fixé

Qu'il s'agisse de rencontrer une nouvelle personne ou de connaître du succès au travail, tâchez de garder votre objectif bien en vue. Si vous n'êtes pas en train de réaliser votre objectif, c'est que vous n'êtes peut-être plus concentré ou que votre situation a changé. Il se peut que vous ayez à réévaluer ce que vous faites. Certes, ce n'est pas là une tâche facile, mais elle est nécessaire si vous voulez atteindre votre but.

Si votre but est de devenir l'un des hauts dirigeants de l'entreprise où vous travaillez, et que vous faites du surplace, votre stratégie n'est sans doute pas la bonne, et vous devrez probablement modifier le cap de votre trajectoire. Peut-être avez-vous peur de susciter la compétition entre employés ou de paraître trop combatif. Peut-être avez-vous réagi à cela en étant exagérément conciliant. Vous êtes par conséquent perçu comme quelqu'un de passif plutôt que comme un gagneur. Essayez une autre approche. Si vous voulez avancer rapidement, vous devez avoir l'air de celui qui gagne, et agir en conséquence, c'est-à-dire projeter une image de vous-même plus agressive et plus forte.

Si votre but est de réunir une équipe de travail efficace, et qu'au lieu de cela, des employés appréciés donnent leur démission, c'est que votre habitude de crier après eux et de les humilier est en train de se retourner contre vous. Vous devez modifier votre approche. Ou peut-être alors êtes-vous une femme de carrière prospère ; il se trouve que vous êtes divorcée et que vous cherchez à rencontrer quelqu'un. Chaque fois que vous vous présentez à un homme qui vous plaît en mentionnant que vous faites partie des associés de votre firme, vous les voyez disparaître comme par enchantement. De toute évidence, votre stratégie qui consiste à mentionner votre statut professionnel dès le départ ne fonctionne pas. Changez de tactique.

Étape 2. Séparer les faits de la fiction

Il vous sera impossible de faire face à votre zone d'écueil à moins que vous n'ayez une vision claire de la réalité. Sachez faire la différence entre l'information réelle et la fiction.

Votre version: Mes compétences de professeur et mes bonnes intentions sont tout ce qui compte pour faire en sorte que mes collègues à l'école secondaire où j'enseigne et moi-même ayons des relations harmonieuses. Le fait que je porte des vêtements signés et que je conduise une BMW n'a rien à y voir.

Les faits: Le monde n'est pas comme ça. Votre façon de vous habiller et le type de voiture que vous conduisez sont des indications sur vous qui peuvent avoir autant d'effet sur la manière dont on vous perçoit que votre façon d'agir. Si ce n'est pas ce que vous pensez, vous vous leurrez.

Votre version: Quand les gens ne donnent pas le rendement voulu, il faut le leur dire de manière non équivoque. Quelle importance que je crie ou non ?

Les faits: Traiter les gens avec un manque d'égards entraîne certaines conséquences telles qu'un taux de roulement élevé du personnel et une morosité des employés.

Votre version: Cela impressionnera les hommes si je leur dis que je suis l'une des associés de la compagnie où je travaille. Ils seront séduits par une femme qui réussit aussi bien professionnellement.

Les faits : Bien des hommes se sentent menacés par les femmes qui ont du pouvoir. Toute déplaisante qu'elle soit, c'est la réalité. Il vous faudra l'accepter si votre but ultime est de vous marier. Au lieu de faire état de votre succès professionnel, vous pourriez parler d'autres aspects de votre vie, jusqu'à ce que « l'élu de votre cœur » vous connaisse mieux. S'agit-il ici de duper la personne ? Disons plutôt qu'il s'agit d'une omission, et probablement sans conséquence.

Étape 3. Reconnaître les blocages émotifs et les faire disparaître

Voici les blocages qui vous font vous détourner de votre objectif et qui obscurcissent votre regard quant à la manière dont vous êtes perçu par les autres.

Demeurer farouchement sur ses positions en faisant toujours valoir ce qui est juste et correct

Vos vêtements et votre voiture sont des choses superficielles, mais ces choses peuvent entraîner des répercussions profondes sur ce que vous souhaitez accomplir. Il arrive souvent que les gens aient des préjugés fondés sur les stéréotypes qui touchent l'apparence, la situation financière et autres facteurs. Ce n'est pas « correct », mais c'est la réalité. Si vous voulez établir des liens harmonieux avec vos collègues, surtout si vous êtes le dernier arrivé, tâchez d'observer la situation selon leur perspective. Cela ne veut pas dire que vous deviez partager leur avis, mais vous devez le reconnaître pour pouvoir vous protéger.

La colère

Nous avons tendance à minimiser l'effet que peut produire une manifestation de colère non maîtrisée, mais celle-ci est généralement dommageable. Au travail, les nouvelles vont vite ; on sait tout de suite comment vous gérez votre colère. Ce genre de réputation peut vous nuire même lorsque vous êtes haut placé.

Le manque d'empathie

Pour vous faire des amis et conserver leur amitié, vous devez faire preuve d'empathie, c'est-à-dire être capable de comprendre les états d'âme d'autrui, son environnement et ses motivations.

Il est aussi essentiel, pour pouvoir réagir de manière appropriée, de savoir lire les signaux de communication non verbale, comme l'irritation dans la voix ou la fatigue qui transparaît dans l'attitude corporelle ou l'expression du visage.

Les bonnes manières, la gentillesse et savoir reconnaître les besoins d'une autre personne sont des éléments cruciaux d'une bonne relation. Si vous êtes entraîneur dans un centre de conditionnement physique, soyez conscient que l'heure que vous passez avec votre client est la sienne d'abord et que vous devez vous préoccuper de son entraînement, et non lui raconter tous les détails de votre vie sociale.

La peur d'avoir l'air trop puissant

Si vous craignez de faire naître l'envie chez les autres, vous n'allez pas donner votre pleine mesure. Sachez reconnaître que si vous voulez réussir et devenir un leader, vous ne pourrez pas y échapper : vous allez nécessairement devenir une cible pour certaines personnes. Et si votre succès en dérangeait réellement quelques-uns ? Ne pas être à la hauteur de ses capacités pour être aimé, est-ce là un enjeu qui en vaut la peine ? Vous allez peut-être vous rendre compte que vous pouvez très bien vivre avec l'envie des autres sans nécessairement que cela vous détruise.

Étape 4. Solliciter des conseils ou des commentaires pour favoriser un changement positif

Il arrive parfois que vous ayez une idée de ce qui vous empêche d'atteindre vos objectifs. À d'autres moments, il est important de faire appel à d'autres personnes pour connaître les raisons qui vous bloquent sur votre voie, et savoir si vous vous sabotez vous-même.

Soyez davantage conscient

Vous ne vous rendez pas compte, peut-être, à quel point vous semblez arrogant, sarcastique ou amer, et comment cela retient les gens de vous communiquer des éléments importants, ou de vous inviter à participer à des comités ou à des projets importants. Vous ne vous rendez peut-être pas compte que vous vous plaignez continuellement ou que l'on vous considère comme une personne mesquine parce que vous ne payez jamais votre part dans les sorties au restaurant. Votre partenaire de vie, qui vous connaît et qui vous aime, ou alors des amis en qui vous avez confiance, sont de bonnes sources de renseignements. Écoutez leur avis, même lorsque vous ne le demandez pas, au lieu de l'écarter du revers de la main.

Vérifiez la justesse de l'opinion que vous portez sur vous-même

Croyez-vous être un bon candidat pour une augmentation de salaire, alors que la direction est en fait mécontente de votre travail ? Croyez-vous bien faire votre travail de vendeur, alors que vous n'arrivez même pas à atteindre les quotas de vente ? Avez-vous une vision trop optimiste de vos capacités ? Pour avoir l'heure juste sur votre rendement, demandez l'avis de personnes qui n'ont aucun lien affectif par rapport à la situation. L'une des manières de savoir si votre opinion de vous-même est juste consiste à vérifier auprès de votre patron. Les évaluations de rendement et les rencontres d'évaluation annuelles des employés sont de bonnes occasions de poser des questions sur les aspects de votre travail qu'il serait souhaitable d'améliorer. Vous pourriez être étonné d'apprendre, par exemple, que vous avez du mal à travailler en équipe.

Dans des professions comme celles d'acteur ou de mannequin, on peut moins clairement se faire une idée juste de son rendement, parce qu'il n'y a pas d'indicateur de mesure précis, comme le volume des ventes ou le nombre de nouveaux clients. Il se peut qu'on rejette votre candidature pour des rôles ou des contrats sans que vous ne sachiez jamais pourquoi. Dans ces cas-là, tentez d'obtenir l'opinion d'un ami qui travaille dans le même milieu.

Prenez garde au biais de confirmation

Lorsqu'on vous fait des commentaires, rappelez-vous que plus vous vous sentez menacé ou mal dans votre peau, plus vous allez mettre de côté l'information qui contredit vos croyances.

Étape 5. Agir dans son meilleur intérêt

Prenez conscience qu'il existe plus d'une façon de s'exprimer

Soyez conscient des nombreuses facettes de votre personnalité et des multiples façons que vous avez de vous comporter qui donnent des résultats. Par exemple, si vous voulez être promu à un poste exigeant des qualités de leader, vous pouvez vous exercer à paraître plus fort, plus autoritaire et décisif. Il est important d'ajouter des cordes à votre arc si vous voulez tirer profit des possibilités qui se présentent et répondre aux défis qui vous sont posés.

Il suffit bien souvent pour cela de jouer le jeu – en s'exerçant beaucoup – et certainement pas de changer complètement votre personnalité. Par exemple, vous pourriez avoir à vous exercer à «avoir l'air sûr de vous», d'abord en face de votre miroir, puis devant quelques amis. Comme l'un de nos collègues thérapeutes le dit: «Il faut faire semblant jusqu'à ce que ça devienne vrai.»

Ayez une vision multidimensionnelle de vous-même. Vous pouvez être autoritaire et compatissant, avoir de l'assurance et faire preuve d'empathie. Le fait de connaître l'éventail des manières dont vous pouvez vous comporter accroît vos options et votre degré d'efficacité, quelle que soit la situation dans laquelle vous interagissez avec d'autres, mais surtout dans des situations sociales.

Affirmez-vous

Parlez aux autres de l'éventail complet des talents et des habiletés que vous possédez. Si vous voulez qu'on pense à vous pour faire partie d'un projet, dites à quel point vous êtes à l'aise de travailler avec d'autres. Peut-être n'est-on pas au courant de cet atout chez vous. Si vous vous taisez, vous gardez pour vous une information importante qui peut modifier l'attitude que l'on a envers vous. Il arrive parfois qu'on soit appelé à agir différemment de sa manière habituelle.

Déterminez ce qu'il faut changer et faites-le

Vous entendez-vous bien avec les autres au travail et réussissez-vous à former des alliances avec des collègues pour obtenir le soutien voulu? Ou bien vous concentrez-vous sur les rivalités entre collègues de travail et le fort esprit de compétition qui règne entre vous et eux, de telle sorte que vous êtes entouré de gens qui veulent vous voir échouer? Voyez-vous le succès comme une chose dangereuse, vous gardant de faire le moindre éclat et sapant ainsi votre propre pouvoir?

Vous arrive-t-il parfois de ne pas mâcher vos mots? Prenez soin de toujours tenir compte du contexte et de la solidité de votre relation avec l'autre. Ne dites pas à votre patron qu'il travaille mal, à moins que vous ne soyez prêt à affronter son courroux et peut-être même à être congédié. Pour vous exercer à acquérir plus d'empathie, posez-vous la question suivante: «Si j'étais Luc, qu'est-ce que je voudrais qu'on me dise dans cette situation?»

Faites amende honorable

Faire des excuses permet d'exprimer ses regrets face à une faute que l'on a commise et c'est souvent l'occasion de demander pardon. S'excuser permet d'apaiser les blessures d'amour-propre, de rétablir une relation qui s'est dégradée, et souvent de modifier la façon dont vous êtes perçu. Lorsque vous êtes inquiet que vos remarques puissent avoir offensé un ami ou un client, essayez cette formule: «Je me demandais si ce que vous ai dit vous a dérangé.» Cet énoncé vous donne l'occasion de vous confronter à la réalité. Peut-être vous inquiétez-vous pour rien. Mais si vous avez causé quelque offense, en énonçant ces paroles vous donnez l'occasion à l'autre de dire: «Oui, ça m'a blessé.» Vous pouvez dès lors parler ensemble de l'incident. C'est l'occasion de vous faire pardonner et même de renforcer la relation. Nous faisons tous et nous disons tous des choses que nous regrettons. Mais il est souvent possible d'atténuer les dommages causés.

On se sent parfois embarrassé et maladroit de faire des excuses, et c'est pourquoi nous ne le faisons pas aussi souvent que nous le devrions. Pour certains d'entre nous, une communication par courrier électronique facilitera les choses en servant de tampon. En effet, vous pouvez dire exactement ce que vous voulez sans avoir à affronter la réaction de l'autre. Une fois le plus dur passé – dire «Je m'excuse» – il devient beaucoup plus facile de discuter.

Un cas typique de *Ne pas savoir comment vous êtes perçu*

La zone d'écueil *Ne pas savoir comment vous êtes perçu* faillit ruiner la carrière universitaire de Pamela, un professeur de biologie réputé venue nous consulter. Pamela avait reçu de nombreux prix et témoignages de reconnaissance; elle faisait partie de groupes de discussion à l'échelle du pays et voyageait partout dans le monde, ses contributions faisant régulièrement rapporter à l'université des subventions de l'ordre de plusieurs millions de dollars. Elle se voyait elle-même comme une personne aimable entretenant de bonnes relations avec ses collègues et ses étudiants; elle croyait qu'on l'aimait bien. Mais un jour, à sa surprise la plus totale Pamela fut accusée d'avoir falsifié les feuilles de temps de trois étudiants en stage de travail. Il ne s'agissait que de petits montants, mais elle fut tout de même accusée de fraude. Si on la trouvait coupable, non seulement elle perdrait sa réputation, mais elle se verrait refuser toute possibilité d'octroi de subvention gouvernementale. Sa carrière de chercheure aurait été détruite, puisqu'elle dépendait de cet argent. Il se trouva au moins quelques collègues pour se réjouir de son malheur.

Toutes les cultures universitaires comportent certaines exigences avouées et non avouées concernant le corps professoral. À l'université de Pamela, on s'attendait des professeurs qu'ils soient physiquement présents sur le campus. Mais Pamela était souvent en voyage, ce qui permettait à l'université d'acquérir des fonds et du prestige. Pamela sous-estimait à quel point ses collègues enviaient sa façon de travailler ou jusqu'où ils étaient prêts à se rendre pour lui nuire. Elle était inconsciente du fait que souvent on formulait tout bas des remarques telles que « C'est une enseignante fantôme. Elle n'est jamais ici, bien trop occupée à jouer la globe-trotter. »

L'objectif que visait Pamela était de réussir sa carrière. Et pourtant, parce qu'elle se trouvait dans la zone d'écueil Ne pas savoir comment vous êtes perçu, elle fut incapable de reconnaître que la compétition, l'envie et les préjugés faisaient partie de la vie dans son milieu du travail, et qu'il faut toujours être à l'affût des blocages émotionnels des autres, autant que des nôtres. Elle vivait dans un monde fantaisiste où elle croyait que sa popularité et ses démarches de campagne de financement étaient appréciées de tous. C'était là faire preuve d'une désastreuse naïveté dans notre culture où l'importance de la position hiérarchique est primordiale. Elle ne sut ni prévoir ni dévier le ressentiment qu'on éprouvait à son endroit, ni se préparer à de possibles manigances politiques ourdies contre elle. L'eût-elle fait, elle se serait facilité la tâche en se rendant plus disponible et plus visible sur le campus.

Même si elle avait décidé de ne rien changer à son calendrier de déplacements, elle aurait été mieux préparée pour faire face aux réactions hostiles à son endroit et à la tentative entreprise pour la discréditer. Elle aurait peut-être aussi fait l'effort de fréquenter davantage ses collègues, car les préjugés bien souvent disparaissent lorsque les gens apprennent à mieux vous connaître.

Après enquête, laquelle coûta à l'université des dizaines de milliers de dollars, on finit par réclamer à Pamela la somme totale de 43 $, par suite d'une erreur d'addition. On ne trouva nulle part aucun indice de la moindre fraude. Mais l'incident finit par empoisonner l'atmosphère, et les relations de Pamela avec ses superviseurs se détériorèrent, à tel point qu'elle se sentit définitivement mise à l'écart. Elle prit alors la décision de chercher un poste ailleurs, et elle enseigne aujourd'hui dans une autre université.

Se montrer sous son meilleur jour

La manière dont vous êtes perçu peut vous conduire là où vous le voulez dans la vie – ou bien devenir un handicap. L'image que vous avez de vous-même est-elle bien différente de celle qu'ont les autres ? Affrontez la zone d'écueil *Ne pas savoir comment vous êtes perçu* dans laquelle vous êtes, et vous maîtriserez beaucoup mieux l'effet que vous produisez sur les autres – sans parler de votre vie.

CHAPITRE 11

Cinquième zone d'écueil :
Être à la recherche d'un héros

Montrez-moi un héros et je vous écrirai une tragédie.

F. SCOTT FITZGERALD

Pour savoir si vous êtes dans la zone d'écueil *Être à la recherche d'un héros*, notez chacun des énoncés suivants, comme suit :

    1 = pas d'accord la plupart du temps
    2 = pas d'accord à l'occasion
    3 = d'accord et pas d'accord à peu près également
    4 = d'accord à l'occasion
    5 = d'accord la plupart du temps

- Les gens qui possèdent beaucoup de charisme exercent une grande attraction sur moi.
- Il m'arrive fréquemment d'idéaliser quelqu'un, pour ensuite perdre mes illusions sur cette personne.
- Je recherche les situations où je peux obtenir quelque chose pour rien.

- Je fais confiance à la première idée que je me fais d'une personne.
- J'ai tendance à dédaigner les gens tranquilles.

Signification du total obtenu :
20-25 points :
La zone d'écueil *Être à la recherche d'un héros* représente un problème majeur dans votre vie.

14-19 points :
Certains aspects vous causent de sérieux problèmes.

8-13 points :
Vous devez faire preuve de vigilance à certains égards.

7 points ou moins :
Vous n'avez que peu ou pas de problèmes avec la zone d'écueil *Être à la recherche d'un héros*.

Un total de 7 points ou plus signifie que vous êtes peut-être à la recherche d'un héros.

Comprendre cette zone d'écueil

La zone d'écueil *Être à la recherche d'un héros*, c'est-à-dire idéaliser quelqu'un (et lui conférer des pouvoirs magiques), vous conduit à confier aveuglément votre sort entre les mains d'une autre personne, qu'il s'agisse de questions d'ordre personnel, financier ou professionnel. Vous croyez que cette personne possède des connaissances ou une expertise uniques, et vous vous liez à elle dans l'espoir de devenir un jour le bénéficiaire de ce pouvoir spécial. Dans votre esprit, ce héros vous permettra de réaliser vos rêves sur le plan amoureux, vous protégera du danger, ou vous rendra riche. Inévitablement, vous êtes déçu quand le héros se révèle ne pas être le surhomme que vous croyiez, et pire encore, un charlatan. Vous découvrez que votre fiancé est déjà marié, ou que la salle de bains que vous venez de faire rénover coûtera trois fois plus cher que l'estimation faite par l'entrepreneur qui s'est chargé du travail, ou bien que votre nouveau patron génial vous a manipulé.

Il est très tentant de «tomber amoureux» de quelqu'un que vous percevez comme un héros, et c'est pourquoi cette zone d'écueil est particulièrement présente dans deux domaines ultrasensibles : la vie amoureuse et l'argent. Au chapitre de la vie amoureuse, bien des gens entretiennent le désir profond d'être pris en charge par l'autre ; plus cette personne possède du pouvoir, mieux c'est. Si vous êtes étudiant, vous tombez amoureux du professeur. Si vous êtes une adjointe administrative, vous tombez amoureux de votre patron. S'il est vrai qu'on idéalise toujours un peu l'autre dans toute histoire d'amour – nous trouvons notre partenaire «parfait» ou «parfaite», du moins au début – dans le cas qui nous occupe l'aveuglement prend des proportions exagérées.

Sur le plan financier, il est classique de voir la zone d'écueil *Être à la recherche d'un héros* se présenter lorsque vous désirez faire beaucoup d'argent et que vous croyez que vous obtiendrez le succès souhaité ou que vous gravirez plus haut les échelons de la hiérarchie en vous associant avec le héros. Nous avons tous besoin de modèles. Mais lorsque vous cédez à l'influence de cette zone d'écueil, vous choisissez les mauvaises personnes comme sujets de votre admiration, ou vous vous attendez à ce qu'elles obtiennent des résultats dans des domaines qui dépassent leur expertise. Ce n'est pas parce qu'une personne excelle dans sa profession scientifique qu'elle sera un mari fidèle ou une bonne épouse.

Les dangers associés à cette zone d'écueil

Il s'agit d'une zone dangereuse parce qu'elle fait de vous une cible facile pour les escrocs, sur le plan financier ou affectif. Ou bien parce que vous prêtez à votre idole beaucoup plus d'influence ou de savoir-faire que cette personne n'en possède en réalité. Dans un cas comme dans l'autre, vous n'avez plus la faculté de raisonner correctement et vous vous faites du mal. La dévotion ou l'adoration que vous éprouvez est souvent sans fondement véritable. Vous ne voyez rien des défauts de votre héros ou de ce qu'il est en train de vous vendre parce que vous êtes ébloui par son charisme. Le problème, c'est que cette personne ou ce projet peut vous conduire tout droit au désastre judiciaire, économique ou personnel.

Imaginez que vous ayez besoin des services d'un comptable, et que vous décidiez de faire affaire avec un «comptable agréé de vedettes». Sur sa liste de clients figurent des chanteurs et des acteurs très connus. Il a des bureaux prestigieux un peu partout et s'habille comme une vedette rock. Il s'attire sans cesse de nouveaux clients, malgré des honoraires exorbitants. L'idée même de faire partie de son entourage *glamour* et de savoir qu'il s'occupera de vos impôts est une occasion trop belle pour la laisser passer.

Toutefois, vos déclarations d'impôt ne suscitent pas l'attention qu'elles méritent et vous finissez par faire l'objet d'une révision de dossier par le service de recouvrement d'impôt. Et vous continuez à l'être tous les trois ans. Le fait est que vous étiez du menu fretin aux yeux de ce comptable et disons simplement que vous ne figuriez pas exactement au sommet de sa liste de priorités. Si vous êtes un écrivain ou un acteur, il est possible que vous fassiez l'objet du même manque d'attention de la part d'un agent de vedettes très connues, exactement pour les mêmes raisons.

Tous les héros ne font toutefois pas partie de l'univers *glamour*. Cette zone d'écueil peut vous coûter également très cher lorsque le héros est une personne qui effectue un travail important pour vous, et que vous suivez aveuglément ses conseils sans faire d'examen.

Ce qui se cache derrière cette zone d'écueil

Derrière cette zone d'écueil se trouve le désir de voir un «surhomme» ou une «surfemme» vous soulager de la nécessité d'avoir à réfléchir par vous-même. Dans les relations sentimentales, un héros pourra même affirmer «Je sais ce qui est le mieux pour toi». Si vous avez peu confiance en vous-même ou si avez une piètre estime de vous-même, il est possible que ces paroles vous rassurent. Il y a d'autres situations où il est tout aussi attirant de confier sa destinée à d'autres, et c'est pourquoi votre héros sera peut-être un conseiller financier, un avocat, ou même un plombier ou un conseiller en informatique – quiconque, en fait, possède des compétences spécialisées dans un domaine ou un secteur auquel vous n'y connaissez pas grand-chose.

Le culte du héros ressurgit lorsque vous n'avez pas les connaissances ou l'expertise nécessaires pour composer avec un problème ou une situation donné. Il n'est pas rare qu'on soit à la recherche de héros lorsqu'on construit ou qu'on rénove une maison. Vous vous sentez dépassé par l'énormité de la tâche et la somme des décisions à prendre, et vous n'y connaissez rien. Arrive le moment où l'architecte que vous avez engagé vous dit ceci : «Ne vous inquiétez de rien. Je m'occupe de faire venir et de superviser les plombiers, les électriciens et tout le reste de l'équipe» et vous sautez sur l'occasion.

La même chose se produit lorsque vous faites face à des difficultés d'ordre médical. Il est compréhensible que vous vouliez qu'on s'occupe de vous lorsque vous êtes malade. Il se peut que vous ne cherchiez pas à obtenir une deuxième ou une troisième opinion parce qu'un spécialiste vous a déjà recommandé un traitement. Vous vous dites : «C'est lui, le docteur. Ce n'est pas moi qui ai étudié la médecine.» La même logique est à l'œuvre lorsque votre voiture a besoin de réparations et que vous vous dites : «Je ne suis pas mécanicien.»

Il n'y a rien de mal à rechercher l'aide d'un spécialiste et de se fier à son jugement. De fait, c'est la chose la plus intelligente à faire lorsque vous n'avez pas suffisamment de connaissances dans un domaine particulier. Ce qui pose problème, c'est le fait d'abdiquer votre propre responsabilité une fois que vous avez fait appel à quelqu'un. Vous vous attirez des ennuis quand vous oubliez que ce spécialiste travaille pour vous, que vous ne posez pas de questions et que vous ne surveillez pas le déroulement des choses.

Éléments clés

Des sentiments intensément positifs
Voilà un signal de danger immédiat qui pourrait vouloir dire que vous portez un jugement trop rapidement, que ce soit dans vos transactions financières, votre vie amoureuse ou même vos amitiés. Chaque fois que vous êtes impressionné au plus haut point par quelqu'un lorsque vous rencontrez cette personne pour la première fois, soyez extrêmement vigilant. Ce n'est pas ainsi que

la confiance s'acquiert. Le fait de devenir instantanément cama-rade avec un nouveau collègue ou un membre de votre associa-tion locale parents-professeurs est une chose géniale, mais rappelez-vous qu'il faut du temps pour développer une relation plus profonde, car vous avez l'occasion ainsi de constater de quelle manière elle évolue.

L'illusion de la perfection

Parce que vous voulez que le héros soit authentique, vous ne voulez pas voir les failles. Vous vous rendez aveugle à la connaissance qui pourrait affaiblir le pouvoir du héros sur vous. Si cette personne a des défauts, cela vient contrecarrer vos plans et miner votre sécu-rité. Ensemble, les zones d'écueil *Prendre ses désirs pour des réalités* (voir le chapitre 7) et *Être à la recherche d'un héros* se chargent de préserver votre illusion de perfection et votre confort.

Une vulnérabilité et un besoin de réconfort

Les femmes seront peut-être plus vulnérables que les hommes à la zone d'écueil *Être à la recherche d'un héros* après un divorce pénible ou une rupture amoureuse. Chez les hommes comme chez les femmes, cette zone d'écueil s'active en présence d'une faible estime de soi et lorsqu'on cherche à se rassurer pour savoir si l'on est toujours désirable. Dans ce contexte, vous risquez de ne pas tenir compte des traits négatifs d'une per-sonne qui vous auraient fait vous arrêter et réfléchir en autre temps.

Cette zone d'écueil est difficile à surmonter. En effet, il faut remettre en question ce qui pour vous est vrai et naturel quant à votre avenir avec cette personne, et faire face à votre réticence à mettre en péril ce que vous croyez être votre chance d'être heureux. La zone d'écueil surgit lorsque vous bloquez l'information qui vous dit de mettre un terme à cette relation. L'aveuglement vous empêche de voir les signes indiquant que l'on vous dupe.

Comment vaincre *Être à la recherche d'un héros*

Il est quelquefois difficile de résister au magnétisme ou à la pres-tigieuse réputation d'une personne. Parfois, le héros n'a jamais demandé ou voulu ce statut spécial que vous lui conférez. C'est là *votre* idée. Mais qu'une personne vous trompe délibérément ou que vous vous leurriez vous-même, il faut apprendre à vous protéger. Suivez la Méthode infaillible en cinq étapes ci-après pour reconnaître la zone d'écueil *Être à la recherche d'un héros* et l'empêcher de vous nuire davantage.

Étape 1. Se concentrer sur l'objectif que l'on veut atteindre

Soyez conscient du but que vous vous êtes fixé. Ne le perdez pas de vue. Votre but est-il de faire faire vos déclarations d'impôt de manière compétente et d'éviter d'avoir à subir les vérifications du bureau de recouvrement? Serez-vous mieux servi en faisant appel à un comptable ayant sa clientèle parmi les vedettes du monde du spectacle plutôt qu'en engageant les services d'un comptable professionnel certifié? Vos amis seront certes impressionnés quand ils sauront que vous faites appel à un comptable de vedettes, mais cela n'a rien à voir avec votre objectif. La question est de savoir si ce comptable vous accordera toute l'attention voulue et s'il sera en mesure ou non de vous fournir d'excellents services.

Peut-être votre but est-il de faire partie de l'entourage d'un leader. Le nouveau chef des opérations de la société où vous travaillez promet de rationaliser l'entreprise et de favoriser sa croissance. Vous acceptez de devenir son lieutenant et de contribuer à la réduction des effectifs. Mais la situation change: c'est une hache plutôt qu'un scalpel qu'il utilise pour réduire le nombre des employés. Voulez-vous toujours faire partie de son équipe? Vous avez adhéré aux idées du chef des opérations sans réfléchir à l'objectif que vous poursuiviez vous-même, chose courante lorsqu'on se trouve dans la zone d'écueil *Être à la recherche d'un héros*. Vous n'arrivez plus à distinguer ce que vous voulez de ce que le héros veut.

Admettons que vous soyez une mère de famille divorcée et monoparentale: vous êtes submergée par les soins à apporter à vos enfants, et vous devez faire face à une poursuite judiciaire mettant en cause votre ex-mari, tout en travaillant à temps plein. Votre but est de trouver quelqu'un qui s'occupera de vous et de vos problèmes. Vous épousez un homme prêt à s'engager totalement et à faire face à tout ce chaos, y compris à inculquer une discipline à vos enfants. Il se rend utile dans les questions relatives à la poursuite judiciaire, mais dans d'autres domaines, sa contribution donne peu de résultats. Et maintenant vous êtes fâchée de constater qu'il n'y arrive pas. Votre objectif est irréaliste. Vous ne pouvez pas vous attendre à ce qu'une personne que vous idéalisez vienne et répare tous les pots cassés. Inévitablement, le héros tombera de son piédestal.

Étape 2. Séparer les faits de la fiction

Pour agir, vous devez prendre un rôle actif et poser des questions en vous basant sur les faits et l'information réels. Vous devez cesser de rendre les autres responsables quand les choses tournent mal et que vous avez choisi de ne pas écouter les signes avant-coureurs.

Votre version : Nous avons une famille nombreuse et nous sommes tous les deux très occupés par notre carrière. L'architecte s'occupera des rénovations de la maison et recevra un surplus de 10 pour cent. Quel soulagement ! Après tout, que connaissons-nous au code du bâtiment, aux revêtements et aux problèmes de structure ? L'expert, c'est lui. Il fera du bon travail pour nous.

Les faits : Il est sage de faire appel aux conseils des experts. Mais cela ne veut pas dire pour autant d'abandonner tout jugement et de donner carte blanche à quelqu'un. Vous devez prendre des précautions, comme demander une estimation des coûts ferme avant de permettre à l'architecte de se lancer dans des travaux quelconques. Autrement, vous risquez d'avoir des surprises désagréables, du genre : « J'ai dû faire refaire tout le système électrique » et « le travail l'exigeait ».

Votre version : Les honoraires de ce courtier sont trop élevés, mais grâce à lui mon mari a gagné de l'argent. Je vais accepter de verser ces honoraires, parce que c'est vraiment quelqu'un de génial.

Les faits : Vous mettez l'accent sur le courtier. Et s'il y avait d'autres courtiers effectuant le même travail pour moitié moins cher ? Prenez garde. Magasinez.

Votre version: C'est un homme merveilleux et fort, qui saura s'occuper des enfants et voir à mes autres problèmes. Ensemble, nous allons mener une vie heureuse centrée sur la famille.

Les faits: Cet homme autoritaire qui valorise la discipline est arrivé comme un sergent pour établir des limites. Et pourtant, votre fils continue de boire, et les autres enfants ne l'écoutent pas. De plus, ses valeurs sont différentes des vôtres. Il veut passer ses vacances et ses autres temps libres seul avec vous, pas à Disney World avec les enfants.

Étape 3. Reconnaître les blocages émotifs et les faire disparaître

Bien des facteurs agissent de concert pour diminuer votre pouvoir de raisonner et votre capacité à voir la vérité au sujet du héros que vous avez choisi.

Le désespoir

Il faut comprendre que le désespoir vous place dans un état de vulnérabilité où il vous est plus difficile de réfléchir de manière rationnelle. En situation de désespoir, vous vous accrochez à n'importe quelle bouée de sauvetage. C'est pour cette raison que vous êtes attiré par un héros. Cependant, votre héros n'est pas en mesure de rendre votre vie plus stable et plus sûre. Vous avez besoin de quelqu'un pour partager vos difficultés, et non pour vous secourir. Que vous partagiez un peu ou beaucoup, ce qui est important, c'est de discuter du problème à l'avance. C'est là, lorsque des difficultés surviennent et que vous ne pouvez les éviter, que les bases de votre collaboration auront été jetées.

La cupidité

La cupidité entraîne les gens à conclure aveuglément des marchés qui «clochent». La volonté de s'enrichir vous rend vulnérable à des stratagèmes destinés à faire de l'argent et que vous auriez rejetés dans d'autres circonstances.

L'admiration mêlée de crainte

Il est naturel de vouloir abandonner le contrôle et de laisser un héros s'occuper de tout à votre place. Après tout, vous êtes entre bonnes mains – si on en croit ce héros – et vous êtes tout disposé à y croire. En fait, peu importe votre degré d'instruction, de talent ou d'intelligence, il y aura toujours quelqu'un qui possédera l'expertise dont vous avez besoin et qui vous fait défaut. Les problèmes surviennent lorsque des paroles comme «Laissez-moi m'en occuper» se font à ce point rassurantes qu'elles font émerger en vous la zone d'écueil *Être à la recherche d'un héros* et qu'elles alimentent. Lorsque l'expert que vous avez choisi devient votre héros, il est tentant de cesser d'assumer votre responsabilité ou de jouer un rôle actif dans des aspects qui touchent votre qualité de vie.

Étape 4. Solliciter des conseils ou des commentaires pour favoriser un changement positif

Chaque fois que vous croyez être devant quelqu'un possédant la touche magique, arrêtez-vous et rappelez-vous de vous dire ceci: «Je ne suis peut-être pas en train de réfléchir clairement.» Puis, faites ceci:

Parlez à un observateur impartial

Une personne de confiance pourra vous indiquer si vous ne faites pas ce qu'il faut pour vous protéger. Si vous entendez plusieurs de vos collègues vous dire que le chef des opérations se sert de vous, écoutez-les.

Soyez attentif au contenu, et pas seulement à l'apparence

Lorsque votre épouse ou un ami vous informe que, pour une fraction du prix, vous pouvez trouver un comptable qualifié qui considère que votre entreprise a de la valeur et qui fera de son mieux pour vous éviter d'avoir affaire aux responsables gouvernementaux des impôts, ne rejetez pas leurs conseils. Si vous le faites, c'est le signe que vous êtes à la recherche d'un héros.

Étape 5. Agir dans son meilleur intérêt

Ne vous laissez pas séduire par la culture du vedettariat

La culture du vedettariat est un élément séducteur qui vous éloigne de votre but. Il est tentant de faire appel à un conseiller de l'élite dont la clientèle comprend des milliardaires. Si les banquiers d'affaires de New York trouvent qu'il est génial, qui êtes-vous pour dire le contraire ? Vous êtes tombé sous le charme, alors vous ne vous posez aucune question.

Concentrez-vous sur le produit, le service ou les résultats – pas sur la personne

Posez-vous la question suivante : « Est-ce qu'on est en train de répondre à mes besoins ? » Quand vous choisissez de faire appel à un professionnel, dites-vous bien qu'un bureau chic ou le fait d'être tiré à quatre épingles ne sont pas des éléments essentiels témoignant d'un bon travail. Ce que vous voulez, ce sont de bons conseils médicaux, juridiques ou financiers et qu'on s'occupe de vous à la mesure des honoraires que vous payez. Vous êtes aveuglé par le *glamour* si vous choisissez une avocate parce qu'elle porte des vêtements coûteux sans penser à lui demander de vous parler de l'approche qu'elle compte utiliser dans votre situation, ou bien si elle a déjà gagné des causes semblables. En nous laissant berner par le côté « excitant » d'un professionnel, nous ouvrons la porte à l'intimidation et aux situations douloureuses.

Rappelez-vous que le contexte a de l'importance

Il faut bien comprendre que votre but et celui de l'expert ne sont peut-être pas les mêmes. Par exemple, l'objectif que vise une chirurgienne est celui de réussir l'intervention chirurgicale, parce que c'est ce qu'elle fait dans la vie ; votre but à vous, par contre, est de bénéficier du meilleur traitement possible. Les deux objectifs ne sont pas forcément les mêmes. Le but visé par un vendeur ou un entrepreneur en construction est de faire des profits. Si vous croyez que ce sont vos intérêts qui passent en premier, vous serez déçu.

Sachez reconnaître que cette personne n'est pas un dieu

Lorsque vous voyez que vous êtes en train de vouer à quelqu'un un véritable culte du héros, tâchez de vous rendre compte que cette personne n'est qu'un être humain ayant les mêmes défauts que nous tous. Peut-être êtes-vous en train de tomber amoureuse du médecin qui a guéri votre enfant. Ce médecin vous a accompagnée chaque fois que votre fils en avait besoin, le jour comme la nuit. Sachez voir, par contre, que ce dévouement qui rend ce médecin si totalement disponible à ses patients n'augure rien de bon sur le plan sentimental. Cette personne n'aura peut-être aucun temps à consacrer à une relation intime.

Assumez vos responsabilités

Si vous tombez sous le charme d'une personne, rappelez-vous que c'est vous qui êtes responsable de cela. Vous avez cru cette personne parce que vous aviez besoin qu'on assume vos propres responsabilités et qu'on prenne des décisions à votre place. Vous avez cru ce vendeur parce que vous vouliez acheter cette voiture-là. Vous aviez l'espoir que cet avocat vous fasse gagner une cause que vous aviez intentée. Vous avez fait confiance à ce médecin en croyant qu'il avait *toutes* les réponses à vos questions et vous n'avez pas recherché une deuxième opinion – ou bien vous avez eu peur qu'il se fâche contre vous si vous l'aviez fait.

Cas typiques de *Être à la recherche d'un héros*

Il est parfois très difficile de savoir quels sont les rôles respectifs joués par la personne qui berne et la personne qui est bernée. Un escroc très habile peut berner quantité de gens intelligents. Mais lorsque la zone d'écueil *Être à la recherche d'un héros* se manifeste, il y a peu d'espoir que vous arriviez à prendre des décisions rationnelles.

Le cas de Raymond

Raymond est médecin, il est marié et il a trente-trois ans. Son cœur palpite chaque fois qu'il pense à un puits de pétrole jaillissant. En effet, faites-lui regarder un documentaire à la télévision sur les plateformes pétrolières en haute mer et il restera rivé à l'écran sans pouvoir en décoller. Il n'est donc pas étonnant que Raymond ait décidé d'investir dans un puits de pétrole. Il voulait croire qu'il pourrait ainsi tripler sa fortune et s'était convaincu que l'investissement serait judicieux.

Raymond déclara à un ami qu'il avait une somme d'argent à investir et qu'il cherchait un placement qui lui rapporterait rapidement un bon rendement afin de pouvoir rembourser les prêts qu'il avait contractés pour ses études universitaires et de médecine. Cet ami l'invita à une présentation sur les investissements pétroliers. Raymond fut immédiatement séduit par les superbes bureaux et le repas somptueux servi avant la présentation. Il fut impressionné par le représentant des ventes, qui détenait un doctorat en économie, et l'ingénieur, détenteur d'un doctorat en géologie et superviseur des opérations de forage. Raymond tomba sous le charme de leur charisme et fut emballé par toute l'affaire.

Le vendeur discuta d'information financière extrêmement pointue que personne dans l'auditoire ne comprenait, ou à peine. Les gens posaient des questions telles que : « De quelle qualité est le pétrole ? », ce qui n'avait rien à voir avec la probabilité ou non de rendement de l'investissement.

Puis, un homme dans le fond de la salle souleva le fait que pas un seul des partenariats indiqués dans la brochure n'avait réussi à rapporter le montant investi à l'origine, encore bien moins à générer des profits. Le vendeur écarta la question en la qualifiant de non pertinente, même si, ironiquement, ce fut la seule question vraiment pertinente de toute la soirée.

Raymond n'entendit pas ce signal d'alarme qu'on avait émis juste devant son nez. Il était trop séduit par le faste de ce qu'il voyait et entendait pour remarquer les éléments qui clochaient. Quand le vendeur l'invita à survoler les champs de pétrole en hélicoptère, il fut au septième ciel, se sentant comme un véritable magnat du pétrole. Cinq ans plus tard, son investissement de 35 000 $ lui avait rapporté moins de 2000 $.

À peu près à la même époque, le marché immobilier s'assagit, et Raymond et son épouse se trouvèrent devant la possibilité d'acquérir la maison de leurs rêves à un prix ridicule. Mais parce qu'ils avaient flambé tout leur argent dans des investissements pétroliers, ils durent renoncer à cet achat. La valeur de la propriété a par la suite grimpé en flèche au cours des cinq dernières années.

Bien sûr, le secteur pétrolier est un domaine d'affaires attirant, mais n'a absolument pas permis à Raymond d'atteindre son objectif de rembourser ses dettes. Sa propre vulnérabilité face à la duperie et la capacité d'une autre personne à profiter des effets de la zone d'écueil où il se trouvait l'ont conduit à agir contre ses intérêts.

Le cas de Mélanie

On devient aussi la cible de choix d'un héros lorsqu'on se trouve sous le coup d'une déception sentimentale. Lorsqu'une personne nous quitte, nous nous sentons seul et rejeté. Lorsque quelqu'un nous fait la cour avec ardeur et assiduité, on aime être l'objet d'une telle attention. Mélanie, agent de bord de vingt-huit ans, trouva son héros quand elle fit la connaissance d'un courtier en bourse divorcé, Bill, avec qui elle se fiança. Son fiancé lui avait déclaré vivre avec ses parents, mais l'appelait uniquement à partir de téléphones publics, en lui répétant sans cesse de ne pas chercher à le joindre à la maison. Il ne l'invita jamais à rencontrer ses parents, lui disant en outre que ses deux filles vivaient avec son ex-femme. Mélanie accepta ses explications sans poser de question. Un jour, après qu'elle se fut acheté son premier téléphone cellulaire, Mélanie reçut un message de Bill. Son numéro de téléphone apparut sur l'écran et elle le rappela, tombant sur la femme de Bill à l'autre bout du fil. Pendant tout le temps où ils s'étaient fréquentés, il avait été marié et vivait avec sa femme.

Mélanie ne s'était jamais posé de questions sur la façon bizarre qu'ils avaient de communiquer par téléphone, ni sur les autres choses étranges de leur relation. Elle ne s'était jamais posé de question parce qu'elle ne voulait pas entendre des réponses qui l'auraient peut-être obligée à rompre ses fiançailles. Avant de rencontrer Bill, elle avait vécu une relation amoureuse qui s'était mal terminée, et où elle était tombée enceinte sans le vouloir. Après la naissance du bébé, elle avait donné celui-ci en adoption. Six mois plus tard, Bill était arrivé dans sa vie. Remplie d'un sentiment de culpabilité et de honte, et se sentant très seule, Mélanie avait été ravie d'être l'objet d'autant d'attentions de la part de Bill. Non seulement il voulait l'épouser, mais il lui proposait aussi une famille toute faite. Mélanie avait cru qu'elle ne se marierait jamais et qu'elle n'aurait jamais d'enfants à elle. Elle était une cible toute choisie pour un héros, car elle se sentait en porte-à-faux par rapport à toutes ses amies mariées. Elle ne voulait pas connaître la vérité. À long terme, toutefois, elle s'était mise dans une situation où elle allait avoir le cœur brisé.

Retrouver l'équilibre

Qu'il s'agisse d'un achat important, d'un investissement, ou de toute autre décision, il faut savoir qu'il n'existe aucun lien entre charisme et valeur. Si vous croyez que vous êtes en train de succomber au «charme» de quelqu'un en dépit du bon sens, tâchez de vous dire à vous-même : «Je suis trop impressionné par ce gars-là. Il y a quelque chose qui cloche.»

La même chose vaut lorsque vous avez le coup de foudre pour une femme belle et vive qui vous entraîne dans une vie sociale de grand luxe et qui semble être l'antidote parfait à votre solitude. Mais détrompez-vous, car elle n'est pas la réponse à votre dépression. Cela est *votre* responsabilité. Si vous vous persuadez du contraire, vous serez amèrement déçu.

Quelles que soient les circonstances, arrêtez-vous et faites vos vérifications. Quand vous avez le sentiment d'être compétent et que vous savez à quoi vous avez affaire, vous êtes moins susceptible de succomber aux avances de quelqu'un ou de commettre une erreur grave.

CHAPITRE 12

Sixième zone d'écueil :
Être un héros ou un sauveur

*Une irrésistible envie de sauver le monde masque
presque toujours une irrésistible envie de le diriger.*

H. L. MENCKEN

**Pour savoir si vous êtes dans la zone d'écueil *Être un
héros ou un sauveur,* notez chacun des énoncés suivants,
comme suit :**

1 = pas d'accord la plupart du temps
2 = pas d'accord à l'occasion
3 = d'accord et pas d'accord à peu près également
4 = d'accord à l'occasion
5 = d'accord la plupart du temps

- On me connaît comme une personne qui tente de secourir ou de sauver les gens.
- Il m'arrive souvent de donner des conseils sans qu'on me le demande.

- Mon estime de moi-même est fonction de ma capacité à aider les autres.
- Je persiste à vouloir aider les gens même quand il est clair qu'ils n'ont pas besoin de mon aide.
- Il semble que j'aie de l'attirance pour les personnes au comportement autodestructeur.

Signification du total obtenu:
20-25 points:
La zone d'écueil *Être un héros ou un sauveur* représente un problème majeur dans votre vie.

14-19 points:
Certains aspects vous causent de sérieux problèmes.

8-13 points:
Vous devez faire preuve de vigilance à certains égards.

7 points ou moins:
Vous n'avez que peu ou pas de problèmes avec la zone d'écueil *Être un héros ou un sauveur.*

Un total de 7 points ou plus signifie que vous avez tendance à vouloir être un héros ou à secourir les autres.

Comprendre cette zone d'écueil

La zone d'écueil *Être un héros ou un sauveur,* c'est-à-dire vouloir aider les autres dans le but de satisfaire ses propres besoins autant, sinon davantage, que les leurs, s'imprègne dans l'autodestruction. Cette zone d'écueil explique pourquoi vous êtes continuellement attiré par des femmes en difficulté (ou par des hommes qui ont «besoin» de vous), pourquoi vous gardez des employés incompétents parmi votre personnel ou que vous prêtez de l'argent à des gens qui ne vous remboursent jamais, ou encore pourquoi vous vous entourez d'amis qui vous drainent de votre énergie et qui sont continuellement à vivre une crise ou une autre, au travail, à la maison ou dans leur vie sentimentale. Vous ne résistez pas à la tentation d'«aider» les autres.

Lorsque vous êtes dans cette zone d'écueil, vous ne voyez pas que ces gens sont souvent incapables de s'aider eux-mêmes, ou que vous vous blessez vous-même en agissant ainsi. Quand vous secourez sans arrêt les gens pour les sortir de prison et que vous leur trouvez un emploi qu'ils n'arrivent jamais à garder, c'est à votre vie que vous nuisez. Vous canalisez votre énergie loin d'activités et de personnes significatives qui pourraient vous faire évoluer et augmenter votre bien-être. Les gestes que vous posez ont l'air d'être de «bonnes actions», mais ils vous font payer très cher le renoncement à d'autres possibilités plus positives dans votre vie. Cette zone d'écueil nuit également à l'établissement de rapports équilibrés avec des gens compétents, responsables et maîtres de leur vie.

Les dangers associés à cette zone d'écueil

La zone d'écueil *Être un héros ou un sauveur* vous entraîne dans des relations affectives douloureuses et perdues d'avance. Elle peut aussi vous mener à la faillite, car le fait d'aider ces «victimes» veut souvent dire faire office d'assistance sociale et financière. Cette zone d'écueil, qui peut se présenter dans certains aspects de votre vie, vous conduit à faire confiance aux mauvaises personnes. Par exemple, il se peut que vous tombiez amoureux de femmes violentées ayant des antécédents de toxicomanie. Vous ne pouvez résister à l'envie de les aider et vous ne voyez pas les dangers que comporte ce genre de relations. Vous leur faites confiance en vous disant qu'elles ne vous voleront pas votre argent ou vos biens pour répondre à leur dépendance, et qu'elles finiront bien par s'en sortir un jour. Bien sûr, ce n'est jamais ainsi que les choses se passent.

Ce qui se cache derrière cette zone d'écueil

Nous aimons tous que les autres nous admirent. Si vous êtes un héros ou un sauveur, par contre, vous aimez cela encore plus que la plupart des gens et vous aimez bien que l'on vous hisse sur un piédestal. Ou alors, vous avez l'impression que vous n'avez de la valeur que lorsque vous êtes en train d'aider quelqu'un. Dans bien des cas, que la personne en question veuille ou non qu'on l'aide ou qu'elle en ait ou non besoin, cela n'a pas d'importance pour vous. Tout comme la question de savoir si vous possédez les connaissances voulues pour fournir cette aide. Souvent, vous ne faites qu'encourager la «victime» dans sa dépendance.

Peut-être êtes-vous de ceux qui choisissent comme partenaires des femmes jolies et bien roulées, mais qui n'ont pour ainsi dire aucune estime d'elles-mêmes ou qui sont incapables de faire face aux responsabilités de la vie quotidienne. Quelques mois après vous être lancé corps et âme dans la vie commune ou même dans le mariage, vous vous plaignez qu'elle soit tout le temps déprimée ou qu'elle dépense sans compter jusqu'à vous acculer au bord de la faillite. Vous jurez de ne jamais plus vous engager dans ce genre de relation, mais vous retombez inévitablement dans le piège. Vous ne pouvez résister à cette combinaison alliant beauté et faible estime de soi.

Même si vous avez demandé à des amis de vous le signaler lorsque vous «retombez dans le panneau», vous ne tenez pas compte des mises en garde que vous-même avez sollicitées. Il arrive souvent que la zone d'écueil *Être un héros ou un sauveur* et la zone *Prendre ses désirs pour des réalités* (voir le chapitre 7), qui vous porte à croire que «cette fois-ci, ce sera différent», se présentent simultanément. Vous ne tenez compte ni de votre expérience passée, ni de l'expérience ou des conseils des autres.

Imaginez que vous soyez une jeune veuve. Vous vous sentez seule et, pour faire en sorte que vos deux garçons puissent s'inspirer d'une figure masculine qui leur servirait de modèle, vous vous remariez. Quand votre mari perd son emploi, il vous demande de lui prêter de l'argent, une somme que vous puiseriez à même le montant de l'assurance de votre défunt mari, et ceci afin d'ouvrir un magasin. Vous voulez le soutenir et préserver son estime de lui-même, et à cause de cela vous choisissez de ne pas écouter votre petite voix intérieure qui vous rappelle que cet argent est un héritage de famille et qu'on ne devrait pas y toucher. Vous le laissez vous convaincre de lui prêter 40 000 $. Votre nouveau mari perd l'argent dans de mauvais placements sur les marchés des matières premières. Pour des raisons religieuses, et parce que vous ne voulez pas vous retrouver seule encore une fois ou détruire votre famille, vous demeurez avec lui et vous continuez à lui prêter de l'argent pour financer ses projets d'affaires, dont aucun ne réussit à décoller.

Cette zone d'écueil n'affecte pas seulement les relations amoureuses ou amicales. Peut-être vous êtes-vous tellement amouraché de votre rôle de héros auprès de vos enfants que vous dépensez 200 $ en billets de loterie chaque semaine, en parlant à votre fils et à votre fille des voyages autour du monde et des belles voitures que vous allez leur procurer. « C'est cette semaine que ça arrivera, 30 millions de dollars, rien que pour nous », rêvez-vous. D'ici à ce que vous gagniez, vous êtes constamment à court d'argent, et vous n'êtes pas en mesure d'acheter une maison parce que vos dépenses en billets de loterie gobent une grosse partie de votre chèque de paie.

Peut-être votre objectif principal est-il de venir en aide à la société plutôt qu'à une personne en particulier. Vous vous dévouez sans relâche à la cause d'organismes de bienfaisance et autres œuvres louables, mais votre dévouement occupe tellement de votre temps et de votre énergie que vous n'en avez presque plus pour votre propre famille. Vous et votre conjoint vivez des vies séparées. Quand un jour votre compagnon ou votre compagne décide de vous quitter, vous tombez sous le choc. Malheureusement, vous n'avez rien vu venir.

Éléments clés

Voici les facteurs qui nourrissent le désir d'être un héros ou un sauveur :

Le sentiment de supériorité

Éprouver un sentiment de supériorité vous donne l'impression d'être tout-puissant et vous fait croire qu'on a besoin de vous pour « trouver des solutions » aux problèmes des gens. Ou alors vous croyez que votre amour et votre patience suffiront à arranger les choses. Vous présumez en savoir plus que les autres, et il est possible que vous recherchiez la présence de personnes dans le besoin. Pour certaines femmes, le rôle de sauveur est lié à leur rôle traditionnel d'aidantes.

Il se peut aussi que le rôle du « gros bonnet » vous plaise. Si quelqu'un que vous connaissez à peine vous demande de lui prêter 10 000 $ pour conclure une affaire, l'idée que vous détenez le pouvoir d'aider cette personne financièrement vous réjouit au plus au point. Vous acceptez de lui faire un prêt. Puis, peu de temps après, la personne disparaît – avec votre argent. Vous apprenez maintenant qu'il est loin d'en être à ses premières armes dans ce genre de passe-passe. Il ne vous est jamais passé par l'esprit de vous demander pourquoi cette personne est venue vous voir, vous, un étranger ou presque, pour endosser son entreprise commerciale. Vous ne vouliez pas savoir pourquoi. Être un héros était une sensation trop agréable. Ce sont des sentiments semblables qui vous font verser des pourboires trop généreux aux serveurs et aux chauffeurs de taxi.

Le sentiment de culpabilité

Le sentiment de culpabilité contribue parfois à faire naître un comportement de sauveur. Il se peut que vous ayez de la difficulté à congédier des travailleurs incompétents. Même après leur avoir servi des avertissements répétés, leur rendement continue de vous décevoir. Chaque soir vous vous en plaignez à votre partenaire de vie, et pourtant vous ne pouvez vous résoudre à les renvoyer. Vous aimez sentir que les employés ont besoin de vous et vous ne voulez pas passer pour le « méchant ». Vous vous sentez coupable à l'idée que vous les condamnerez à faire la queue au bureau de chômage et que leur famille en souffrira. Alors vous accordez une autre chance à l'employé. Et une autre chance, et une autre encore. Quatre ans plus tard, vous vous plaignez toujours et les responsables occupent toujours leur emploi.

Comment vaincre Être un héros ou un sauveur

La zone d'écueil *Être un héros ou un sauveur* peut vous coûter très cher sur les plans financier et affectif. Pour transformer ce comportement autodestructeur, suivez les étapes de la Méthode infaillible. Ces cinq étapes vous permettront de mieux comprendre pourquoi il est toujours trop tard lorsque vous arrivez à y voir clair dans le comportement de personnes ayant besoin de beaucoup d'attention, et d'apprendre comment ne pas entrer dans ce schéma destructeur.

Étape 1. Se concentrer sur l'objectif que l'on veut atteindre

Sachez quel est votre objectif, qu'il s'agisse d'aider quelqu'un, de vous marier avec une personne dans le but de partager avec elle une vie de bonheur ou de diriger une entreprise prospère. Ne le perdez pas de vue. Êtes-vous en train de réaliser l'objectif que vous voulez atteindre? Si ce n'est pas le cas, il vous faut revoir votre stratégie et changer de cap.

Peut-être votre but est-il d'être heureux en ménage. Si vous vous êtes marié plusieurs fois déjà, il est évident que vous ne réussissez pas à atteindre votre objectif. Est-ce parce que vous choisissez continuellement des partenaires immatures, incapables ou irresponsables? Si c'est le cas, il est temps de passer à autre chose. Vous devez vous avouer à vous-même que ce genre de personnes ne vous convient pas. Si vous voulez dès maintenant changer quelque chose, il vous faudra rechercher quelqu'un qui peut se tenir debout, un partenaire à part entière capable aussi de prendre vos intérêts à cœur.

Peut-être votre objectif est-il de diriger une entreprise prospère, mais que la situation est loin d'être le cas. Le problème serait-il dû en partie à des employés improductifs? Alors il vous faut changer d'approche. Rappelez-vous que le comportement du sauveur prend sa source dans votre désir d'être admiré ou de sentir qu'on a besoin de vous – et c'est cela qu'il faut réévaluer. C'est une tâche difficile, mais importante.

Étape 2. Séparer les faits de la fiction

Agissez en fonction de faits et d'information réels, et non pas simplement en fonction de votre propre version. Par exemple:

Votre version: Cette personne a de nouveau besoin de mon aide. Bien sûr que je vais l'aider.

Les faits: Il faut que les gens veuillent se sortir eux-mêmes de situations difficiles. S'ils ne veulent pas faire l'effort de régler leurs propres problèmes, et que vous tentez quand même de leur venir en aide, vous agissez en fonction de votre propre besoin de secourir les autres. De toute façon, vous n'avez peut-être pas ce qu'il faut pour les aider. Demandez-vous si vous avez la connaissance ou l'expérience voulue pour opérer une véritable différence dans cette situation.

Votre version : Je me dois d'embaucher cette personne, même si je sais qu'elle est paresseuse et qu'on ne peut pas se fier à elle. Elle est mon amie et elle vient d'être renvoyée. Comment pourrais-je embaucher quelqu'un d'autre à sa place ?

Les faits : Votre amie ne prend pas son travail au sérieux, elle arrive en retard à ses rendez-vous et s'absente régulièrement. Elle vous fera perdre des clients. En règle générale, les gens à qui l'on vient en aide ne changent pas, et on ressort de l'expérience déçu.

Étape 3. Reconnaître les blocages émotifs et les faire disparaître

Voici les obstacles qui vous empêchent d'atteindre vos objectifs :

Le raisonnement égocentrique

Cela vous empêche de voir les choses avec les yeux de l'autre. Vous vous dites tout simplement que les autres veulent la même chose que vous. Peut-être êtes-vous de ceux qui tentent continuellement d'aider des gens ayant des problèmes de consommation d'alcool. Vous les regardez comme s'il s'agissait de vous, et vous vous demandez : « Qu'est-ce qui m'aiderait, moi ? » Mais ce qui aide quelqu'un n'est pas forcément ce qui aide une autre personne.

Le besoin qu'on ait besoin de vous

Le fait que vous vous entouriez de gens qui sont comme des oiseaux blessés incapables de faire face à la réalité du quotidien indique que vous voulez être un sauveur ; vous éprouvez un sentiment de gratification à l'idée que l'on ait besoin de vous. Ce n'est pas du tout la même chose que d'être un ami sur qui on peut compter, un volontaire qui contribue efficacement, ou un bon citoyen. Il est rare que les sauveurs améliorent la vie des autres ; souvent ils se retrouvent à encourager des comportements autodestructeurs du fait qu'ils sont toujours là, prêts à tirer les gens du bourbier.

Comme l'a observé la psychothérapeute Tina Tessina, auteur de *It Ends with You : Grow Up and Out of Dysfunction* : « Il faut être autonome et comprendre où sont les limites quand on interagit avec des gens compétents. Il faut connaître les limites de nos responsabilités. Les sauveurs ne savent pas où leur responsabilité s'arrête, tandis que les gens dysfonctionnels ne savent pas où leur responsabilité commence.»

L'impression de ne pas avoir le droit de dire non

Si vous avez toujours pris soin de personnes qui ont profité de votre aide, il se peut que vous ayez l'impression de ne pas avoir le droit de dire « je ne paierai pas toutes les factures ». Les sauveurs professionnels sont souvent issus de milieux déséquilibrés, où les deux parents auront peut-être été alcooliques, toxicomanes, atteints de maladie mentale ou extrêmement immatures et irresponsables. Les sauveurs apprennent très tôt à prendre des responsabilités. Ils s'occupent de payer les factures, de prendre les rendez-vous et de voir à ce qu'on s'y rende, et accomplissent d'autres tâches de la vie quotidienne parce que personne d'autre n'est capable de les faire. C'est une habitude difficile à briser.

Le sentiment de culpabilité

Se sentir responsable d'avoir fait une faute est quelque chose d'humain ; cependant, ce sentiment devient destructeur lorsqu'il est injustifié. Si votre but est de diriger une entreprise florissante, le sentiment de culpabilité qui vous pousse à ne pas congédier quelqu'un incapable de donner un bon rendement vous empêche aussi d'embaucher d'autres personnes qui pourront contribuer efficacement au succès de l'entreprise et de ses employés.

Étape 4. Solliciter des conseils ou des commentaires pour favoriser un changement positif

Le *feed-back* constitue le meilleur moyen d'obtenir l'information dont vous avez besoin si vous voulez faire disparaître votre zone d'écueil. Il est impossible de se corriger soi-même sans *feed-back*, puisqu'il est nécessaire de discuter et d'échanger si l'on veut clarifier la situation. Il faut toutefois que vous soyez disposé à entendre le *feed-back* des autres. Si vos amis vous disent que vous avez le « syndrome de l'aile brisée » parce que vous recueillez continuellement sous votre aile des petites créatures vulnérables, en tentant de « rendre leur vie meilleure », soyez à l'écoute. Si vos proches vous mettent en garde contre la femme que vous voulez épouser parce que, selon eux, elle ne vous causera que des ennuis, prêtez attention à ce qu'ils vous disent. Si les commentaires que l'on vous fait vont à l'encontre de ce que vous pensez, vous devez vous tourner vers d'autres sources. C'est pour cette raison que l'on recherche une deuxième et une troisième opinion.

Il est plus facile pour certaines personnes que pour d'autres d'aller chercher du *feed-back*. Si vous avez de la difficulté à vous faire une idée, vous irez chercher du *feed-back* parce que vous êtes incapable de penser par vous-même. Si vous êtes tout à fait réticent à l'idée de recevoir du *feed-back*, c'est que vous n'êtes peut-être pas capable d'envisager la possibilité que vous ne sachiez pas quelle est la meilleure voie à prendre.

Étape 5. Agir dans son meilleur intérêt

Sachez faire la différence entre un comportement de sauveur et le fait d'aider quelqu'un de manière positive

Se précipiter au secours de quelqu'un qui se retrouve *continuellement* dans le pétrin n'est pas la même chose que d'aider une personne qui vit une série d'événements malheureux. Dans ce dernier cas, la personne est vraiment une victime et mérite qu'on la soutienne. Si la plupart de vos amis ou de vos partenaires amoureux semblent être des incompétents, quelque chose ne va pas. Observez votre propre comportement. Si vous volez constamment à leur rescousse, posez-vous la question de savoir pourquoi ces gens sont dans votre vie et qu'est-ce que vous voulez accomplir. À moins que votre occupation professionnelle consiste à aider autrui, les autres relations de votre vie vont en pâtir.

Recherchez des moyens plus appropriés d'augmenter votre estime de vous-même

Il est possible qu'avoir un comportement de sauveur vous procure la sensation d'être important, compétent et en contrôle. Mais le fait que les gens aient besoin de vous masque vos propres insécurités, et du coup vous n'avez pas à les affronter. Vous évitez de ressentir l'inconfort d'avoir à examiner vos peurs d'être inadéquat ou d'être vulnérable. Mais cette attitude a quand même un prix. En agissant ainsi, vous risquez d'être la proie de profiteurs, même si vous-même n'êtes probablement pas le genre de personne à songer, ne serait-ce qu'un instant, à profiter de quiconque.

Déterminez le but que vous voulez poursuivre

Et tenez-vous-en à cela, au lieu de vous conter des histoires. Si vous souhaitez faire entrer dans votre vie une personne que vous trouvez intéressante et que vous savez que cette personne manque de réceptivité ou qu'elle est centrée sur elle-même, libre à vous. Mais ne lui prêtez pas d'argent en pensant qu'elle va nécessairement vous rembourser. Ne vous étonnez pas de voir cette personne arriver constamment en retard ou qu'elle oublie votre anniversaire. Posez-vous la question : « Est-ce que cette relation répond au but que je poursuis ? » Si votre but est de sortir avec une personnalité publique attirante, allez-y ; sachez toutefois dans quoi vous vous embarquez et prenez soin d'établir des limites.

Un cas typique de *Être un héros ou un sauveur*

La zone d'écueil *Être un héros ou un sauveur* se présente sous bien des aspects. Un cas typique, toutefois, est celui de Jessica, une photographe commerciale gagnant très bien sa vie. Jessica fit la connaissance de son mari, Curtis, lors d'une exposition photo. Elle avait alors trente-sept ans et s'inquiétait à l'époque du fait d'être encore célibataire. Curtis était vendeur dans une compagnie d'équipement de plomberie et détestait son travail, espérant un jour devenir photographe. Jessica l'encouragea à rassembler un portfolio dans ses temps libres et à acquérir plus d'expérience.

Après leurs fiançailles, Curtis démissionna de son emploi et entreprit de travailler à son propre compte, sans en avoir discuté avec Jessica. Il ne s'était aucunement préparé à ce changement, et n'avait toujours pas réalisé de portfolio. Mais il s'attendait à ce que Jessica le soutienne financièrement pendant qu'il démarrerait son entreprise. Il lui dit : « Je vais me tuer si je dois rester vendeur toute ma vie. » Sous le choc, Jessica réagit avec colère. Des amis la mirent en garde en lui disant qu'il l'utilisait comme pourvoyeuse. Mais elle l'épousa néanmoins.

Toute sa vie Jessica s'était occupée d'aider des personnes qui profitèrent de son aide, et c'est ainsi qu'il ne lui vint jamais à l'esprit que Curtis devait contribuer financièrement aux dépenses du ménage. Elle eut le sentiment qu'elle n'avait pas le droit de dire : « Non. Tu dois te trouver un emploi et avoir un revenu pendant que tu démarres ton entreprise. » Elle crut qu'il travaillerait dur et qu'il réussirait, mais ni l'un ni l'autre ne se produisit. Chaque fois qu'elle lui donnait des conseils en disant : « Tu dois absolument t'y prendre de telle ou telle façon pour trouver des contrats », il menaçait de se suicider.

Le point de non-retour arriva lorsque Jessica commença à avoir des problèmes de santé et qu'ils n'arrêtaient pas de se quereller. « Je revivais mon enfance », nous dit-elle. « Curtis vivait une profonde dépression. Je payais toutes les factures. Je me suis rendu compte que non seulement il voulait que je le fasse vivre, mais il voulait aussi décharger sur moi tous ses états d'âme. J'ai fini par comprendre que ce n'était pas seulement à moi de régler ce problème. » Leur union ne dura que quatorze mois.

Jessica ressentait le poids de son âge et de son horloge biologique, et c'est en partie ce qui lui avait fait tolérer les défauts de Curtis et qui l'avait conduite à l'épouser malgré tout. Elle avait aussi grandi aux côtés de parents qui se disputaient continuellement et qui n'avaient plus la maîtrise de leur vie. Pour préserver l'ordre dans son univers, elle était devenue « celle qui règle les problèmes ». Une fois adulte, elle eut des tas d'amis qui eurent besoin d'elle. Elle s'occupait tellement de la vie des autres et de ce qu'ils devraient faire qu'elle n'avait jamais reconnu ses propres besoins ou son meilleur intérêt. Avec Curtis, elle était en terrain connu, et vivait inconsciemment dans une zone de confort.

Quelques années plus tard, Jessica épousa un homme affectueux qui gagnait bien sa vie. Elle éprouve encore des difficultés à ne pas être « celle qui règle les problèmes », mais elle réussit à beaucoup mieux gérer la situation. Comme elle le dit elle-même : « Il m'arrive de vouloir tout contrôler dans notre mariage, mais mon mari est un homme solide, il n'a pas tendance à s'appuyer sur les autres. Je me rends compte aujourd'hui que mes amis n'ont pas besoin que je règle leurs problèmes continuellement.

C'est arrogant et présomptueux de ma part que de croire que j'en sais plus qu'eux. »

Privilégier l'équilibre

Une relation intime fonctionne à son meilleur lorsqu'il existe un équilibre des pouvoirs. Et c'est exactement ce qui fait défaut quand on se retrouve dans la zone *Être un héros ou un sauveur*. Cette manière de transiger avec ses propres insécurités est trompeuse. Il faut du courage pour, au contraire, y faire face directement, mais c'est aussi la voie qu'il faut prendre si l'on veut agir dans son meilleur intérêt.

CHAPITRE 13

Septième zone d'écueil :
Être submergé par les émotions

*Celui qui recherche la vengeance
devrait se souvenir de creuser deux tombes.*

VIEUX DICTON

Pour savoir si vous êtes dans la zone d'écueil *Être submergé par les émotions,* notez chacun des énoncés suivants, comme suit :

1 = pas d'accord la plupart du temps
2 = pas d'accord à l'occasion
3 = d'accord et pas d'accord à peu près également
4 = d'accord à l'occasion
5 = d'accord la plupart du temps

- J'ai tendance à prendre rapidement des décisions que je regrette plus tard.
- J'ai fait des investissements ou acquis des articles dispendieux sans effectuer les vérifications nécessaires ou prendre connaissance des options disponibles.

- On m'a déjà dit que mes accès de colère ou de jalousie choquent les gens.
- La peur m'empêche souvent d'entreprendre une action positive importante.
- Mon impatience m'a causé des problèmes dans la vie.

Signification du total obtenu :
20-25 points :
Vous avez de graves problèmes avec la zone d'écueil *Être submergé par les émotions*.

15-19 points :
Vous avez des problèmes importants dans quelques aspects.

8-14 points :
Vous devez faire preuve de vigilance à certains égards.

7 points ou moins :
Vous n'avez que peu ou pas de problèmes avec la zone d'écueil *Être submergé par les émotions*.

Un total de plus de 7 points signifie que vous prenez des décisions en vous basant sur des sentiments émotifs extrêmes.

Comprendre cette zone d'écueil

La zone d'écueil *Être submergé par les émotions*, c'est-à-dire permettre à des sentiments intenses de nuire à son propre jugement, conduit à prendre des décisions stupides ou à entreprendre des actions irréfléchies, chose que vous ne feriez pas en temps normal. Cette zone d'écueil explique pourquoi vous « craquez » sans cesse pour des concepts d'affaires désastreux (ou des personnes qui ne vous conviennent pas), ou que vous explosez à la figure de personnes importantes dans votre vie professionnelle, ou que vous vous faites avoir par des « avocassiers de la route » à des moments de crise. Et parfois, cela explique pourquoi vous êtes infidèle à votre conjoint.

Il nous arrive tous d'éprouver des émotions intenses telles que la passion, la jalousie, le désir de vengeance, la peur, la tristesse ou, à l'occasion, la douleur. Ce sont là des sentiments naturels. En revanche, lorsqu'une de ces émotions prend le dessus et occupe votre esprit au point d'anéantir votre capacité de penser, c'est là que les problèmes vous guettent. Dans ces moments-là, vous êtes plus susceptible d'entreprendre des actions insensées qui vous feront du tort. Par exemple, démissionner d'un emploi sur un coup de tête parce qu'un collègue a obtenu la promotion que vous méritiez vous permettra de défouler votre colère, mais en règle générale une telle décision ne pourra que vous nuire. Il ne sera peut-être pas si facile de trouver un nouvel emploi. Être submergé par les émotions peut s'avérer coûteux sous d'autres aspects également. Cela vous éloigne des gens que vous aimez et fait sombrer votre estime de vous-même jusqu'à des profondeurs abyssales. Le défi consiste non pas à supprimer ces sentiments – les émotions sont ce qu'elles sont et nous en avons tous – mais de savoir les gérer, au lieu de leur permettre de vous gérer.

Les dangers associés à cette zone d'écueil

Cette zone d'écueil est dangereuse parce que les émotions exprimées sans retenue vous propulsent dans des actions autodestructrices. Le désir de vengeance peut devenir si puissant qu'il incite à la violence. Il n'est pas rare qu'un accès de jalousie furieuse pousse une personne à commettre un meurtre. Dans des circonstances moins dramatiques, la jalousie peut faire fuir l'amour de votre vie, ou empoisonner ce qui aurait pu être une relation intéressante avec un frère ou une sœur.

La peur démesurée de vieillir mène souvent à l'infidélité conjugale et à la rupture d'un mariage. Votre supérieur, par exemple, est de vingt ans votre cadet, et vous n'êtes plus au lit le jeune étalon que vous étiez. Vous avez si peur de perdre votre pouvoir au travail – et votre virilité – que vous vous tournez vers une femme plus jeune pour vous prouver à vous-même que vous êtes encore capable. Vous ne parvenez pas à y croire vous-même, bien sûr. Mais il est plus facile de vous laisser prendre au jeu que d'affronter vos peurs.

Même le gouvernement comprend le danger qui guette ceux qui prennent des décisions sous le coup de l'émotion. C'est pourquoi la législation américaine fédérale (et celle de la majorité des États) exige que les contrats de vente itinérante comportent une clause de rescision de trois jours. On reconnaît, par cette clause, que lorsqu'on vous sollicite à votre domicile (ou à tout autre endroit autre que celui où le vendeur exerce normalement ses activités), il y a fort à parier que vous vous sentirez pressé de prendre une décision rapidement. Pour vous protéger, la clause accorde une période de trois jours pour vous permettre de changer d'idée, quelle que soit la raison, et d'annuler le contrat.

Ce qui se cache derrière cette zone d'écueil

Quand les émotions vous submergent et qu'elles font obstacle à votre processus de raisonnement, vous *réagissez* à la situation plutôt que d'y *répondre*. Il y a une immense différence entre ces deux types de comportement.

Quand vous *répondez* à une situation, vous prenez une décision après y avoir réfléchi, plutôt que d'agir de manière impulsive. Penser prend du temps, ce qui crée un espace entre ce que vous ressentez et ce que vous faites de votre sentiment. Ce délai sera sans doute l'élément de sûreté qui vous empêchera d'aller tout droit à la catastrophe. Vous réfléchissez à la décision de démissionner – ou à celle d'acheter un ensemble de couteaux à mille dollars – avant d'agir.

Au contraire, lorsque vous *réagissez*, vous agissez instantanément et impulsivement, sans l'intervention de la pensée. La spontanéité est parfois une bonne chose, certes : elle est essentielle pour créer, avoir une vie sexuelle comblée, s'amuser, et parfois se protéger, comme lorsqu'on évite une collision avec une voiture en se précipitant hors de son chemin. Mais à d'autres occasions, agir immédiatement sans réfléchir provoquera la catastrophe.

On a pu voir un exemple extrême de la manifestation de cette zone d'écueil il y a quelques années à l'émission de télévision *Court TV*. On y diffusait un cas de poursuite judiciaire où amour et rage s'étaient combinés. Cette poursuite mettait en cause une femme fatale en union conjugale pour la troisième fois. Infidèle à ses deux premiers maris, elle l'avait également été envers son mari de l'époque, manipulant aussi par la même occasion son petit ami, complètement entiché d'elle. Elle envoyait des lettres remplies de mensonges à son petit ami dans lesquelles elle accusait son mari de la maltraiter physiquement. Le petit ami, fou de rage, avait tué le mari innocent d'une balle de revolver, ce qu'avait voulu la femme depuis le début. Puis il avait retourné l'arme contre lui. La femme fut finalement condamnée à l'emprisonnement, mais non sans provoquer la mort de deux personnes. Ce qu'il faut savoir, c'est que lorsque vous vous enflammez au point de ne plus pouvoir vous arrêter et réfléchir, comme ce petit ami, vous vous autodétruisez.

Il y a dans la vie quantité d'exemples de ce genre d'attitude autodestructrice, quoique moins extrêmes. Ils n'aboutiront pas forcément à la mort, mais vous causeront néanmoins du tort. Par exemple, prendre votre revanche sur un collègue qui vous a causé du tort pourra vous soulager au début, mais la vengeance a cette caractéristique qu'elle vous nuit à vous tout autant qu'à la personne dont vous voulez vous venger. Vos actions seront peut-être perçues comme la preuve d'un manque de jugement et nuire à votre image professionnelle.

Éléments clés

La zone d'écueil *Être submergé par les émotions* augmente vos risques de vous faire berner par les autres (et par vous-même) en plus de vous encourager à être téméraire. Cette zone d'écueil présente à divers degrés les caractéristiques suivantes :

L'impulsivité

L'impulsivité devient un problème quand vous ne pouvez plus vous empêcher d'agir de manière insensée. Quand vous voulez faire quelque chose, vous devenez à ce point submergé par vos émotions que vos décisions se prennent rapidement pour faire cesser le flot des sentiments qui vous envahissent. Admettons, par exemple, que vous soyez tombé littéralement amoureux d'une maison et que vous vouliez l'acheter comme résidence secondaire. Vous en êtes tellement entiché que vous fermez les yeux sur des éléments importants, comme son emplacement ou son prix démesuré, et vous l'achetez quand même. Ou bien, vous lisez le message que quelqu'un vient de vous envoyer par courrier électronique. Cela vous met en furie, et au lieu d'attendre de vous être calmé, vous décrochez spontanément le combiné du téléphone.

La tendance à sauter aux conclusions

Sauter aux conclusions découle de l'impulsivité. Vous prenez plusieurs faits différents, que vous mettez ensemble pour en faire une interprétation parfois erronée, et vous agissez sur cette évaluation des faits avant d'avoir vérifié. Exemple : votre épouse est en train de parler au téléphone avec sa mère ou une de ses amies. Au moment où vous arrivez du travail, vous constatez qu'elle ne raccroche pas pour vous accueillir. L'une des réactions les plus courantes est de se dire : « Elle ne m'aime pas. » En réalité, il y a une multitude de raisons possibles pouvant expliquer pourquoi elle ne raccroche pas, et aucune n'a absolument rien à voir avec le manque d'amour.

Les fantaisies grandioses

Les fantaisies grandioses vous conduisent à suivre aveuglément vos rêves. Il est très important d'avoir des rêves et des objectifs. Tout le monde devrait en avoir. Cela nous donne espoir en l'avenir, et contribue essentiellement à donner un sens à la vie. Mais quand vous mettez toute votre énergie à réaliser vos rêves au point d'en perdre votre jugement, ça ne va plus du tout. Il y a une différence entre prendre un risque audacieux et agir de manière irresponsable. Admettons que vous exerciez une profession libérale et que vous soyez emballé par l'idée d'acheter un restaurant, et que vous décidiez de vous lancer dans l'aventure. Ce n'est que plus tard que vous vous rendez compte qu'il vous faut travailler à des heures impossibles et que vous devez oublier l'idée de prendre des vacances. En outre, il est reconnu qu'exploiter un restaurant est une entreprise très souvent vouée à l'échec, et la question du financement est un véritable casse-tête. Il ne vous est pas non plus venu à l'esprit que les compétences nécessaires pour bien faire rouler un restaurant diffèrent considérablement de celles qu'exige la pratique du droit, de la dentisterie, ou de la médecine. La zone d'écueil *Prendre ses désirs pour des réalités* (voir le chapitre 7) travaille souvent main dans la main avec la zone *Être submergé par les émotions.*

Comment vaincre *Être submergé par les émotions*

Les situations très intenses émotionnellement vous empêchent toujours de raisonner de manière juste et font qu'il est impossible de vous engager dans un processus de résolution de problème. Si vous ne voulez pas que les émotions fortes jouent contre vous, suivez la Méthode infaillible ci-dessous. Ses cinq étapes vous permettront d'analyser votre comportement, de savoir quand une situation est appelée à devenir intense sur le plan émotif, et de faire en sorte qu'elle ne vous entraîne pas dans de mauvaises décisions.

Étape 1. Se concentrer sur l'objectif que l'on veut atteindre

Soyez conscient du but que vous vous êtes fixé. Gardez-le bien en évidence. Posez-vous la question suivante : « Suis-je en train d'accomplir ce que je veux ? » Imaginons que vous vouliez mettre en marché vos idées de produits géniales avec l'objectif d'en tirer des profits. Mais vous perdez tout votre argent à investir dans des idées qui ne fonctionnent pas. Pour arrêter cette roue d'échecs successifs, vous devrez vous poser la question suivante : « Qu'est-ce que je ne vois pas ? » Il faut revoir votre stratégie.

Ou bien peut-être avez-vous nouvellement acquis une propriété. Vous et votre conjoint êtes de bons nageurs et vous voulez faire construire une piscine – et vite. Votre plan : embaucher l'entrepreneur qui vous promet de réaliser les travaux dans les délais les plus courts. Cette stratégie pourra-t-elle vraisemblablement répondre à vos objectifs ? En visant d'abord la vitesse d'exécution et en écartant d'autres critères comme la fiabilité et la qualité de construction, il est possible que vous vous retrouviez avec des problèmes.

Imaginons que vous soyez divorcé et que votre objectif soit de vous remarier avec quelqu'un de qui vous êtes follement amoureux. Vous souhaitez ne pas refaire les mêmes erreurs que dans votre première union, prouver que vous êtes capable d'entretenir une relation durable. Si c'est le cas, vous devrez changer d'objectif. Il y a quantité de bonnes raisons de vouloir se remarier, mais tenter de prouver de votre ex avait tort en affirmant que « personne ne peut vive avec toi » n'en est pas une. Pourquoi se précipiter au pied de l'autel ? Vous devez vous assurer que cette personne vous convient.

Étape 2. Séparer les faits de la fiction

Prenez vos décisions en fonction des faits réels indéniables, et non de faits fictifs. Voici quelques exemples :

Votre version : Cet entrepreneur peut construire une piscine en cinq mois, soit en moins de la moitié du temps que prendraient les trois autres soumissionnaires. C'est tout ce que j'ai besoin de savoir. Je ferai ce qu'il faut pour obtenir ma piscine le plus rapidement possible. Je l'engage.

La réalité : Comment se fait-il que cet entrepreneur puisse livrer la marchandise si rapidement, comparativement aux autres ? Son équipe est-elle plus nombreuse ? Vous devez savoir ce qu'il fait différemment des autres concurrents et vérifier ses références pour vous assurer qu'il est fiable. Vous déboursez beaucoup d'argent en avances. Vous ne voulez pas vous retrouver avec des promesses non tenues, des ennuis juridiques ou même avec pas de piscine du tout.

Votre version : Mon conjoint vient de mourir et je souhaite vendre ma maison. Maintenant que je suis veuve, je n'ai plus les moyens d'y vivre (ou maintenant que je suis veuf, je ne peux plus faire face à son entretien).

La réalité : Vendre la maison est peut-être la pire décision que vous puissiez prendre. Vous abandonnerez le confort d'un environnement familier au moment même où vous en avez le plus besoin. La maison est peut-être déjà payée depuis longtemps, et n'importe quelle autre acquisition pourrait vous coûter plus cher. Ne sous-estimez pas les options qui s'offrent à vous, et ne vous sous-estimez pas vous-même. Prenez votre temps et reportez cette décision jusqu'à ce que vos esprits soient plus clairs et que vous puissiez prendre une décision plus rationnelle (et non sous le coup de l'émotion).

Étape 3. Reconnaître les blocages émotifs et les faire disparaître

Prenez garde de ne pas précipiter une décision à cause d'un sentiment de supériorité ou de tout autre blocage qui pourrait vous induire en erreur. Voici quelques exemples :

Impatience

S'il vous faut ce condo ou cette voiture *tout de suite*, vous risquez de vous mettre dans le pétrin. C'est vrai, il est difficile d'attendre quand on veut vraiment quelque chose, mais il faut prendre le temps de faire vos vérifications. Soyez attentif aux signaux d'alarme qui vous disent «Attends une minute. Il y a quelque chose qui cloche là-dedans.» Si vous ressentez un léger doute vous tenailler l'estomac, ne le taisez pas.

Conclusions hâtives

Reconnaissez qu'il existe plusieurs manières valables d'interpréter un comportement, et votre lecture n'est pas forcément la plus juste. Nous pouvons tous être d'accord sur la nature du comportement de quelqu'un, sans forcément s'entendre sur le *sens* de ce comportement.

Perceptions égoïstes

Si vous mettez votre dernier fiasco sur le dos de la malchance, vous courez le risque de répéter la même erreur. Si vous avez perdu la totalité (encore une fois) de votre investissement parce que vous avez omis de procéder aux tests de produits et aux recherches de mise en marché appropriés, le mauvais sort n'y est pour rien.

Perte

La zone d'écueil *Être submergé par les émotions* représente une menace particulière à l'occasion d'une perte importante, comme un divorce ou le décès d'une personne chère, par exemple. La douleur de la perte obscurcit le regard, et c'est pourquoi bien des gens conseillent de ne prendre aucune décision importante avant qu'une année se soit écoulée. On se sent plus fragile, on a moins confiance en soi ou en ses capacités, on a l'impression d'être moins attirant et moins capable qu'on ne l'est vraiment.

Raisonnement égocentrique

Il est certainement tout à votre honneur de suivre votre instinct, surtout lorsqu'il vous a donné raison par le passé. Mais si, de manière générale, ce n'est pas le cas, l'instinct est la pire chose à laquelle se fier pour effectuer une étude de marché. Vous vous leurrez si vous vous dites des choses du genre : « Mon étude de marché, c'est moi et c'est tout ce dont j'ai besoin. Je crois que c'est une bonne idée. »

Étape 4. Solliciter des conseils ou des commentaires pour favoriser un changement positif

Si vous êtes submergé par une émotion, il vous est impossible de voir à quel point vous êtes handicapé. Il vous faut absolument prendre conscience de la réalité. Après une perte, tentez d'obtenir les conseils d'amis ou de membres de la famille – de même que ceux de votre avocat et de votre comptable – avant de prendre une décision importante. Si vous avez un projet ou l'idée de partir en affaires et que l'aventure vous emballe, écoutez vos amis lorsqu'ils vous demandent : « Comment sais-tu que ce projet va décoller ? », et prêtez attention aux objections qu'ils pourraient vous formuler. Quand des membres de votre parenté secouent la tête en disant : « C'est de la folie », soyez attentif. Tentez de réaliser ses rêves est une bonne chose, mais seulement si la chose peut se faire concrètement.

Tournez-vous vers vous-même comme source d'information. Posez-vous la question : « Qu'est-ce que je conseillerais à un ami s'il décidait de faire construire une piscine (ou d'ouvrir un restaurant) ? » Observez aussi votre expérience passée. Si vos idées n'ont pas porté fruit avant, qu'est-ce qui vous permet de croire que ce serait le cas maintenant ?

Étape 5. Agir dans son meilleur intérêt

Reconnaissez les conséquences découlant de votre comportement

Quand vous êtes dans la zone d'écueil *Être submergé par ses émotions*, vous ne pouvez pas voir le résultat potentiel de votre geste ou de votre décision. Êtes-vous prêt à perdre votre emploi ou à faire faillite, ou même à aller en prison ?

Examinez les inconvénients d'une décision

Il est facile de voir les avantages d'une mesure qu'on entreprend, mais ce sont sur les désavantages que les gens ont tendance à fermer les yeux. Avant de passer votre colère à un client dans une lettre, pensez-y bien. Voulez-vous réellement couper les ponts alors que vous allez peut-être vouloir travailler de nouveau avec ce client? Peut-être vaudrait-il mieux mettre cette lettre au panier. Pour vous aider à peser le pour et le contre d'une décision que vous pourriez regretter plus tard, donnez-vous le temps de «dormir dessus». C'est cliché, mais ça marche. On ne voit *vraiment* pas les choses de la même manière le matin.

Comprenez que vous êtes plus efficace quand vous êtes calme

Souvent vous ne comprenez pas que le fait de réagir fortement sur le plan émotif vous enlève des chances d'atteindre votre objectif. Si vous voulez convaincre un agent de police de ne pas vous donner de contravention, vous croyez peut-être que le fait d'être enragé va l'intimider, mais c'est en fait le plus sûr moyen d'avoir à la payer. Dans les magazines de voyage, on nous dit que vilipender l'employé derrière le comptoir de la compagnie aérienne, quand on rate son avion, est habituellement loin d'être le meilleur moyen d'avoir une place dans le prochain. Il vaut beaucoup mieux rester calme.

Sachez quelles sont vos vulnérabilités à cette étape-ci de votre vie

Quelles sont les circonstances qui ont tendance à provoquer un trop plein d'émotions chez vous? Il est important de le savoir, car les sentiments qui prennent beaucoup de place en vous déforment votre capacité à absorber de nouvelles informations et à porter des jugements sains. Avez-vous peur de rester seul? L'insécurité d'avoir à vivre seul pourrait vous empêcher de faire le bon choix après un échec amoureux. Au lieu de vous lier immédiatement à quelqu'un, vous devez pouvoir être capable d'attendre de mieux connaître cette personne. Tournez-vous vers un cercle d'amis quand vous souffrez de la solitude; cela vous aidera à tolérer la vie en solo.

Le besoin d'être un objet d'adoration est aussi une vulnérabilité qui risque de vous mettre dans le pétrin. Si vous recherchez des gens qui tomberont follement amoureux de vous, il est plus probable que vous tombiez sur des personnes dépendantes qui ne vous conviennent pas.

Avez-vous toujours tendance à prendre des décisions sur un coup de tête? Soyez conscient de ce schéma de comportement chez vous. N'hésitez pas à vous dire à vous-même: «Halte-là!» Quand vous magasinez en vue d'un achat important, gardez bien à l'esprit le rôle que cette chose doit jouer dans votre vie par rapport à vos besoins réels, plutôt que de tomber sous le charme des accessoires accrocheurs. Au moment de faire l'acquisition d'un nouvel ordinateur, par exemple, il est facile de se laisser distraire par des éléments que vous ne comprenez même pas et que vous n'utiliserez pas de toute façon. Si vous vivez un deuil, rappelez-vous que très peu de décisions doivent être prises *dans l'immédiat*.

Ne taisez pas vos émotions

Avoir peur des émotions peut devenir une zone d'écueil tout aussi puissante et causer autant de tort que le fait d'être submergé par elles. Certains sentiments, comme la tendresse ou l'amour, n'ont pas voix au chapitre, tandis que vous en laissez d'autres s'exprimer, comme la colère et la violence. Ou peut-être évitez-vous carrément d'exprimer toute forme d'émotion quelle qu'elle soit, en vous disant: «On prend de mauvaises décisions quand on laisse les émotions prendre le dessus dans la vie.» Mais cette suppression des émotions a un prix. Il n'est pas possible d'être proche des gens si on n'exprime pas ce que l'on ressent. Pour avoir la paix et ne rien bouger, alors votre partenaire amoureux aimerait discuter d'un problème dans votre couple, vous dites: «Tu as tout gâché. Tout allait bien jusqu'à ce que tu parles de cela.» Conséquence: vous ne parlez jamais de vos problèmes. Mais les problèmes ne disparaissent pas. Ils continuent de couver et de prendre de l'ampleur. Il vous faut apprendre à composer avec vos émotions autrement qu'en les évitant. Une approche thérapeutique pourrait vous être utile.

Cas typique de *Être submergé par les émotions*

Quand la zone *Être submergé par les émotions* vous empêche de fonctionner et qu'elle vous rend impatient, comme c'est souvent le cas, vous courez le risque de prendre des décisions financières ou autres, susceptibles de vous bousiller la vie. L'histoire de Gilles en est un exemple éloquent.

Gilles était marié depuis quinze ans quand il tomba amoureux d'une autre femme, Karen. Il prit la décision de parler à sa femme de sa liaison avec elle. Sa femme réagit en le jetant dehors et en entamant sur-le-champ des procédures de divorce.

C'était une chose avec laquelle Gilles était d'accord. Il souhaitait divorcer à tout prix, tout autant qu'elle. Il fit promptement ses bagages et déménagea chez Karen. C'était ainsi que les choses se passaient dans la vie de Gilles depuis qu'il était adulte. Quand il voyait qu'il était amoureux d'une nouvelle flamme, il était toujours prêt à balancer jusqu'au moindre souvenir de l'autre – peu importe les conséquences. Et maintenant Gilles voulait faire disparaître sa femme de sa vie et épouser Karen aussi vite que possible. Mais ce n'était pas ainsi que l'avocat de Gilles voyait les choses.

« Si vous tentez de faire accélérer les procédures de divorce, vous allez devoir payer une fortune », avisa l'avocat. « Votre épouse est déjà très peu conciliante. Si son procureur sent que vous êtes pressé, nous perdrons notre pouvoir de négociation. Vous et Karen devriez simplement vivre ensemble pour le moment et laissez les choses se placer. Une fois les conditions du divorce établies, il y aura tout le temps de célébrer le mariage. »

Mais Gilles ne pouvait attendre. Il voulait finaliser le divorce immédiatement, peu importe le coût. « D'accord, c'est vous le patron », avait concédé l'avocat avec frustration.

« En effet, c'est moi le patron », avait répliqué Gilles, irrité. « C'est de ma vie qu'il s'agit, et c'est mon choix ».

Gilles obtint rapidement le divorce, et épousa Karen immédiatement. Mais il perdit pratiquement tout dans le règlement financier, y compris sa maison et toutes ses économies d'une vie.

Aujourd'hui, Gilles admet que son avocat avait eu raison de ne pas vouloir précipiter les négociations. Il avait épousé la femme qu'il voulait, mais le couple était aux prises avec des difficultés financières, chose qui aurait pu être évitée s'il avait fait preuve d'un peu plus de patience.

Les réactions émotives de Gilles l'ont conduit à des pertes financières considérables. Comme bien des gens, son anxiété l'avait rendu impulsif. Pour soulager son anxiété, il s'était précipité dans l'action. Il était incapable de supporter les conseils de son avocat (malgré leur justesse évidente) qui lui demandait de prendre son temps et de bien réfléchir aux conséquences de son geste.

Apprendre à gérer plus efficacement ses émotions

Quand vous vous sentez traumatisé, passionné ou terrorisé au point de ne plus pouvoir réfléchir correctement, vous n'êtes plus en mesure de prendre des décisions importantes. Mais vous pouvez apprendre à gérer vos émotions avec plus d'efficacité. Le premier pas à franchir pour retrouver la maîtrise de vos émotions, c'est de prendre conscience que «je suis en train de refaire la même chose».

CHAPITRE 14

Huitième zone d'écueil : Choisir le mauvais moment

Une pierre lancée au bon moment vaut mieux que de l'or donné au mauvais moment.

PROVERBE PERSAN

Pour savoir si vous êtes dans la zone d'écueil *Choisir le mauvais moment*, notez chacun des énoncés suivants, comme suit :

1 = pas d'accord la plupart du temps
2 = pas d'accord à l'occasion
3 = d'accord et pas d'accord à peu près également
4 = d'accord à l'occasion
5 = d'accord la plupart du temps

- Il m'arrive souvent d'amorcer des discussions au mauvais moment.
- Je fais trop souvent preuve de témérité.
- J'ai très souvent laissé passer de bonnes occasions.

- J'abandonne une relation ou une idée trop tôt, ou bien je m'y accroche pendant trop longtemps.
- J'ai de la difficulté à adapter mon comportement aux nouvelles situations.

Signification du total obtenu :
20-25 points :
Vous avez de graves problèmes avec la zone d'écueil *Choisir le mauvais moment*.

15-19 points :
Vous avez quelques problèmes importants à certains égards.

8-14 points :
Vous devez faire preuve de vigilance à certains égards.

7 points ou moins :
Vous n'avez que peu ou pas de problèmes avec la zone d'écueil *Choisir le mauvais moment*.

Un total de plus de 7 points signifie que vous ne savez pas choisir le bon moment pour faire les choses.

Comprendre cette zone d'écueil

La zone d'écueil *Choisir le mauvais moment*, c'est-à-dire prendre des décisions à des moments inopportuns, représente bien plus que le simple fait d'être à la mauvaise place au mauvais moment. Lorsque vous vous trouvez dans cette zone, vous ne reconnaissez pas l'importance de faire chaque chose (ou presque) au bon moment. Elle vous bloque dans votre faculté de prévoir avec précision le déroulement probable des événements, qu'il s'agisse de savoir si cette nouvelle personne pourrait devenir votre fiancée, si cet investissement est en mesure de générer un bon rendement, ou si vous allez obtenir l'augmentation de salaire à laquelle vous vous attendez. Vous n'êtes pas capable d'évaluer correctement les probabilités d'une issue favorable. Du coup, vous agissez de manière trop précipitée, alors que la prudence serait de mise, ou bien trop tard ou pas du tout, et vous manquez le coche. Ou bien vous choisissez le mauvais moment pour soulever une question potentiellement épineuse avec votre partenaire ou votre patron, réduisant ainsi vos chances que votre interlocuteur vous accorde ce que vous voulez. Quelle que soit la situation, vous jouez mal votre jeu.

Pour pouvoir fonctionner de manière optimale dans la vie, vous devez être capable d'évaluer les chances de réussite d'une entreprise, quelle qu'elle soit. Cette évaluation constitue un élément crucial du processus de prise de décision. Quand vous êtes dans la zone *Choisir le mauvais moment*, vous passez outre à cette importante étape. Vous vous lancez dans des entreprises sans envisager les conséquences possibles, ou vous ratez des occasions intéressantes, ou vous demeurez inextricablement coincé dans des situations qui vous font du tort. Devriez-vous conserver votre partenaire amoureux (ou votre emploi) ou devriez-vous le quitter? Devriez-vous vous lancer en affaires, ou choisir votre heure? Nous avons tous à faire face à ce genre de questions dans la vie. La zone d'écueil *Choisir le mauvais moment* accroît vos risques de prendre une mauvaise décision. Par exemple, vous décidez d'embaucher un nouvel employé pour faire la tenue de comptes au beau milieu de la période de l'impôt. C'est vrai, l'employé en place doit partir, mais est-ce bien intelligent d'engager quelqu'un de nouveau *maintenant*? Autre exemple: vous choisissez de quitter votre emploi avant d'entamer vos démarches pour en trouver un nouveau, plutôt que de faire des recherches pendant que vous êtes encore en poste. Vous découvrez alors que, pour bien des entreprises, vous êtes un meilleur candidat quand vous avez un emploi que lorsque vous êtes au chômage. C'est aussi une bonne chose de pouvoir recevoir un chèque de paie pendant que vous faites vos démarches.

Les dangers associés à cette zone d'écueil

Cette zone d'écueil présente des dangers parce qu'elle vous empêche d'utiliser votre intelligence pour prévoir les choses. Elle vous décourage dans votre volonté de faire valoir vos intérêts et d'établir des moyens de vous protéger. Quand les circonstances ne sont pas celles auxquelles vous vous attendiez, il vous est impossible, à cause de cette zone d'écueil, de modifier votre comportement pour composer avec la nouvelle réalité. Il est important pour votre bien-être de savoir à quel moment une relation ne va plus nulle part et quand il est temps de partir et de poursuivre votre route. Il est primordial que vous puissiez reconnaître à quel moment les chances de réussite d'un projet ne sont plus en votre faveur; vous devez alors y mettre fin. Si vous êtes dans la zone *Choisir le mauvais moment*, vous ne pouvez envisager aucune de ces options.

Cette zone est celle qui vous empêche de voir que l'entreprise où vous travaillez est en train de couler. Vous ne voyez pas les signes qui vous indiquent que vous êtes à bord du *Titanic*. Après tout, comment une entreprise d'aussi grande envergure pourrait-elle faire faillite? Il est clair pour tout le monde que c'est ce qui est en train de se produire; à preuve, on n'entrepose plus de papier hygiénique dans les toilettes. Et pourtant, vous êtes aveugle aux signes qui démontrent que tout ne tourne pas rond, et qu'il est temps de chercher un nouvel emploi. Quand on finit par vous remercier de vos services, vous n'en revenez pas. Si vous aviez établi un réseau de contacts et communiqué avec une agence de recrutement de cadres plus tôt, un nouvel emploi vous attendrait – et votre sentiment d'être une victime n'aurait pas été si fort. C'est cette même incapacité à voir les signes avant-coureurs et à faire face aux problèmes pendant que c'est encore possible qui mène à l'échec des mariages et qui compromet les projets de retraite. Si vous voulez vivre une retraite confortable, il faut prévoir, épargner et investir pendant que vous êtes dans la trentaine et dans la quarantaine. Si vous attendez la cinquantaine, vous serez probablement pris de court.

Ce qui se cache derrière cette zone d'écueil

Ce qui fait obstacle à une décision prise au bon moment, ce sont le manque de vision et l'incapacité à s'assurer d'un avenir sûr et à retarder les gratifications. Plus votre vision est claire, plus vous serez en mesure de faire des choix au bon moment et à tirer profit des occasions qui se présentent à vous. C'est en ayant de la vision que vous pouvez vous repositionner quand les événements prennent une tournure imprévue.

Dans le film *Chez les Heureux du Monde*, d'après le roman d'Edith Wharton, le manque de vision entraîne la destruction d'une vie. Lily, une jeune femme célibataire et indépendante, se voit aux prises avec l'étroitesse d'esprit d'une société où l'on n'accorde guère d'options aux femmes comme elle. Déterminée à se marier par amour, Lily refuse la demande d'un homme fortuné disposé à prendre en charge ses problèmes financiers grandissants. Ses difficultés s'accentuant de plus en plus, elle finit par accepter l'idée de compromettre ses principes, mais il est trop tard, l'homme fortuné s'est désintéressé d'elle. À mesure que sa situation se détériore, Lily se voit malgré tout offrir d'autres possibilités de régler ses problèmes, mais chaque fois elle refuse de faire le compromis inévitable qui est exigé d'elle. En fin de compte, personne ne veut plus d'elle.

On ne peut pas changer d'attitude et composer avec le changement quand on n'accepte de faire aucun compromis. Il faut parfois faire des concessions si l'on veut atteindre, au moins en partie, ce que l'on souhaite. La rigidité et l'obstination mènent à l'autodestruction. Dans le cas de Lily, la zone d'écueil *Ne pas savoir comment vous êtes perçu* (voir le chapitre 10) eut également un rôle à jouer. En effet, elle surestimait ses charmes par rapport à ce qu'elle dégageait vraiment.

Éléments clés

Voici quelques caractéristiques de la zone d'écueil *Choisir le mauvais moment* :

Aversion du risque

L'aversion du risque vous empêche de saisir les bonnes occasions. Vous avez peur de prendre un risque, même lorsque les chances sont de votre côté. Par exemple, quand un voisin met sa spacieuse maison en vente à un prix plus que raisonnable, vous trouvez un prétexte pour ne pas saisir l'occasion, même si votre famille aurait bien besoin de plus d'espace et que la propriété a toutes les chances de s'apprécier avec le temps. Vous rejetez même les meilleures options de financement. L'idée d'avoir à verser des mensualités d'hypothèque vous dérange, ou bien vous n'avez pas suffisamment confiance en vous-même pour prendre une décision sensée.

Incapacité de voir les conséquences

Cette zone d'écueil vous empêche de considérer les bons comme les moins bons côtés d'une décision prise à un certain moment. Imaginez que vous soyez en train de préparer une soumission en vue d'un important projet et que vous soupçonniez un employé de passer de l'information en douce à un soumissionnaire compétiteur. Quand vous discutez de vos soupçons avec votre partenaire, on vous conseille « d'attendre et de voir » avant de confronter la personne. Mais au lieu de cela, vous vous dites : « À quoi bon remettre à plus tard » et vous congédiez la personne. Un autre employé important, un ami de celui que vous suspectiez, quitte bientôt l'entreprise, et tous les deux se joignent à une organisation rivale qui finit par obtenir le contrat d'une valeur de plusieurs millions de dollars. En croyant qu'il était « plus simple d'aller de l'avant et de passer à l'action », vous avez fait en sorte d'obtenir exactement ce que vous vouliez éviter. Si vous aviez considéré les choses autrement, et attendu jusqu'à ce que la date de soumission soit passée avant d'agir, vous auriez peut-être obtenu le contrat. Seul, sans son ami, l'employé n'aurait pas réussi à faire beaucoup de tort.

Perceptions égoïstes

Vous attribuez vos échecs à la malchance, et cela vous empêche d'examiner quelles ont été vos erreurs et d'éviter de les reproduire. Quand vous passez à côté d'une excellente occasion de vous associer à une autre firme, vous justifiez votre raisonnement en disant que le jeu n'en valait pas la chandelle ou que l'affaire n'était pas si profitable. Vous ne voyez toujours pas ce qui se passe en réalité, c'est-à-dire que vous êtes immobilisé par votre refus de prendre des risques.

Comment vaincre *Choisir le mauvais moment*

Personne ne peut toujours avoir raison. Mais vous pouvez accroître vos chances de parvenir à des résultats positifs en développant la capacité à bien saisir les occasions qui se présentent. Vous pouvez vous positionner de telle sorte que vous suscitiez les issues favorables, en évaluant avec un certain degré d'exactitude le meilleur moment pour agir (ou *ne pas* agir). Les cinq étapes de la Méthode infaillible ci-après vous indiquent comment procéder :

Étape 1. Se concentrer sur l'objectif que l'on veut atteindre

Sachez quel est votre but
Ne vous laissez pas distraire. Votre but est-il de posséder votre propre maison ? Y êtes-vous parvenu ? Si vous êtes toujours locataire alors même que vous avez les moyens d'acheter, vous devez revoir vos plans. Passer à côté d'occasions intéressantes parce que vous attendez le moment parfait pour acheter ne vous conduira pas là où vous voulez vous rendre. Le moment idéal ne se présentera jamais.

Peut-être votre but est-il d'obtenir une augmentation de salaire. Si vous l'avez demandée, mais qu'on vous l'a refusée – ou que vous avez obtenu moins que ce à quoi vous vous attendiez – vous devez examiner les raisons qui ont fait que vous n'avez pas atteint votre objectif. Ce n'est pas seulement la manière dont vous discutez d'un sujet épineux avec votre patron qui fait la différence, mais aussi le *moment* où vous lui en parlez. Si vous avez fait votre petit boniment alors qu'il venait tout juste d'essuyer lui-même un refus pour une promotion, ou que le projet qu'il chérissait a été rejeté, vous vous mettez dans une position désavantageuse. Vous réduisez vos chances d'obtenir un appui enthousiaste de sa part.

Ou alors peut-être aspirez-vous à vous marier, sans toutefois jamais avoir vu l'ombre de ce jour arriver. Trois fois, au fil des ans, vous avez été dans une relation sérieuse, et chaque fois vous avez mis fin à la relation au premier désaccord important. Aujourd'hui, vous êtes seul. Ou bien vous modifiez votre but et vous vous adaptez à votre état de célibataire, ou bien vous changez de tactique pour obtenir ce que vous voulez.

Étape 2. Séparer les faits de la fiction
Juger du bon moment est un aspect important de la vie. Si vous voulez prendre des décisions judicieuses, examinez les faits plutôt que de justifier vos raisonnements. La vie est remplie d'incertitudes, mais vous pouvez minimiser leur effet en procédant à une analyse minutieuse

Votre version : Je veux réussir dans le monde de la mode, mais je suis trop inexpérimenté pour assister un designer de renom.

Je vais refuser l'offre d'emploi même si ce travail représente tout ce que j'ai toujours voulu faire. Je vais me casser la figure.

Les faits: Cet emploi vous a été proposé après que le designer vous eut rencontré et qu'il eut vu votre travail. De toute évidence il croit que vous pouvez remplir ce poste. Il est naturel d'avoir peur en face d'un défi, mais il est désastreux de laisser le manque de confiance en soi et la peur de l'échec déformer votre jugement. Voilà une occasion comme il s'en présente peu dans une vie. Faites un effort.

Votre version: Cette relation ne peut pas fonctionner si nous nous disputons continuellement à propos d'argent. Nous devrions rompre. Je me tire de là.

Les faits: Il faut beaucoup de travail pour qu'une relation soit solide, et les désaccords surviennent avec les problèmes de territoire. C'est pure fantaisie que de croire que les autres couples n'ont pas de problèmes de temps en temps. Apprenez à négocier et à composer avec vos différences au lieu de toujours rompre et fuir.

Votre version: Si j'achète cette maison, quelque chose de grave va peut-être se produire. Et si je perdais mon emploi et que je n'étais plus en mesure de payer l'hypothèque? Je vais tout perdre.

Les faits: Vous avez un emploi stable, et vous avez les moyens de payer l'hypothèque. Le prix est bon. Prendre un risque, c'est admettre la possibilité de perdre quelque chose. L'immobilier n'est pas toujours un bon investissement. Mais si vous ne prenez jamais de risque, même quand les chances sont de votre côté, la vie sera sans doute morne.

Étape 3. Reconnaître les blocages émotifs et les faire disparaître

On cherche ici à prendre des décisions mûrement réfléchies plutôt que de faire des jugements irréfléchis sous le coup de la peur et des émotions fortes. Pour ce faire, il faut d'abord prendre conscience de ces comportements avant d'être en mesure de gérer cette tendance:

Peur du risque

Pour vous aider à surmonter cette peur, tâchez de soupeser le pour et le contre d'un choix quelconque. Faites l'Inventaire d'évaluation du risque à la page 183. Demandez-vous aussi : « Quelle est la pire chose qui pourrait arriver ? » Si votre cauchemar est d'être ruiné par l'achat d'une maison, sachez que vous allez peut-être effectivement perdre un peu d'argent. Les prix fluctuent à la baisse comme à la hausse. Mais il est fort peu probable qu'une maison bien construite située dans un environnement sécuritaire se révèle un investissement désastreux.

Si vous acceptez un emploi très *glamour* et que vous ne pouvez soutenir la pression, la pire chose qui pourrait vous arriver, c'est d'être congédié. Et même si cela arrivait, vous pourriez revenir à un emploi similaire à celui que vous aviez avant, et bénéficier de toute l'expérience ainsi acquise. Vous n'avez vraiment pas grand-chose à perdre.

Perceptions égoïstes

Au lieu d'accuser le destin d'être responsable de vos échecs – ou de vous rassurer vous-même en disant : « J'ai fait tout ce que je pouvais » alors que ce n'est pas vrai – tâchez d'assumer la responsabilité de vos erreurs. Admettez que vous faites une erreur de jugement quand vous ne savez pas voir ce qu'il y a devant vous, quand vous passez à côté de la meilleure solution possible, ou que vous misez trop grand pour ce que vous pouvez vous permettre. Si votre première impulsion consiste à fuir quand des difficultés se présentent, vous vous concentrerez sur les aspects moins intéressants de la relation amoureuse. Obligez-vous à réfléchir : pensez aux bonnes raisons qui vous poussent à rester ensemble et considérez-les sérieusement. Laisser tomber une relation prometteuse à la première difficulté est tout aussi destructeur que de rester accroché quand la situation est sans issue.

Posez-vous la question suivante : « Quelles leçons ai-je tirées de cette expérience ? » Votre partenaire vous a peut-être quitté(e). Vous pourriez dire : « Quelle vache ! » ou « Quel chien ! » et vous contenter de blâmer l'autre personne de l'échec de votre mariage. Vous pourriez même en rajouter et dire : « Je n'ai rien à me reprocher. » Mais une fois la douleur passée, si vous changez votre comportement, vous serez peut-être un meilleur partenaire dans la prochaine relation.

Étape 4. Solliciter des conseils ou des commentaires pour favoriser un changement positif

Quand ne pas choisir le bon moment devient une véritable plaie dans votre existence, il vous faut de l'aide pour apprendre à juger si vos objectifs ou vos actions sont réalistes ou non.

Soyez attentif aux perceptions erronées

Vos perceptions sont-elles de mauvais guides ? Réfléchir objectivement et acquérir une nouvelle perspective en faisant appel à une source extérieure peut vous éclairer pour savoir ce qui se passe vraiment. Parlez à des gens qui vous connaissent ou qui connaissent votre situation ; ils vous aideront à vous former une image plus réaliste.

Si vous êtes impatient ou si vous avez peur de prendre des risques, prenez bien soin d'écouter ce qu'on vous dit

Soyez attentif quand vos associés ou vos amis vous suggèrent la prudence et d'attendre la suite des choses. Écoutez votre partenaire ou votre sœur lorsqu'elles ne cessent de vous dire que vous ratez de bonnes occasions. Rappelez-vous que les autres sont souvent plus objectifs que vous.

Étape 5. Agir dans son meilleur intérêt

L'art de choisir le bon moment n'est pas seulement une question de chance ; c'est aussi savoir penser à l'avance aux conséquences possibles et agir de manière réfléchie en se fondant sur les faits chaque fois que vous avez à prendre une décision importante. Observez tout ce que vous faites ou ne faites pas en prenant en considération le temps ; vous réduirez ainsi les surprises déplaisantes. Vous ne possédez pas de boule de cristal, mais vous pouvez probablement augmenter vos chances de succès.

Évitez de vous consumer de regrets

Même s'il est normal d'avoir des regrets, il ne sert à rien de les ressasser. Ils ne vous aideront pas à vous sentir mieux, et vos constantes jérémiades risquent de faire fuir les gens. Tout le monde doit pouvoir prendre le temps qu'il faut pour faire le deuil d'une personne chère ou d'une perte matérielle importante. Par contre, il arrive un moment où vous devez assumer ce que vous auriez pu faire ou dû faire, faire la paix et vous pardonner.

Sachez reconnaître une deuxième chance

Il se peut que vous n'ayez pas su saisir la chance quand elle se présentait et qu'il soit trop tard pour sauver une relation avec une personne, ou bien pour profiter d'un investissement. Mais il y aura toujours d'autres personnes et d'autres occasions. Il vous faudra toutefois reconnaître les schémas de comportement qui vous ont nui dans le passé et les modifier.

Peut-être, par exemple, avez-vous fait de votre travail une priorité pendant une bonne partie de votre vie, sans jamais vous dire: «Attends une minute. Suis-je en train de passer à côté d'expériences qui sont très importantes pour moi?» Puis, vous apprenez la mort d'un ami cher, ce qui vous pousse à réexaminer votre propre vie. C'est une bonne chose d'évaluer ses priorités lorsqu'un tel événement se produit. Quand vous recevez une invitation à un événement quelconque, demandez-vous «Ces gens sont-ils importants pour moi?» et «S'agit-il d'une occasion importante?». Si la réponse est oui, la prochaine question est «Que suis-je prêt à abandonner pour y aller?». Pour pouvoir aller au cinquantième anniversaire de naissance d'un ami, il se peut que vous choisissiez de travailler plus tard la semaine précédente (ou suivante) – et de couper dans vos heures de sommeil. S'il ne s'agit pas d'un proche aussi intime, vous pourriez décider de transmettre vos regrets et d'envoyer un cadeau. Établir des objectifs et des priorités vous garde sur le bon chemin. Il est bel et bien possible de faire des choix.

Sachez quand il faut partir

Vous savez qu'il est temps de quitter un partenaire, un emploi ou un projet quand le prix à payer dépasse les bénéfices que vous retirez. S'il vous arrive beaucoup plus souvent d'être malheureux qu'heureux avec une personne (ce qui est une question de perspective) ou que les avantages de vous lancer en affaires l'emportent sur les risques associés à votre départ de l'entreprise où vous travaillez, il est temps de partir. D'un autre côté, votre décision pourrait vouloir dire autre chose dans quelques années. Sachez ce qui est le plus important pour vous au moment où vous prenez votre décision.

Reconnaître une croisée des chemins

Il est important de reconnaître que la zone d'écueil *Choisir le mauvais moment* se manifeste couramment quand une personne se trouve à une croisée des chemins dans sa vie, c'est-à-dire lorsqu'une nouvelle situation requiert de nouvelles façons d'agir. Si vous venez d'obtenir une importante promotion, vous ne pouvez plus adopter le même genre de comportement maintenant que vous avez davantage de responsabilités et que votre rôle auprès d'anciens collègues de travail a changé. Votre travail vous présentera plus de défis et vous devrez peut-être acquérir de nouvelles habiletés, y compris apprendre l'art de la négociation dans l'établissement de vos liens politiques et sociaux. Vous aurez peut-être à exercer votre autorité sur des personnes qui étaient auparavant vos pairs. À cause de votre plus grande réussite, vous deviendrez peut-être la cible des envieux; ceux qui vous appuyaient autrefois deviendront peut-être vos adversaires. Reconnaissez ces changements et ajustez-vous pour pouvoir vous protéger.

Une fois les enfants partis de la maison, prenez garde aux attentes irréalistes qui pourraient se former, à savoir que votre relation de couple s'épanouira automatiquement sans que vous ayez à faire quoi que ce soit. Sachez vous adapter si vous voulez soutenir votre union. Le syndrome du nid vide vous indique que vous entrez dans une nouvelle période de votre vie. C'est le moment où la vie à deux se retrouve à nouveau au centre des préoccupations. Il est important de renégocier votre relation avec votre partenaire maintenant que vous êtes moins engagés dans votre rôle de parents. Travailler ensemble à redevenir un couple vous permettra d'éviter bien des problèmes.

Attendez le bon moment

Choisir le mauvais moment entraîne des difficultés à vivre certains aspects banals mais importants du quotidien. Vos discussions avec votre conjoint sur des sujets aussi importants que les enfants, le travail ou l'argent seront probablement plus fructueuses si vous les planifiez avec soin, en tenant compte des petites habitudes et des rythmes biologiques de chacun. Si vous parlez à votre conjoint de votre idée de déménager dans un logement plus grand avant qu'il n'ait pris son premier café, vous vous buterez peut-être à une réaction négative. Certains d'entre nous ne veulent jamais entreprendre quelque discussion que ce soit à l'heure du petit-déjeuner. D'autres ont besoin de changer de vêtements et de se détendre en revenant du travail. Parfois, le meilleur moment pour entamer une discussion est pendant le week-end. L'important, c'est de mettre toutes les chances de votre côté si vous voulez obtenir quelque chose (et éviter les conflits inutiles) en choisissant bien votre moment.

Cas typique de *Choisir le mauvais moment*

La zone d'écueil *Choisir le mauvais moment* se manifeste dans toutes sortes de situations et de toutes sortes de manières. Un exemple parmi tant d'autres est illustré par l'histoire de Kurt et Marsha, deux conjoints qui se sont retrouvés au moment de la retraite non préparés aux ajustements qui surviennent dans le couple. Il arrive qu'à cette étape de la vie conjugale, les différences entre les conjoints déstabilisent la relation. Hommes et femmes suivent des trajectoires souvent très différentes au cours de leur vie professionnelle. Il arrive que les hommes soient prêts à prendre leur retraite au moment où leurs épouses, qui ont commencé plus tard leur vie professionnelle, sont au sommet de leur carrière, ou bien ont des champs d'intérêt auxquels elles souhaitent continuer à se consacrer.

Kurt était entrepreneur. Ses moyens financiers lui permirent de réaliser son rêve, celui de prendre sa retraite à cinquante ans et de voyager. Lui et son épouse, Marsha, qui s'était occupé des enfants à la maison, décidèrent donc de déménager au Vermont, où ils firent l'acquisition d'une librairie de livres anciens.

Marsha se découvrit une passion pour ce nouveau commerce, prenant la chose très au sérieux. Elle aimait la vente, parler avec les clients et faire l'acquisition des livres. Pour Kurt, toutefois, ce commerce n'était qu'un passe-temps. Il voulait voyager, mais Marsha refusait de s'absenter du magasin pendant plus d'une semaine. Pendant nos rencontres en thérapie, il devint clair que le travail n'avait pas la même signification pour l'un que pour l'autre. Kurt avait atteint les objectifs qu'il s'était fixés, alors que ce n'était pas le cas pour Marsha. Elle croyait qu'il partagerait son enthousiasme pour la librairie, et de son côté il croyait qu'elle serait contente de profiter de la retraite. Mais, comme beaucoup de couples mariés, ils n'avaient jamais discuté entre eux de ce genre de choses.

Nous leur avons expliqué qu'aucun des deux ne semblait savoir comment envisager une répartition équitable entre les voyages et l'exploitation du commerce, et que le moment même où tout cela se passait était un facteur important dans leur différend. Il leur fallait négocier leurs différences en procédant en trois étapes.

Premièrement, il leur fallait clarifier leurs attentes. Pour Kurt, la librairie devait rester principalement un passe-temps et ne pas faire obstacle aux projets de voyage. Pour Marsha, s'investir activement dans le commerce s'avérait une expérience enrichissante, et elle avait des projets de croissance pour la librairie.

Ensuite, il leur fallait éliminer de leurs discussions tout jugement de valeur et cesser de rejeter le blâme sur l'autre. «Comment peux-tu être aussi égoïste et refuser de partir avec moi faire de longs voyages, après toutes ces années de dur labeur passées à te soutenir, toi et les enfants?», s'exclamait Kurt. Marsha, de son côté, avait répliqué: «Tu es tellement centré sur toi-même. Je suis restée à la maison pour les enfants et maintenant c'est à mon tour de voir ce que je peux réaliser au magasin.» Ce genre de dialogue ne faisait qu'alimenter les disputes et ne permettait pas de trouver une solution au problème.

En fin de compte, il leur fallut faire des concessions. Avec le temps, nous les avons aidés à trouver des compromis acceptables pour tous les deux. Marsha accepta de voyager davantage après avoir compris à quel point cela était important pour son mari. Kurt, quant à lui, participa davantage aux affaires de la librairie et accepta plus volontiers de négocier la durée des voyages. À la fin, tous deux réussirent à obtenir *une partie* de ce qu'ils souhaitaient.

Faire sa propre chance

Vous trouverez toujours un prétexte expliquant pourquoi certains réussissent et pas vous. «C'est la chance qui lui a permis de faire fortune», direz-vous. Ou bien «Je ne suis pas aussi talentueuse qu'elle.» Mais la plupart des gens possèdent bien plus de pouvoir qu'ils ne le croient. L'art de bien choisir son moment, c'est la capacité de bien juger ce qui est dans votre intérêt. Sachez reconnaître les moyens que vous employez pour vous sous-estimer ou vous surestimer vous-même. Soyez à l'affût des comportements destructeurs, mais donnez-vous aussi le crédit que vous méritez pour vos réalisations.

Un chemin d'évolution

CHAPITRE 15

Stratégies pour modifier les schémas de comportement problématiques

L'air est plein de nos cris.
Mais l'habitude est une grande sourdine.

SAMUEL BECKETT

Vous savez maintenant de quelle façon vous y prendre pour comprendre ce que vous faites, reconnaître vos zones d'écueil et faire en sorte qu'elles ne représentent pas un obstacle pour vous. C'est un excellent début, mais il faut faire plus si vous voulez atteindre le plus souvent possible vos objectifs. Nous avons tous, jusqu'à un certain point, des schémas de comportement qui vont à l'encontre de nos intérêts, c'est-à-dire qui sont déclenchés par des zones d'écueil. Modifier ces schémas de comportement vous aidera à appliquer d'une manière encore plus efficace la Méthode infaillible. Nous avons parlé de certains de ces schémas dans les chapitres précédents, tels que surestimer ses capacités ou ne pas tenir compte des signaux qui indiquent que votre mariage ou qu'une nouvelle relation présente de sérieuses difficultés. Il en existe beaucoup d'autres. Même si nous ne pouvons les aborder tous, nous allons en examiner quelques-uns parmi les plus courants et vous indiquer comment les modifier.

Cinq stratégies pour changer

Les schémas de comportement sont des habitudes, une manière d'agir récurrente et souvent inconsciente. Ces habitudes sont profondément installées en nous, et c'est pourquoi elles ne sont pas faciles à changer. Les stratégies qui suivent vous aideront à sortir des zones d'écueil, responsables de l'activation de ces schémas de comportement.

Prenez note de vos propres schémas destructeurs

Observez-vous et tâchez d'améliorer votre capacité à vous examiner vous-même. Exercez-vous à prendre du recul par rapport à vous-même et à observer vos interactions comme si vous regardiez une autre personne sur une vidéo. Que faites-vous ? Que fait l'autre personne ? Que penserait un observateur en voyant ce qui se passe ? Répondre à ces questions vous permettra de voir vos comportements de manière plus objective. À mesure que vous mettrez en pratique la Méthode infaillible, vous constaterez qu'il sera de plus en plus facile de prendre du recul et de vous observer. Soyez également à l'écoute lorsqu'une personne chère vous dit : « Tu es en train de refaire la même chose. »

Examinez le rôle que vous jouez

Reconnaissez votre rôle dans l'apparition des schémas destructeurs, qu'il s'agisse de faire des commentaires provocants qui incitent à la vengeance ou de fuir une situation conflictuelle au lieu d'y faire face. Vous devez d'abord admettre le rôle que vous jouez dans la difficulté en cause avant de pouvoir comprendre vos réactions et les modifier. Si vous vous braquez en vous mettant sur la défensive quand les choses ne se passent pas comme vous l'aviez prévu, vous nourrissez votre comportement. Des déclarations du genre « Je n'ai rien fait de mal » ou « Je n'ai fait que dire ce que je pensais » ne feront *rien* pour vous aider à changer votre comportement.

Ne vous situez pas en victime

Même si une situation n'est qu'en partie votre faute, vous devez vous poser la question suivante : « Qu'aurais-je pu faire différemment ? » Il n'est jamais utile de vous situer en victime, à moins que vous n'ayez littéralement pu vous défendre. L'image qu'on se donne soi-même d'être une victime empêche de réfléchir à des moyens de modifier sa stratégie.

Commencez à réfléchir et à vous comporter différemment

Vous devez modifier votre perception de la situation et la recadrer (c'est-à-dire concevoir la situation d'une manière totalement différente et lui donner un nouveau sens). Recherchez les situations hors de l'ordinaire où votre schéma de comportement se manifeste, de telle sorte que vous puissiez acquérir la nouvelle perspective nécessaire pour effectuer un changement. Par exemple, même si vous n'avez pas tendance à chaque instant à surestimer vos capacités, il se peut que vous le fassiez dans certaines circonstances bien précises. Si vous êtes conscient de cela, vous serez alors en mesure de penser de manière plus réaliste. En vous observant ainsi, vous faites en sorte de transformer votre expérience en un véritable apprentissage et de modifier vos comportements à votre avantage.

Établissez un climat positif pour vous soutenir dans l'atteinte de vos objectifs

Respectez le fait qu'il est parfois difficile de changer de comportement et prenez note des moments où il vous arrive de rechuter. En vous fiant à ce que vous savez des exceptions à votre schéma de comportement, recherchez les situations où vous vous comportez correctement. Dans certains cas, cela pourra vouloir dire obtenir un transfert dans une autre division de l'entreprise, modifier votre cercle d'amis, vous joindre à un groupe d'entraide, ou toute autre modification de votre environnement qui vous permette de rester sur la bonne voie.

Si vous cherchez à perdre du poids, trouvez un «compagnon» de régime qui vous encouragera à adopter des comportements favorisant une perte de poids. N'allez pas mettre de la crème glacée au congélateur en vous disant qu'il faut en garder au cas où des invités se présenteraient. Ne fréquentez pas des gens qui ont l'habitude de trop manger et qui vous incitent à faire la même chose. Joignez-vous à un groupe d'Outremangeurs Anonymes.

N'oubliez jamais que vous avez toujours le choix. Ne croyez pas que vous êtes prisonnier de quoi que ce soit. Regardez les options qui s'offrent à vous. Il ne faut pas croire qu'elles n'existent pas simplement parce qu'elles ne sont pas évidentes au départ. Approfondissez votre recherche – elles sont là. C'est simplement que vous ne les voyez pas.

Modifier les schémas de comportement destructeurs

Nous vous présentons ci-dessous certains des schémas de comportement problématiques que nous constatons le plus souvent dans notre pratique. L'un d'entre eux vous a-t-il causé des problèmes dans votre vie sociale, familiale ou professionnelle ? Les analyses qui suivent vous aideront à vous en délivrer. Quand vous êtes à même de constater vos erreurs – et aussi vos *bons coups* – vous devenez plus efficace et vous diminuez les comportements destructeurs. Vous pouvez aussi voir plus clairement en quoi votre propre comportement vous éloigne de la réalisation de vos objectifs et de l'atteinte de ce que vous désirez vraiment.

Schéma de comportement : Vous contestez l'autorité

Peut-être, dans les différents emplois que vous avez occupés, vous êtes-vous toujours retrouvé au même point : chaque fois, quand vous atteigniez un certain niveau, on dirait que vous vous mettiez à contester l'autorité de votre patron. Puis, vous démissionniez. Votre raisonnement était le suivant : « Le patron est un despote. » En fait, il y a des patrons qui sont effectivement dominateurs, mais tous le ne sont pas. Le problème – et le rôle que vous jouez dans ce schéma – réside peut-être dans le fait que vous avez de la difficulté à transiger avec l'autorité. Vous ne vous rendez peut-être pas compte des dommages que cela vous cause, et qu'il n'est pas dans votre intérêt de vous aliéner quelqu'un qui a le pouvoir, soit de vous aider, soit de vous faire du tort. Les zones d'écueil *Être submergé par les émotions* (voir le chapitre 13) et *Ne pas savoir comment vous êtes perçu* (voir le chapitre 10) sont actives dans ce cas-là.

Pour modifier votre façon d'agir, examinez les exceptions qui se manifestent dans votre schéma de comportement. Par exemple, avez-vous remarqué s'il y a un patron avec lequel vous

vous entendez bien, même si d'ordinaire vous vous disputez avec vos superviseurs? Essayez de trouver ce qu'il y a chez lui qui vous met à l'aise. Peut-être est-ce simplement parce qu'il vous adresse toujours un sourire radieux quand il vous croise dans le couloir et qu'il vous demande des nouvelles de vos enfants. Cela place votre schéma de comportement en contexte par rapport à l'autorité. Vous comprenez qu'avec ce type de superviseur, vous vous entendez bien et que vous êtes capable de vous comporter autrement. Armé de cette information, vous êtes maintenant en mesure de vous placer vous-même plus souvent dans ce genre de situation favorable lorsque la chose est possible. La prochaine fois que vous passerez une entrevue d'emploi ou que vous demanderez un transfert, vous pourrez rechercher un patron «gentil et chaleureux» qui ne vous fait pas tomber dans votre habitude destructrice de contester l'autorité, et éviter les gens qui manifestent froidement leur autorité dominatrice. Voilà un moyen d'établir un environnement qui vous soutienne dans vos efforts.

Le même problème se présente parfois avec vos amis et les membres de votre famille. Votre comportement de contestation refait peut-être surface à l'occasion des réunions de famille. À l'Action de grâces, immanquablement vous vous disputez avec votre beau-frère parce qu'il vous dit comment exploiter votre commerce ou quelle voiture acheter. Ce schéma laisse entendre que vous avez peut-être un rôle important à jouer dans ces querelles incessantes. Peut-être ne pouvez-vous pas vous empêcher de faire certaines insinuations. Posez-vous la question: «Comment pourrais-je penser et agir autrement?» Rappelez-vous: une zone d'écueil est un blocage émotif qui se manifeste en fonction de vos interprétations de la réalité perçue.

Il vous faut recadrer et modifier votre perception qui vous faire dire: «Il me dit quoi faire, alors c'est un dictateur.» Examinez les autres manières d'expliquer son comportement: il ne cherche pas à vous contrôler; il ne cherche qu'à rehausser son estime de lui-même. Ou bien, il vous admire et tente de vous impressionner. Ou encore, il manifeste ainsi son inquiétude à votre endroit et cherche à vous démontrer son soutien. Ces explications changent complètement la signification de ce qu'il fait et court-circuite votre colère. Si vous croyez qu'il fait cela pour vous aider, et non vous contrôler, vous aurez d'autres sentiments à son égard. En fait, la plupart des comportements sont plus ambigus qu'il n'y paraît. La « froideur » d'un professeur cache peut-être une grande timidité. Une concierge d'hôtel hostile vient peut-être de perdre son père. Son comportement n'a peut-être absolument rien à voir avec vous.

Schéma de comportement : *Vous ne vous entendez pas avec les gens compétents*

Peut-être êtes-vous porté à bien vous entendre avec les amis qui ont besoin de vous, mais moins avec les gens qui cheminent bien dans la vie. Ce schéma suggère que vous êtes dans la zone d'écueil *Être un héros ou un sauveur* (voir le chapitre 12). Dans ce genre de scénario, vous êtes à l'aise seulement lorsque vous sentez que vous pouvez faire mieux que les autres, ce qui reflète une faible estime de soi. Au fond de vous-même, vous ressentez « Je ne mérite pas vraiment d'avoir des amis qui réussissent dans la vie ». Alors vous choisissez des gens qui sont toujours en crise d'une manière ou d'une autre et qui ont besoin de vous. Vous évitez les gens qui sont vos égaux (ou qui sont meilleurs que vous sous certains aspects et qui pourraient vous en montrer) parce que vous vous sentez intimidés et vous croyez ne pas pouvoir vous mesurer à eux. Ce qui vous fait peur, c'est d'avoir l'air idiot ou incompétent comparativement à eux.

Comment faire pour penser et agir autrement ? Quelle est la chose la plus terrible qui peut vous arriver si cette personne vous croit stupide ou incompétent ? Craignez-vous qu'on se moque de vous ? Voilà une chose qui risque peu d'arriver, car vous avez probablement beaucoup plus d'atouts que vous ne voulez bien l'admettre. Et même si quelqu'un vous disait : « Non mais, vous êtes vraiment stupide ou quoi ? », et alors ? Vous éliminez cette personne de vos relations, voilà tout. Mais si vous ne voulez pas prendre ce risque, vous ratez des occasions de rencontrer des personnes stimulantes et enrichissantes. Plus vous avez une forte estime de vous-même, plus il est facile d'accepter que des personnes aient une piètre opinion de vous. Il est naturel d'avoir peur d'être humilié, mais cela indique que vous doutez de vous, chose que vous devez surmonter.

Schéma de comportement : *Vous êtes incapable de garder vos amis*

Vous constatez que vous changez de cercle d'amis tous les trois ans, plutôt que de voir vos amitiés grandir, évoluer et durer. Ce schéma de comportement laisse entendre que vous avez des attentes irréalistes quant à ce que des amis sont sensés être les uns pour les autres, et que vous finissez par être déçu. La partie qui vous concerne ici, c'est que vous croyez mériter le soutien et l'attention indéfectibles et inconditionnels de vos amis peu importe les circonstances, alors qu'en fait, vos exigences sont souvent déraisonnables. Si vous vous attendez à ce qu'une amie vous conduise à l'aéroport à quatre heures du matin alors que vous pouvez facilement prendre (et vous payer) un taxi, le problème, c'est *vous*. Vous êtes dans la zone d'écueil *Prendre des désirs pour des réalités* (voir le chapitre 7) et la zone *Ne pas savoir comment vous êtes perçu* (voir le chapitre 10). Vous ne pouvez pas, simplement parce que vous, vous l'auriez fait pour votre amie, vous attendre à ce qu'elle fasse la même chose. Ce genre de raisonnement égocentrique vous empêche d'observer la situation à partir du point de vue de votre amie. Il ne s'agit pas ici d'une situation d'urgence, et il se trouve qu'elle doit être en pleine possession de ses moyens en vue d'une réunion le lendemain matin.

Ou alors, vous assistez au récital d'un ami violoniste. À la fin du concert, vous allez le voir dans les coulisses, mais au lieu de le féliciter et de parler de la réaction enthousiaste du public, vous parlez pendant dix minutes des mérites de divers compositeurs. Votre ami, qui naturellement est excité après sa performance et veut partager sa joie, se sent laissé de côté et déçu. Votre apport dans cette situation est le manque d'empathie pour la personne. Vous semblez faire preuve d'arrogance, d'indifférence et d'insensibilité face aux besoins de votre ami. Vous agissez sous l'emprise de la zone d'écueil *Ne pas savoir comment vous êtes perçu* (voir le chapitre 10). Tentez de trouver d'autres façons d'agir. Posez-vous la question : « Si c'était moi qui venais de donner ce magnifique concert, qu'est-ce que je voudrais que mon ami me dise quand il vient me voir en coulisses ? » Cette question vous oblige à penser autrement.

Observez la manière dont vos amitiés se font et se défont constamment, comprenez qu'il y a quelque chose que vous faites qui ne va pas, et modifiez votre comportement. Vous n'avez peut-être pas conscience du fait d'éloigner les gens par votre comportement compétitif, hautain ou dominateur. Vous faites fuir les gens parce que vous êtes hostile et vous vous dites : « Le monde est pourri. » Vous devez modifier votre manière de penser et changer de comportement.

Il faut bien comprendre par ailleurs que les relations évoluent au cours d'une vie et qu'il faut s'attendre à un certain roulement dans ses amitiés. Elles s'épanouissent et se terminent au fil du temps, parce que l'un d'entre vous déménage ou se marie ou se divorce ou devient parent ou change d'emploi et que vous ne travaillez plus dans le même bureau. Les choses changent, vous changez, vos façons de vivre et vos intérêts diffèrent et vous avez moins de choses en commun.

Schéma de comportement : *Vous perdez facilement votre sang-froid*

La colère non maîtrisée fait partie des zones d'écueil *Être submergé par les émotions* et *Choisir le mauvais moment*, entre autres. La colère est dommageable tant sur le plan personnel que professionnel, et occasionne des blessures relationnelles. Peut-être vous mettez-vous en colère si rapidement quand vous avez une dispute avec votre conjointe, que vous êtes incapable de discuter du problème qui vous préoccupe. Toute la discussion se concentre alors sur le fait que vous criiez après elle plutôt que sur la question qui a provoqué votre colère. Ce qu'il faut savoir, c'est que si vous voulez discuter sérieusement du problème, il faudra que votre conjointe puisse avoir la certitude que vous ne lui exploserez pas en plein visage. Si c'est ce que vous faites, soit elle se sentira intimidée, soit la rencontre deviendra si intense émotionnellement qu'il n'y aura aucune possibilité de régler le problème. Dans une telle situation, vous vous montrez submergé par vos émotions et croyez être justifié d'adopter un tel comportement. Vous croyez que vous avez le droit de réagir de cette façon.

Ou peut-être êtes-vous de ceux qui se sentent trop facilement vexés et qui attaquent verbalement les gens à la moindre remarque. Si quelqu'un arrive cinq minutes en retard à son rendez-vous, vous devenez méchant. Votre comportement vous isole, car les gens ne supportent pas longtemps cette façon d'agir. Quand vous perdez facilement votre sang-froid, cela signifie que vous avez très peu de contrôle sur vous-même, et plus souvent que vous ne le croyez. Ici encore vous vous sentez justifié d'agir comme vous le faites.

Un chirurgien de notre connaissance s'est retrouvé sérieusement dans le pétrin à cause de sa manie de lancer des instruments à travers la salle d'opération. Les infirmières toléraient cette façon d'agir, car c'était un excellent médecin. Jusqu'à ce que l'une d'elles finisse par le dénoncer à l'administration de l'hôpital. Même lorsqu'on menaça de lui retirer son permis d'exercice, le chirurgien continua à se défendre : « Je me mets en colère seulement quand j'ai l'impression que mon patient ne reçoit pas les meilleurs soins possibles. »

Si votre schéma de comportement est celui de perdre votre sang-froid, vous devez modifier votre façon d'agir. Il n'est pas nécessaire d'actualiser un sentiment de colère. Le premier principe que l'on enseigne dans le cadre des programmes de gestion de la colère, c'est apprendre à ne pas réagir automatiquement à une provocation. « Si quelqu'un vous provoque et que vous répliquez sans attendre », dit-on aux participants, « vous admettez que vous êtes incapable de contrôler vos réactions. Vous devrez peut-être sortir de la pièce et reprendre votre sang-froid, plutôt que de donner un coup de poing. » Si vous êtes incapable de contrôler vos explosions verbales, il se peut que vous ayez à faire la même chose.

Vous n'avez pas besoin de participer à un atelier de gestion de la colère pour savoir qu'un accès de rage incontrôlée peut causer des dommages dans vos relations personnelles et qu'il faut absolument éviter de le minimiser. Souvent les gens qui perdent leur sang-froid ne voient pas comment la colère s'installe en eux ni comment ce bouillonnement de rage peut avoir des répercussions sur leur entourage. Ils diront que leur colère « explose sans crier gare », mais ce n'est pas vrai. Il y a toujours un petit signe avant-coureur : un nœud au creux de l'estomac ou un resserrement au niveau de la tête ou des épaules. En suivant une approche de gestion de la colère, le participant apprend à reconnaître les différents stades de la colère et à mettre en place des mesures efficaces avant de perdre le contrôle et d'exploser. Pour obtenir des conseils sur les techniques de gestion de la colère, consultez les sites Web en ligne ou procurez-vous un livre sur le sujet.

Schéma de comportement : *Vous faites du harcèlement*
Admettons que vous vouliez que votre partenaire adopte un style de vie plus sain. Vous le harcèlerez afin qu'il ou elle se mette à l'exercice et perde du poids, ce qui est votre manière habituelle d'agir chaque fois que vous souhaitez provoquer un changement de comportement. Toutefois, votre partenaire n'aime pas qu'on lui dise quoi faire. Il ne fait que s'entêter encore davantage, et vous finissez tous les deux par vous disputer. Rien ne change. Les zones d'écueil *Ne pas savoir si vous maîtrisez ou non une situation* (voir le chapitre 8) et *Ne pas savoir comment vous êtes perçu* (voir le chapitre 10) sont actives dans ce genre de situation.

Dans le dictionnaire, harceler signifie soumettre sans répit à de petites attaques réitérées. Vous vous plaignez sans cesse avec irritation du comportement de l'autre et vous cherchez à le culpabiliser. Comme bien des gens, vous ne comprenez pas que le harcèlement est une manière inefficace de faire passer votre message et cause des frictions inutiles dans une relation de couple. Votre contribution à la situation ici, c'est que vous vous sentez impuissant, vous avez l'impression qu'on ne vous entend pas, et vous ne voyez pas comment faire autrement pour communiquer votre message. Vous ne réalisez pas que harceler quelqu'un ne contribue habituellement en rien à améliorer les choses. Cela ne fait qu'exaspérer les deux partenaires.

Quand vous dites « Ça m'inquiète de voir que tu ne fais pas assez d'exercice », vous dites à votre partenaire que vous vous faites du souci pour sa santé. Passer continuellement des remarques est une façon d'exprimer votre inquiétude. Le problème, c'est que si la personne refuse de faire de l'exercice et ne tient pas compte de vos commentaires, vous devenez de plus en plus frustré. Vous continuez à le harceler, et vous finissez par obtenir exactement le contraire de ce que vous voulez. Vous devez adopter une autre approche. Essayez ceci : « Je n'arrête pas de te demander de faire de l'exercice, et je sais que je suis probablement en train de te harceler. Mais je m'inquiète beaucoup de ta santé. Veux-tu que je continue à t'en parler ? Ou est-ce que mes rappels te découragent encore plus ? » Si votre partenaire vous dit : « Ils me découragent encore plus », vous aurez sans doute de la difficulté à l'accepter. Mais cela vous donne tout de même la possibilité d'échanger sur le sujet, et de voir s'il n'y aurait pas d'autres façons de dire ou de faire les choses qui pourraient l'influencer de manière positive. Il est fort possible que vous n'arriviez jamais à atteindre votre but et que vous deviez céder et accepter le fait tel qu'il est. La personne doit elle-même vouloir changer.

Vous harcelez peut-être votre conjoint parce qu'il laisse traîner ses vêtements sur le plancher après s'être changé. Vous voulez qu'il les ramasse, alors vous lui dites : « C'est insupportable, cette façon que tu as de laisser traîner tes sous-vêtements partout ». Ce à quoi la personne répond en marmonnant : « Quelle enquiquineuse ! Qu'est-ce que ça peut bien faire que je laisse traîner mes vêtements ? » La personne, dans cette situation particulière, ne saisit pas pourquoi cela vous dérange autant. Au lieu de harceler votre conjoint, il serait beaucoup plus efficace de dire : « Quand tu laisses tes sous-vêtements traîner sur le plancher et que je dois les ramasser, je me sens comme si j'étais ta mère, pas ta compagne de vie. Et cela me met en furie. »

En disant cela, vous ouvrez la porte à un échange différent, plus productif. Par votre commentaire, vous évitez de porter un jugement de valeur sur le comportement de la personne en disant « ma façon de faire est meilleure ». Vous parlez de ce qui est important pour vous, sans blâmer l'autre ou l'attaquer. Cela donne ensuite la chance à l'autre de dire, par exemple : « Je dois tout le temps me surveiller au travail, je ne veux pas avoir à le faire à la maison par-dessus le marché. » Chacun de vous exprime ses préférences en parlant au « je », ce qui est beaucoup moins accusateur que d'employer la deuxième personne, comme dans « tu es malpropre ».

Schéma de comportement : *Vous vous effacez*

L'envers de la médaille par rapport à quelqu'un qui passe constamment des remarques, c'est quelqu'un qui ne dit jamais rien. Ici, vous contribuez à la situation problématique en ignorant l'autre personne, alimentant ainsi son sentiment d'impuissance et provoquant un climat d'animosité. Cela entraîne l'autre à vous harceler davantage. Essayez de vous y prendre autrement. Si votre partenaire vous harcèle parce que vous faites toujours du désordre dans la maison, tentez de l'aborder directement en lui disant ceci, par exemple : «À mon avis, ce que tu demandes n'est pas raisonnable» ou «Je pense que tu es beaucoup trop pointilleuse au sujet de l'ordre. Ça me donne l'impression que je ne peux jamais me détendre dans ma propre maison. Ça ne me dérange pas si tout n'est pas parfaitement à l'ordre.» De tels commentaires sont beaucoup plus productifs et peuvent ouvrir la voie à une négociation entre vous. L'autre personne pourrait répliquer en disant «Eh bien, je pense que c'est injuste», et voilà une discussion qui s'amorce.

Il faut comprendre que votre attitude à tous les deux influe sur le comportement de l'autre. Avec un peu de chance, vous réaliserez que personne n'a ni tort ni raison. Il y a simplement une personne ordonnée et une autre moins ordonnée. Il faudra que les deux personnes s'entendent sur cette question : c'est l'éternel conflit qui consiste à définir lesquels des standards de l'un ou de l'autre auront préséance.

Schéma de comportement : *Vous êtes incapable de dire non*

L'art de savoir établir ses limites au sein d'une relation est d'une importance vitale pour assurer votre autonomie et favoriser votre estime de vous-même. Il se peut pourtant que vous ne sachiez pas comment négocier face à quelque chose que vous ne voulez pas faire ou quelque chose que vous jugez injuste. Il en résulte que vous placez toujours vos propres besoins au bas de la liste. Vous êtes dans la zone d'écueil *Ne pas savoir si vous maîtrisez ou non une situation* (voir le chapitre 8). Vous alimentez ce schéma de comportement probablement parce qu'il y a chez vous un impérieux besoin qu'on vous apprécie ou bien vous craignez que les autres se mettent en colère contre vous. Ou alors vous ne voulez pas être perçu comme une personne non coopérative, insensible ou mesquine.

Mais ce n'est pas en cédant aux demandes de quelqu'un que vous pourrez faire en sorte qu'il vous aime. Si vous dites toujours oui, vous finirez par vous sentir coincé, vous participerez à des événements ou vous accorderez des faveurs contre votre volonté, tout en nourrissant du ressentiment envers cette personne. Vous devez modifier la façon dont vous percevez les conséquences d'avoir à dire non à quelqu'un. Peut-être avez-vous peur de perdre un ami parce que vous refusez de lui faire un prêt. Mais il est rare qu'une relation soit rompue simplement parce que vous refusez d'accorder une faveur.

Si vous dites toujours oui par peur de l'autorité, tentez de trouver d'autres moyens de répondre avec tact et diplomatie. Par exemple, votre réponse à une intervention de votre mari qui vous intimide pourrait être la suivante : « J'ai de la difficulté à discuter avec toi de la fête de ton cousin parce que j'ai peur que tu me cries après si je dis que je ne veux pas y aller. » Recadrez cette perception que vous êtes incapable de lui faire face et que vous n'y pouvez rien. Changez le dialogue intérieur que vous établissez avec vous-même. Dites-vous plutôt : « Je peux lui faire face » et posez-vous la question « Quelle est la pire chose qui pourrait arriver ? ». Une autre question que vous pouvez vous poser est « Qu'est-ce que je ferais si je n'avais pas peur ? ». Qui sait si votre réponse ne serait peut-être pas : « Ton cousin est constamment grossier avec moi, je ne l'aime pas. Va à la fête sans moi. »

Schéma de comportement : *Vous êtes incapable de dire ce que vous pensez et d'avoir de l'assurance*
Vous contribuez à la situation problématique en étant passif. Les zones d'écueil *Croire aux mythes* (voir le chapitre 9) et *Ne pas savoir si vous maîtrisez ou non une situation* (voir le chapitre 8) sont à l'œuvre ici. Les questions importantes à se poser sont les suivantes : « Qu'est-ce qui se passe ? Que faudrait-il pour que vous ayez davantage d'assurance ? » Êtes-vous effrayé à l'idée de provoquer un conflit ou d'entrer en compétition si vous dites ce que vous pensez ? Ce n'est pas tout le monde qui est disposé à faire

face à ce genre de situation. Pour bien des femmes, avoir de l'assurance signifie être arrogante ou «garce». Vous seul savez ce qui est le plus important: être aimé ou obtenir ce que vous voulez. Mais vous avez bel et bien le choix.

Quelle que soit la relation, chaque fois que vous dites ce que vous pensez, vous risquez de provoquer un conflit ou d'installer une tension. Vous devez d'abord décider ce qui est le plus important à vos yeux. Quel est votre but? Si votre but est de progresser dans votre carrière, est-il plus important pour vous de faire preuve d'assurance et d'obtenir une promotion, ou que vos collègues vous aiment? À l'école, le but premier est d'apprendre quelque chose. Et pourtant, bien des jeunes filles n'osent pas s'exprimer en classe parce qu'elles ont l'impression que cela porte atteinte à leur féminité. Quand vous avez une question et qu'apprendre est le principal but visé, il faut la poser.

Schéma de comportement: *Tromper votre conjoint, en croyant que cela ne changera rien à votre union*

On croit souvent qu'on peut maîtriser une relation extraconjugale, c'est-à-dire faire en sorte que le conjoint ne l'apprenne jamais et que rien ne change dans notre union. Il s'agit d'une vue très étroite qui vous empêche de voir la situation dans son ensemble. Même si votre conjoint ne l'apprend jamais, une liaison vient toujours drainer l'union entre deux conjoints parce que l'intimité est maintenant partagée entre trois personnes. Si quelque chose vous dérange, vous allez vous confier à l'autre plutôt qu'à votre conjoint. Souvent le conjoint apprend l'existence de cette relation. Il se peut même que ce soit vous qui laissiez inconsciemment des indices, pour être bien certain que cela se produise.

Clarifiez vos intentions. Certaines personnes veulent à la fois une maîtresse et une épouse, et n'ont aucune difficulté à mener une double vie. Mais si c'est l'intimité du mariage que vous visez, ne vous leurrez pas en croyant que vous pourrez y parvenir en vous engageant dans une liaison hors du mariage.

Il est très important de prendre le temps d'analyser vos schémas de comportement, car ainsi vous pouvez examiner vos bons coups (et vos moins bons) et décider de la manière dont vous allez faire les choses dans l'avenir pour obtenir des résultats différents. La conscience, même ténue, de vos schémas de comportement, fait qu'il est relativement facile de les modifier. Si par contre vous ne voyez rien du schéma qui vous fait agir de cette façon, même lorsqu'on vous en parle, c'est que vous avez besoin d'aide professionnelle. Nous vous invitons à lire le chapitre 17 pour plus d'information à ce sujet.

CHAPITRE 16

Se servir des réactions
pour prévenir les zones d'écueil

Vous découvrirez que la vérité est souvent impopulaire
et que le combat entre une agréable fantaisie
et un fait désagréable est inégal.

ADLAI STEVENSON

SI SEULEMENT VOUS POUVIEZ PRÉDIRE L'AVENIR! Imaginez: plus de relations qui se terminent mal, plus de décisions d'affaires ou de choix financiers qui tournent au vinaigre. Vous agiriez toujours au bon moment et seriez capable de jauger avec précision toute situation ou toute personne rencontrée. Malheureusement, les boules de cristal se font rares. Cependant, vous en avez appris beaucoup jusqu'à présent sur les huit zones d'écueil critiques et sur la façon d'éliminer ou de diminuer le tort que vous vous infligez vous-même. Avec un peu plus de clairvoyance, c'est-à-dire avec plus de renseignements, vous pouvez accroître votre capacité à prédire votre avenir. C'est pourquoi les bonnes réactions provenant des bonnes personnes aident à mettre les zones d'écueil en pleine lumière. Elles donnent de l'information dont vous n'avez pas encore tenu compte et peuvent changer de façon radicale le cours des événements. Vous devez prendre conscience que ces réactions proviendront de votre famille, d'amis, de pairs, de collègues ou même de professionnels. L'important est de reconnaître les moments où vous avez besoin d'aide, de demander cette aide ou de l'accepter quand elle se présente et d'être capable de la tourner à votre avantage.

L'histoire suivante illustre bien nos propos. Nicole était professeur en économie et désirait faire le saut dans le monde des affaires. Elle ne comprenait pas pourquoi elle avait de la difficulté à décrocher un poste en entreprise alors qu'elle était hautement qualifiée. Ses nombreuses entrevues auprès de responsables du personnel, tous mâles, demeuraient infructueuses. Alors qu'elle commençait à prendre ces refus trop à cœur, elle décida d'en parler à une amie qui la recommanda à un conseiller en dotation de cadres.

Celui-ci fut impressionné par les compétences de Nicole et lui proposa donc de rejouer avec elle la scène intégrale d'une entrevue. À la fin de cet exercice, il arriva à la conclusion qu'elle avait besoin de faire trois changements importants : « Quand des hommes font passer un entretien à une femme qualifiée pour un poste de cadre, lui dit-il, ils ont tendance à porter une attention particulière à sa poignée de main. La vôtre doit être beaucoup plus ferme. De plus, vous devez maintenir davantage un contact visuel et mettre à jour votre garde-robe. »

En fait, Nicole ne se rendait pas compte qu'elle devait projeter une image différente selon le champ d'activité. Si ses vêtements n'avaient aucune importance dans le monde universitaire, ils renvoyaient au contraire une mauvaise impression dans le monde très compétitif des affaires. Dans cette sphère, elle devait être perçue comme une personne sûre d'elle, capable de prise en charge et portant la tenue de circonstance. Elle devait apprendre à se présenter autrement dans un nouveau milieu, dont les attentes sont tout autres, et qui nécessite une plus grande visibilité. Que ce soit juste ou non, dans la réalité, on croit parfois que l'habit *fait* le moine. Ainsi, même si la garde-robe importe peu en certains endroits, comme c'est le cas dans les laboratoires de recherche, pour beaucoup d'autres, c'est capital.

Nicole avait du mal à croire que de tels changements, si superficiels, feraient une différence, mais elle jugea qu'elle n'avait rien à perdre. Elle demanda alors les conseils d'une amie qui savait tout sur les tendances de la mode pour acheter des tailleurs, des chaussures et autres accessoires chic afin de compléter son nouveau look. Ensuite, elle s'exerça à rendre sa poignée de main plus ferme pour faire montre d'assurance et à regarder ses interlocuteurs dans les yeux pour signifier de l'intérêt et une écoute attentive. Enfin, elle appliqua ces changements lors de ses entrevues et reçut une offre en l'espace d'un mois.

De toute évidence, le succès de cette femme ne reposait pas que sur un style branché et une poignée de main plus solide. En effet, si elle n'avait pas été disposée à rechercher une réaction et à l'accepter, elle ne saurait peut-être pas encore comment elle était perçue et ignorerait toujours qu'un changement de stratégie s'imposait pour atteindre son but.

Malheureusement, il existe aussi des barrières psychologiques et d'autres facteurs qui peuvent vous empêcher de recevoir les réactions d'autrui et d'en tenir compte. Vous devez les reconnaître pour être en mesure de réaliser vos objectifs.

Contrer la réticence à obtenir de l'aide

Que vous soyez inquiet de la stabilité d'une relation amoureuse, du retard de votre enfant à l'école ou d'un investissement dans une nouvelle entreprise, vous avez besoin de faits concrets qui vous permettront de prendre les bonnes décisions. Il peut sembler évident que la meilleure façon de connaître ces faits est de demander l'opinion d'autrui. Pourtant, nous sommes nombreux à hésiter avant de nous tourner vers les autres pour diverses raisons :

Vous croyez que demander de l'aide traduit de la faiblesse ou de l'ignorance

Chercher un appui, c'est admettre que vous ne possédez peut-être pas toutes les réponses ou que vous ignorez ce qu'il faut faire. C'est laisser quelqu'un d'autre prendre une partie du contrôle et ouvrir la porte à la vulnérabilité, ce qui peut représenter quelque chose de très difficile pour vous. Par exemple, quand des problèmes surviennent au travail, il est raisonnable d'aller puiser des renseignements auprès des personnes informées et dignes de confiance de l'organisation ou de l'industrie.

Cependant, votre premier réflexe, sous le poids de la pression, est peut-être de vous défendre et de montrer à tout le monde l'excellence de votre travail. Cette sorte de bravade est en fait une manière de cacher ses faiblesses. Par conséquent, vous n'allez jamais chercher l'aide ou les éléments nécessaires à un changement de stratégie.

Dans notre vie personnelle, tout comme en affaires, beaucoup d'entre nous ne pensent même jamais à demander à d'autres : « Que puis-je faire pour me faire des amis ? Je viens de déménager dans une nouvelle province et je ne connais personne… » Ou bien : « Comment puis-je améliorer mes relations avec ma belle-mère ? » Avant même de songer à poser ces questions, nous devons d'abord être en mesure d'admettre que nous avons un problème auquel nous ne pouvons faire face. Paradoxalement, l'action de s'abandonner et de se confesser peut être une extrême délivrance qui ouvre la porte à de nombreuses possibilités.

Vous ne savez pas ce que vous ne savez pas

Il n'est pas rare de se tromper soi-même en se disant : « Je suis à la tête d'une entreprise qui a du succès, alors bien sûr, je sais ce qui est mieux pour mes enfants, même s'ils sont majeurs et vaccinés. » Mais les relations d'affaires et les relations interpersonnelles s'inscrivent dans des domaines de connaissance séparés et nécessitent des talents distincts.

Le succès dans un domaine ne signifie pas le succès dans tout et peut même avoir une influence négative. Votre dynamisme, votre caractère décisif et votre aptitude à prendre les commandes sont des éléments de réussite dans une carrière, mais ces qualités peuvent jouer contre vous si, par exemple, vous tentez de donner des ordres à votre fils de trente-deux ans. Il est possible qu'un plombier puisse mieux comprendre les relations de couples qu'un neurochirurgien. La réalité est que vous ne pouvez pas tout savoir.

Certaines personnes qui ne savent pas ce qu'elles ne savent pas occasionnent en fait beaucoup de problèmes en affaires. Elles mettent leur grain de sel où elles ne le devraient pas et deviennent gênantes ; même les autres employés ne veulent plus travailler avec elles.

Vous êtes obstiné

On entend souvent dire à la blague que les hommes au volant ont de la difficulté à demander leur chemin. Totalement égarés, ils préfèrent tourner en rond plutôt que d'arrêter à une station-service et demander leur route. Pour une raison qu'on ignore, ils se sentent diminués s'ils doivent se tourner vers autrui pour obtenir de l'aide. D'un autre côté, les femmes sont généralement aux prises avec une autre zone d'écueil. Bon nombre d'entre elles refusent d'user de politique et de développer des alliances au sein du lieu de travail. Pourtant, ce jeu de stratégie donne accès à de l'information privilégiée qui permet de faire avancer une carrière et de voir venir les changements imminents. Dans la plupart des cas, pour gravir les échelons jusqu'au sommet, il est nécessaire d'être bien informé et d'entretenir un réseau d'alliances.

Vous êtes perfectionniste

On dit que le mieux est l'ennemi du bien. Cela peut sembler une contradiction, mais il n'en est rien. En fait, le perfectionnisme alimente les zones d'écueil; vous vous concentrez tellement sur ce qui se passe à l'intérieur, dans votre désir d'être parfait, que vous ne voyez plus l'ensemble. Prenons l'exemple suivant. Les perfectionnistes ont souvent de la difficulté à respecter les échéances, car pour eux le travail n'est jamais vraiment complété. Ils n'arrivent pas à lâcher prise et ne voient pas la frustration des autres à leur égard lorsque des projets prennent du retard.

Le fait est que personne ne possède une totale vue d'ensemble. Vous travaillez toujours avec une partie de l'information et ce n'est pas nuisible pour autant. Ce que vous devez savoir c'est si vous avez *assez* d'éléments pour continuer. Vous ne devez pas être méfiant et inquiet au point de ne plus pouvoir avancer. Si vous attendez d'avoir tout en main, il sera peut-être trop tard pour prendre la bonne décision et l'occasion risque de vous passer sous le nez.

Enfin, le perfectionnisme vous empêche également de déléguer, car vous pensez que personne ne peut jamais faire le travail aussi bien que vous.

Vous ne voulez pas connaître les mauvaises nouvelles

Les études de marché demandent une certaine dose d'humilité parce que vous vous dites : « Je pourrais me lancer et développer ce produit, mais je ne possède pas toutes les réponses. Je dois demander à d'autres ce qu'ils en pensent et je risque de ne pas aimer ce que j'entends. Mais je me dois de les écouter. » Ce qui ne signifie pas que vous devez partager toutes les opinions. Toutefois, vous devez posséder une assez grande ouverture d'esprit pour écouter ce que vous ne voulez pas entendre. Vous devrez peut-être mettre un terme à vos projets ou les modifier.

Les Grecs anciens connaissaient tout du péché d'Hybris, qui affecte encore les gens d'aujourd'hui. Parfois, l'hybris ou l'orgueil démesuré – arrogance qui résulte d'un excès de fierté – rend les gens sourds aux réactions. Prenons le cas d'Ellen, l'une de nos patientes, à qui on avait offert un projet d'envergure et bien rémunéré à sa société-conseil. Elle appela un collègue de l'industrie qui avait fait affaire avec le client dans le passé. Elle lui demanda : « Pour quelles raisons ne travailles-tu plus avec lui ? » Son collègue lui répondit : « Parce qu'il était insupportable. Il ne cessait pas de changer d'idée et il criait tout le temps. J'étais en train de faire une dépression nerveuse. Tu devrais refuser. »

Cependant, emballée d'avoir obtenu un contrat si prestigieux, Ellen ne tint pas compte de cet avertissement. « Je suis différente, pensa-t-elle. Je suis plus sociable que Joe. Je suis persuasive et je m'entends bien avec tout le monde. Ce qui s'est passé avec lui ne m'arrivera pas. »

Mais Ellen l'apprit à ses dépens. Elle nous confie : « Ce fut un désastre. Le client n'était jamais disponible. De plus, il ne savait même pas ce qu'il voulait et il était odieux. Il m'a également trompée sur le degré de coopération que l'on pouvait espérer de son équipe. J'ai finalement dû me retirer après avoir perdu énormément de temps et d'énergie. »

Ainsi, elle avait d'abord agi par prudence en recherchant la réaction d'un ami pour l'aider à prendre la bonne décision. Puis, elle avait écarté l'information reçue. Elle avait jugé qu'elle n'était pas comme les autres et qu'elle était au-dessus des faits. La zone d'écueil *Ne pas savoir si vous maîtrisez ou non une situation* (voir le chapitre 8) la fit dériver. Le refus de reconnaître les mauvaises nouvelles a réussi à détruire d'une façon similaire quelques-unes des plus puissantes entreprises du monde, sans compter quelques gouvernements.

S'ouvrir

Cacher des faits importants aux autres peut aussi être nuisible. Quand vous gardez l'information pour vous, vous bloquez l'accès aux données nécessaires à une prise de décision éclairée et, par le fait même, vous êtes généralement blessé. Il y a toujours une parcelle de confusion qui existe. Prenez les secrets de famille : le suicide, l'homosexualité, l'adoption, l'avortement et même l'insémination artificielle produisent un effet sur tout le monde. L'information est tenue secrète par honte ou par peur, ce qui entraîne presque toujours des conséquences néfastes. Les secrets introduisent des sentiments sous-jacents dans une relation, que l'autre ressent sans savoir comment les interpréter. D'une façon ou d'une autre, les problèmes refont un jour surface.

Peut-être êtes-vous un homme marié ayant eu un enfant illégitime lors de votre service militaire à l'étranger et qui reste secrètement en contact avec cette famille. Même si vos enfants n'apprennent votre tromperie qu'après votre mort, il se peut qu'ils éprouvent des sentiments contradictoires, joie et colère mêlées de retrouver un frère ou une sœur, ou encore de la confusion par rapport à la trahison d'un parent.

De plus, les secrets peuvent devenir un énorme fardeau pour vous, surtout s'ils sont accompagnés de mensonges et de duperies. Par exemple, il n'est pas rare de faire valoir ses mérites lorsqu'on est à la recherche d'un emploi, comme prétendre avoir déjà supervisé un plus grand nombre d'employés qu'on ne l'a fait ou bien mentir carrément dans son curriculum vitæ afin de cacher un vide dans ses références. Vous pouvez même y avoir inscrit que vous étiez diplômé alors que ce n'était pas le cas ! Vous tentez alors de vous justifier en vous disant : « Je peux faire un bon travail. Quelle différence cela fait-il si je n'ai pas le bon bout de papier ? » Mais ne sous-estimez pas l'effet que peut avoir la dissimulation, car il y a toujours un prix à payer, ne serait-ce que par rapport à ce que vous ressentez vous-même pour avoir trompé les autres. Au bout du compte, quand la majorité des supercheries sont révélées, le prix personnel à payer est astronomique.

Demandez à l'une de nos patientes, la propriétaire d'une pépinière et d'un centre de jardin prospère, qui affirma à ses amis et à sa famille qu'elle avait obtenu son diplôme de l'Université du Colorado. Mais en réalité, elle avait tout abandonné à la fin de sa première année. Une autre personne fit croire une histoire assez similaire alors qu'elle postulait pour un poste d'enseignante.

Dans le premier cas, si le mensonge était découvert, il n'y aurait pas vraiment de conséquences dommageables pour la carrière de la propriétaire, bien que celle-ci serait certainement embarrassée. En outre, elle serait peut-être perçue différemment par son entourage qui, à l'avenir, pourrait mettre en doute la véracité de ses dires. L'enseignante, elle, savait qu'elle risquait tout. Ces deux femmes témoignèrent qu'elles se sentaient coupables, frauduleuses et dans la crainte constante d'être découvertes. «Chaque fois qu'une conversation tournait autour de l'université, j'étais en sueurs», nous a confié la propriétaire de la pépinière.

Dans un autre cas, extrême celui-là, le président du conseil d'administration d'une société renommée s'était persuadé qu'il serait en mesure de cacher son passé criminel. En fait, quelques décennies auparavant, il avait purgé une peine d'emprisonnement pour vol à main armée, un récit qu'il n'avait pas jugé bon de relater à son arrivée dans l'entreprise – alors que, d'une manière tout à fait paradoxale, cette entreprise était productrice d'armes à feu. Il fut obligé de donner sa démission quand, à la une des journaux, on annonça qu'il avait été trouvé coupable d'avoir dévalisé plusieurs banques.

Il n'est pas toujours utile de révéler certaines choses, telles une liaison maintenant terminée ou une récente aventure sans lendemain : les avouer risquerait de faire beaucoup plus de mal que de bien. Par exemple, nous avons eu connaissance d'un vendeur qui avait planifié depuis longtemps un voyage dans les Caraïbes avec sa femme pour célébrer leur vingtième anniversaire de mariage. Quelques jours avant le départ, on l'informa que l'entreprise était vendue et qu'il se retrouvait sans emploi. Accablé, il apprit la nouvelle à son frère, mais ne dit rien à sa femme. En effet, elle attendait ces vacances depuis deux ans, et il ne souhaitait pas les lui gâcher. Ce n'est qu'à leur retour qu'il lui dit la vérité. Les secrets au sein d'une famille sont-ils justifiables ou non ? Les philosophes et les éthiciens n'arrivent pas à s'entendre, car il s'agit d'une question complexe dont les réponses sont loin d'être toujours évidentes. Toutefois, il est important de reconnaître qu'avoir des secrets entraîne d'ordinaire des conséquences. En apprenant ce que son mari avait caché pendant le voyage, cette femme ressentit des émotions contradictoires. Elle était reconnaissante de la sollicitude de son mari à son égard, mais elle était furieuse qu'il ait gardé pour lui une nouvelle aussi importante. Les conjoints sont effectivement liés par des ententes tacites telles qu'un commun accord de partager des informations capitales.

Briser les mécanismes de défense

Un autre obstacle se dresse quand vient le temps d'obtenir l'information dont on a besoin : les mécanismes de défense. Ce sont des procédés courants, enracinés dans notre psyché qui les utilise pour nous protéger contre l'anxiété. Ce sont les moyens que nous employons inconsciemment pour éloigner les menaces et les conflits et maîtriser nos peurs et nos angoisses les plus profondes. Les mécanismes développés au début de l'enfance sont communs à tous les êtres humains et sont tout à fait normaux. Cependant, ceux qui sont exagérés ou qui deviennent plus rigides peuvent nous attirer vers les zones d'écueil.

Il existe de nombreux types de mécanismes, et leur configuration en chaque individu définit souvent sa personnalité. Par exemple, comment peut-on gérer la peur du terrorisme ? Votre façon de vous comporter face au danger a-t-elle toujours été de l'éviter à tout prix, comme tourner à un autre coin de rue en vous rendant à l'école, afin de ne pas rencontrer une brute ? Il est bien possible dans ce cas que vous appliquiez inconsciemment ce même mécanisme d'évitement dans votre vie adulte en vous tenant loin de certaines places bondées susceptibles d'être choisies comme cibles.

Quelqu'un d'autre peut gérer cette même peur du terrorisme d'une façon complètement différente, en utilisant des mécanismes de colère. Sa devise serait : « La meilleure défense est une bonne offensive. » Il pourrait dire : « On va les avoir, ces salauds, et je vais aider mon pays en rassemblant les suspects. Ça me met hors de moi ! » Bref, il confronterait la menace ou les conflits en se fâchant.

Peut-être que vous utilisez vous-même un mécanisme de confrontation : faire fi des peurs et des menaces et oser les confronter de plein fouet. Vous avez peur des hauteurs ? Vous faites donc du parachutisme ou de l'alpinisme pour vous prouver à vous-même que vous n'êtes pas effrayé.

Les mécanismes de défense ne sont ni bons ni mauvais. Chacun d'entre nous, d'une manière instinctive et inconsciente, fait face aux dangers et aux conflits avec des moyens de défense automatiques qui émanent de notre personnalité. Toutefois, ce qui pose problème c'est que tous ces mécanismes ont un double tranchant. D'un côté, ils ont l'avantage de vous défaire de l'anxiété qui pourrait vous paralyser et vous font sentir en sécurité. Mais s'ils sont omniprésents ou appliqués de manière trop intransigeante, ils viennent entraver la résolution de conflits, peuvent vous empêcher de voir les autres options et vous aveugler sur les raisons de votre comportement. C'est ainsi que les zones d'écueil sont créées.

Sachez vous protéger en prenant conscience des moyens caractéristiques que vous employez pour affronter les dangers. Ce n'est qu'ensuite que vous saurez comment être plus souple dans vos réactions lorsqu'une situation de stress se présente.

Rester calme

Si vous êtes de ceux qui utilisent machinalement la colère pour gérer les conflits, vous risquez de tomber sur les zones d'écueil *Être submergé par les émotions* (voir le chapitre XIII) et *Ne pas savoir comment vous êtes perçu* (voir le chapitre 10).

Pierre, qui a trente-neuf ans, se sent menacé chaque fois qu'il a l'impression que sa femme dépense trop. Il se voit complètement ruiné, et alors il explose. Un jour, il nous téléphona tout affolé parce que sa femme, qui était normalement très tolérante, lui signifia qu'elle en avait assez de son comportement. Nous lui avons alors suggéré d'adopter une nouvelle approche, en lui expliquant qu'il avait, sans réfléchir, réagi avec colère à une situation dangereuse, tout comme ses parents avant lui; c'était donc une réaction inculquée.

Chaque fois que la femme de Pierre court les magasins, il se sent menacé par un danger, celui de faire faillite. Mais sa réaction fut à ce moment-là *trop* automatique, activée trop facilement. Nous lui avons expliqué que le mot clé est «automatique», car il signifie qu'on perd pied et qu'on n'arrive pas à réfléchir à la situation de manière rationnelle. Afin d'éviter une réaction aveugle, vous devez donc vous dire: «Chaque fois que je me sens menacé, je me fâche. Parfois, cette colère est appropriée et peut tourner à mon avantage, mais autrement, elle m'attire des ennuis.» Ce qui importe pour vous, c'est de voir quand la colère est de mise et quand elle ne l'est pas.

Affronter les conflits

Si vous êtes de ceux qui préfèrent éviter les dangers, vous pourriez rencontrer les zones d'écueil *Prendre ses désirs pour des réalités* (voir le chapitre 7) ou *Ne pas savoir si vous maîtrisez ou non une situation* (voir le chapitre 8), qui vous empêchent d'affronter les problèmes majeurs. Vous vous justifiez en disant: «Il est évident que je ne prendrai pas l'avion; il pourrait être détourné.» Cependant, votre refus de voler risque d'empiéter sur votre vie sociale ou vos relations d'affaires. Les gens rationalisent leur comportement de toutes sortes de manières, refusant de voir comment leurs peurs limitent les possibilités.

Apprendre à demander des réactions et à les utiliser

Les zones d'écueil sont formées par les difficultés à obtenir de l'information majeure, à l'assimiler et à s'en servir pour agir. Voici donc comment briser le cercle et perfectionner vos aptitudes par rapport aux réactions.

Découvrir pourquoi on ne veut pas demander de l'aide

Soyez conscient de vos propres blocages psychologiques. Hésitez-vous à demander des renseignements par crainte d'avoir l'air stupide ou fragile? Les gens qui réussissent en maîtrisant les éléments de leur vie savent qu'on ne peut apprendre de ses erreurs que si on est prêt à admettre qu'une relation, un projet ou un emploi ne se déroule pas très bien. À la suite de quoi ils peuvent demander à d'autres quelles sont les étapes à suivre pour que les choses s'améliorent. Si vous ne demandez rien, vous ne pourrez le savoir, car les gens ne vont généralement pas vous en parler de façon volontaire.

Quand vous demandez de l'aide, avez-vous peur qu'on vous rejette ou qu'on vous dise non ? Demandez-vous plutôt : « Et même si Jean dit non, qu'est-ce qui peut arriver de pire ? Est-ce que je peux vivre avec cela ? » Si vous craignez de vous imposer aux autres en demandant un appui, souvenez-vous que la plupart des gens aiment venir en aide. De toute façon, c'est à eux et non à vous d'imposer des limites.

Si l'impulsivité reste un problème, vous allez seulement chercher l'information qui vient soutenir ce que vous voulez réaliser. Vous y voyez une bonne tactique quand vous désirez agir dans l'immédiat et ignorer les faits qui pourraient vous ralentir ou vous détourner de votre trajectoire, même si celle-ci semble vous conduire au désastre. Pour vous prémunir contre un comportement impulsif, vous devez comprendre la différence entre la défensive (résistance émotionnelle indiquant l'émergence d'une zone d'écueil) et le désaccord qui tient d'une réaction intellectuelle ou d'une argumentation.

Essayez de comprendre les sentiments de résistance que vous éprouvez par rapport à ce qu'une personne essaie de vous dire. Souvenez-vous que lorsque vous agissez sur la défensive, vous êtes contrarié, vous vous sentez menacé et vous êtes incapable d'écouter l'autre. Il est probable que vous utilisiez les mots « Oui, mais… » qui sont en fait une autre manière de dire non à une suggestion.

Même quand nous demandons des critiques constructives, nous avons parfois de la difficulté à les entendre. Par exemple, lors d'une soirée de dédicace, un auteur passionné tenta de soumettre à une agente, qu'il venait à peine de rencontrer, la trame de son prochain livre. Il lui décrivit le projet en détail et lui demanda son opinion. L'agente lui suggéra plusieurs façons d'affiner son sujet, afin de rendre le livre plus contemporain et vendable. Mais l'auteur était si entiché de sa propre stratégie qu'il était incapable d'entendre ce qu'elle avait à dire. Il ne cessait de répéter : « Oui, mais… »

L'agente, forte de son expérience dans le domaine de l'édition, lui prodiguait des conseils qu'il n'aurait pu obtenir nulle part ailleurs, mais il semblait incapable de traiter l'information.

Prendre ses instincts en considération

Vous vous devez d'écouter votre voix intérieure. Bon nombre de ceux qui ont réussi sont ravis de rapporter qu'au départ, on leur avait dit que leurs projets ne fonctionneraient pas. Mais ils ont persisté et prouvé qu'ils avaient raison.

Cela dit, il est important d'observer ses réalisations passées et d'adopter une attitude réaliste. Votre instinct et votre jugement sont-ils justes d'ordinaire ? On n'entend pas souvent parler des échecs lamentables causés par un manque d'écoute intérieure. Aussi, si vous êtes du genre impulsif, vous devez *à tout prix* tendre l'oreille et écouter tous ceux qui vous déconseillent de poursuivre pour ensuite déterminer clairement si leurs arguments sont valables ou non.

Choisir les bonnes sources

Ne croyez pas que toutes les réactions d'autrui soient valables. Vous n'obtiendrez de l'information valable que si vous approchez les bonnes personnes et que vous savez à qui faire confiance. Reportez-vous au test d'évaluation des sources du chapitre 6, afin de déterminer le degré de connaissance, d'intérêt personnel et de véracité d'une source.

Utiliser l'écoute active comme outil

Beaucoup d'entre nous ont une tendance naturelle à la parole plutôt qu'à l'écoute. L'écoute active est une technique interpersonnelle qui fait ressortir l'information utile et qui permet à l'autre personne de savoir que vous entendez et que vous comprenez ce qui est dit. Cette technique vous permet également de reconnaître vos propres comportements qui semblent désagréables aux autres.

Ce type d'écoute demande de l'entraînement, mais l'effort en vaut la peine. Voici comment faire :

- D'abord, concentrez-vous et essayez d'absorber ce que l'autre dit. Ne parlez que si vous avez une question à poser pour clarifier un élément. Laissez à l'autre assez de temps pour qu'il expose ce qui le tracasse;

- Ensuite, paraphrasez ce qui a été dit, afin de vous assurer que vous avez bien entendu et tout compris. Par exemple, vous venez d'avoir une dispute avec votre conjointe. Dites-lui ceci: «Tu me dis que je ne pense pas à te consulter avant de décider du lieu de nos vacances et du montant que nous sommes prêts à dépenser. Tu me dis que tu te sens ignorée et sans importance quand je prends des décisions tout seul.» Ou encore: «Tu affirmes que quand je hausse le ton et je te dis que je n'aime pas comment tu gères l'argent, tu te sens attaquée.» Ainsi, l'autre personne se sent écoutée, même si le conflit n'est pas encore réglé.

L'écoute active vous permet de voir lesquels des gestes que vous posez semblent contrarier l'autre, tout en reconnaissant vous-même que votre comportement l'affecte. Cette information est précieuse, car elle ouvre la voie au changement. Une fois le comportement blessant repéré, vous pouvez essayer de le modifier si vous le souhaitez.

Cependant, quand vous dites «Alors, tu crois que je te critique (ou que je suis impatient avec toi)», veillez à ce que la technique ne tombe pas dans l'imitation. La différence est très importante. En effet, l'imitation permet de reproduire ce que l'autre personne a dit, mais en omettant l'élément crucial qui sert à la compréhension du message.

Argumenter sur la position de l'autre personne

Il existe une autre technique à utiliser si jamais vous êtes coincé.

Vous pouvez vous mettre du côté de l'autre et débattre adroitement et de façon convaincante de son point de vue, afin de lui signifier que vous comprenez sa pensée. Cette technique fait partie de la formation des avocats. Admettons que votre conjoint veuille déménager en ville et que vous vouliez rester en banlieue. Voilà en quoi pourrait consister votre repartie: «Si je comprends bien, la raison pour laquelle tu veux déménager en ville est que tu veux être plus près de la vie culturelle, tu ne veux plus faire la navette et tu es fatigué de t'occuper de la maison.»

Songer à faire du remue-méninges

Faire des remue-méninges est une manière d'avoir une image plus concrète d'une situation ou d'une personne qui pose problème. Le faire en groupe peut stimuler votre réflexion d'une manière différente que lorsque vous êtes seul. Vous découvrirez différentes options ou possibilités auxquelles vous n'aviez pas vraiment songé.

En théorie, aucune limite ne devrait être imposée. Le but est de dire tout ce qui vous passe par la tête et de ne pas faire de censure au départ. Plus tard, vous pourrez éliminer les suggestions qui sont à l'évidence irréalisables. En voici un exemple typique. Un père, qui désire accepter un nouveau travail dans une autre province, convoque toute sa famille pour discuter du pour et du contre de cette possibilité, car tout le monde en sera affecté. Tous les membres proposent des idées et s'impliquent. L'un des désavantages serait, par exemple, que les enfants devraient quitter leurs amis pour une autre école, mais d'un autre côté, cette nouvelle école a bien meilleure réputation.

S'aider par une pensée éclairée

Êtes-vous déjà resté dehors, à l'aube, alors qu'il est pratiquement impossible de distinguer les choses? Dans l'espace de quelques secondes, le ciel commence à s'éclaircir, et tout à coup, votre vision se précise davantage. Vous ne pouvez peut-être pas encore voir les choses aussi clairement que sous le soleil de midi, mais le plus petit accroissement de lueur suffit souvent à clarifier votre pensée. De même, les bonnes réactions sont porteuses de ce supplément de lumière.

CHAPITRE 17

Quand vous devez consulter

*Modifiez vos pensées
et vous transformerez votre univers.*

NORMAN VINCENT PEALE

NOUS ARRIVONS, POUR LA MAJORITÉ D'ENTRE NOUS, à traiter nos zones d'écueil en nous motivant, en nous sensibilisant davantage et en mettant en place les stratégies de changement proposées dans ce livre. Il arrive cependant qu'un livre de psychologie populaire ne soit pas suffisant. Certains troubles sous-jacents font qu'il est impossible de s'en tirer tout seul. D'autres genres de problèmes font parfois obstacle à un changement durable et doivent être abordés en consultation auprès d'un professionnel de la santé mentale. Dans un cas comme dans l'autre, il existe un dénominateur commun : vous n'avez pas la force de vous aider vous-même.

La dépression

La dépression est une maladie mentale grave qui modifie votre pensée, votre humeur et votre comportement au point de vous empêcher de fonctionner correctement. Si vous souffrez de dépression chronique et que vous n'avez pas l'énergie d'entamer des changements, vous serez incapable de traiter vos zones d'écueil sans l'aide d'un thérapeute.

Les gens optimistes voient la vie en rose. Quand vous êtes déprimé, vous voyez la vie en noir. Le monde semble terne et sans espoir; vous êtes envahi par un pessimisme qui touche toutes les sphères de votre vie. Le correspondant Mike Wallace, qui a fait une dépression, appelait son état « la noirceur sans fin ».

La dépression est un état très différent de la déprime ou du vague à l'âme qui peut vous affecter pendant quelques jours. Dans ces cas-là, vous vous effacez pendant un moment, puis les choses vont mieux et vous retournez à vos activités normales. En revanche, une dépression non traitée peut durer pendant des mois, voire des années.

Voici quelques signes de la dépression :
- tristesse ou sensation de vide qui dure
- anxiété
- sommeil déficient ou trop abondant
- gain de poids ou perte d'appétit
- perte d'intérêt envers les choses qui vous procuraient du plaisir, comme la nourriture, le sexe ou les loisirs
- perte d'énergie, fatigue
- difficulté de concentration
- irritabilité
- crises de larmes
- pensées suicidaires
- sentiment d'impuissance ou de désespoir

Si vous ressentez plusieurs de ces symptômes pendant plus de deux semaines, ou s'ils nuisent à votre travail ou vous empêchent de vaquer à vos occupations familiales, nous vous suggérons de consulter un professionnel de la santé mentale. La dépression est un état qui se nourrit de lui-même, et souvent la maladie ne fait qu'empirer lorsqu'elle n'est pas traitée. Il est donc essentiel qu'un diagnostic soit établi et que vous soyez traité.

Obtenir de l'aide
Environ 9,5 pour cent de la population de 18 ans et plus (soit 18,8 millions d'Américains) souffrent de troubles dépressifs, selon

l'institut national de la santé mentale (NIMH). Heureusement, la dépression se traite facilement. Il existe plusieurs approches psychothérapeutiques ainsi que des médicaments extrêmement efficaces. Le traitement approprié est choisi en fonction de la personne.

Voici quelques ressources auxquelles vous pouvez faire appel pour un diagnostic ou un traitement, ou si vous désirez être référé :

- Médecin de famille
- Spécialistes en santé mentale, tels que psychiatres, psychologues, travailleurs sociaux et psychothérapeutes
- Établissement de maintien de la santé
- Centres communautaires en santé mentale
- Services psychiatriques des hôpitaux et cliniques externes de psychiatrie
- Programmes affiliés à des écoles ou à des facultés de médecine
- Services destinés à la famille, services sociaux, congrégation religieuse
- Cliniques et établissements privés
- Programmes d'aide aux employés
- Organisations médicales ou psychiatriques locales

Vous pouvez aussi demander à votre gynécologue, ou bien à un ami en qui vous avez confiance, de vous référer à un thérapeute. Consultez également l'annuaire des pages jaunes sous les rubriques « santé mentale », « santé », « services sociaux », « prévention du suicide », « services d'aide d'urgence », « services d'intervention en cas de crise », « hôpitaux » et « médecins ».

Pour en savoir plus sur la dépression et ses diverses formes, telles que la dépression majeure, la dysthymie, et le trouble bipolaire (maniaco-dépression), n'hésitez pas à faire une recherche sur Internet pour consulter les sites Web qui traitent de ces sujets.

L'anxiété chronique

L'anxiété, cet état désagréable que nous connaissons tous, est une réponse psychophysiologique à la perspective d'un danger réel ou imaginaire. Si votre état d'anxiété est chronique, il vous est impossible de retrouver votre calme et d'exercer un contrôle sur vos émotions, et par conséquent sur vos zones d'écueil.

Voici, entre autres, comment se manifeste l'anxiété :

- Agitation
- Difficulté de concentration
- Irritabilité
- Tensions musculaires
- Difficulté à s'endormir ou à rester endormi
- Rumination ou obsession
- Peurs irréalistes
- Palpitations
- Transpiration
- Tremblements
- Souffle court
- Étourdissements
- Frissons
- Papillons dans l'estomac
- Pensées que vous n'arrivez pas à chasser de votre esprit (obsession)
- Impulsions irrésistibles à faire certains gestes répétitifs (compulsion)
- Sentiment de panique

L'anxiété non traitée peut s'aggraver et vous empêcher de fonctionner. Si vous éprouvez ces symptômes pendant plus de deux semaines, nous vous suggérons de consulter votre médecin de famille pour obtenir une évaluation. Les troubles de l'anxiété se traitent généralement à l'aide de médicaments et par certaines formes de psychothérapie.

Pour vous aider, outre les services d'un professionnel de la santé, vous pouvez faire appel à des groupes de soutien, ou parler avec un ami sûr ou un membre de votre congrégation religieuse.

Pour en savoir plus sur les troubles de l'anxiété, tels que l'anxiété généralisée, les troubles paniques, les phobies, et les troubles obsessifs-compulsifs (TOC), n'hésitez pas à faire une recherche sur Internet pour consulter les sites Web qui traitent de ces sujets.

Alcoolisme et autres dépendances

Les dépendances vous empêchent de bien analyser les choses. Si vous avez un problème de toxicomanie, vous n'êtes pas en état de combattre vos zones d'écueil.

Alcoolisme

La consommation d'alcool est autorisée par la loi et, faite avec modération, elle est parfaitement acceptable. Cependant, des millions de gens souffrent d'alcoolisme. Si vous êtes de ceux-là, votre problème de consommation pourrait bien être une zone d'écueil dont vous n'êtes pas conscient. Quand vous buvez, vous ne pouvez pas utiliser vos facultés mentales.

L'une des façons de vous situer par rapport à votre consommation d'alcool consiste à passer le test CAGE :

C (coupable) : Vous êtes-vous déjà senti coupable au sujet de votre consommation d'alcool ?

A (abaissé) : Avez-vous déjà ressenti le besoin d'abaisser votre consommation d'alcool ?

G (gueule de bois) : Avez-vous déjà eu le besoin de boire de l'alcool en vous réveillant pour calmer vos nerfs ou passer une « gueule de bois » ?

E (ennuyé) : Avez-vous déjà été ennuyé par des remarques d'autrui critiquant votre consommation d'alcool ?

La plupart des gens ne sont pas inquiets quant à la quantité d'alcool qu'ils boivent et ne se sentent pas coupables ou ennuyés par les remarques d'autrui. Seuls les alcooliques commencent leur journée en buvant pour chasser la gueule de bois et ne pas ressentir les effets du sevrage. Si vous avez répondu « oui », ne serait-ce qu'à une seule des questions ci-dessus, considérez cela comme un signal d'alarme. Nous vous suggérons de consulter votre médecin de famille ou de prendre contact avec un groupe de soutien tel que les Alcooliques Anonymes (AA). Consultez leur site Web ou communiquez avec le bureau de votre localité. Vous trouverez aisément leur numéro de téléphone dans l'annuaire.

Il faut savoir que les gens qui souffrent d'alcoolisme et de toute autre forme de dépendance nient très souvent catégoriquement avoir un problème. Si vous faites remarquer à quelqu'un qu'il ou elle boit trop, on vous répondra qu'il ne s'agissait que de trois bières, par exemple. Un joueur compulsif vous dira : « Je ne suis pas dépendant, j'aime jouer. Je peux arrêter quand je veux. » Mais il est impossible de maîtriser une dépendance que l'on nie.

Toxicomanie

La dépendance à la drogue soulève d'autres problèmes que ceux liés à l'alcoolisme, du fait qu'il s'agit de substances illégales. Si l'on vous surprend à consommer une substance illégale, même si votre consommation n'est qu'occasionnelle, vous risquez d'avoir à payer de fortes amendes. Le comportement du toxicomane ressemble à celui de l'alcoolique, en particulier dans sa façon de nier le problème. Si un ami ou un membre de votre famille semble s'inquiéter de votre consommation de drogue, nous vous suggérons de consulter.

Pour obtenir plus d'information sur le traitement de l'alcoolisme et des toxicomanies, communiquez avec les organismes de votre localité, le Centre canadien de lutte contre l'alcoolisme et les toxicomanies (CCLAT) : http://www.ccsa.ca/ccsa/ ou ToxQuébec : http://www.toxquebec.com/home/toxquebeccom.ch2.

Les programmes en douze étapes

Pour traiter les problèmes de dépendance, la meilleure approche consiste habituellement à adhérer à un programme en douze étapes mis sur pied par un groupe de soutien. Ces programmes s'inspirent de celui des Alcooliques Anonymes (AA), qui a depuis longtemps fait ses preuves, et permettent aux participants de trouver l'accueil et les ressources pour cheminer ensemble vers la guérison. Les douze étapes sont d'une grande efficacité pour faire face au déni et comprendre le rôle que l'on joue soi-même dans la dépendance. Qui plus est, il n'en coûte rien pour adhérer à ces groupes, qui sont présents d'un bout à l'autre du pays.

L'énorme succès remporté par les Alcooliques Anonymes a inspiré la création de nombreux autres programmes en douze étapes pour le traitement d'autres formes de dépendances, qu'elles soient chimiques ou non. On entend par dépendances chimiques celles, entre autres, envers l'alcool (Alcooliques Anonymes), les drogues (Narcomanes Anonymes) ou la nourriture (Outremangeurs Anonymes). Les dépendances non chimiques sont celles envers le jeu (Gamblers Anonymes), l'endettement (Débiteurs Anonymes) ou le sexe (Sexoliques Anonymes).

Il existe aussi des programmes en douze étapes conçus à l'intention des familles et de l'entourage des personnes aux prises avec une dépendance:

- Al-Anon, destiné au conjoint et à la famille de la personne alcoolique
- Alateen, destiné aux enfants adolescents de la personne alcoolique
- EADA (Enfants adultes de famille dysfonctionnelle ou alcoolique), destiné aux enfants adultes cherchant de l'aide pour régler leurs propres problèmes, même si le parent alcoolique est depuis longtemps décédé ou a mis fin à sa dépendance.

Violence physique ou psychologique

Chaque année, environ quatre millions de femmes américaines sont victimes de violence conjugale. Si vous êtes l'une de ces victimes, vous êtes habituellement si mal en point que vous n'avez pas la force psychologique de vous aider vous-même. Différentes ressources sont disponibles pour écouter et soutenir la personne qui veut en parler, dont:

S.O.S. Violence conjugale
1 800 363-9010

Difficulté à effectuer des changements

Vous avez choisi ce livre et vous mettez en pratique les conseils qu'il propose. Pourtant, aucune des stratégies ne fonctionne. Peu importe ce que vous faites, vous n'arrivez pas à vous décider sur le choix d'une carrière, votre mariage continue de battre de l'aile, ou vous n'arrivez toujours pas à vous faire un petit ami. C'est le signe qu'un livre ne sera pas suffisant et que vous avez besoin de consulter.

Changer n'est pas une tâche facile; notre résistance au changement est naturelle. Votre zone d'écueil est peut-être trop ancrée en vous pour que vous puissiez y faire face par vous-même, ou alors vos mécanismes de défense sont trop rigides ou trop envahissants. Ou encore, la lutte pour contrer une zone d'écueil exige de vous un type de force que vous ne possédez pas, par exemple lorsque vous êtes incapable de faire face au comportement rebelle de votre enfant ou à d'autres problèmes. Vous avez alors besoin de l'aide d'un spécialiste.

Ou peut-être êtes-vous déraisonnablement jaloux de votre conjoint. Vous interprétez mal ses actions ou vous les percevez de manière erronée, en vous persuadant vous-même qu'il est infidèle. Vous surveillez ses sous-vêtements, l'odomètre de la voiture, ou vous l'appelez au travail six fois par jour. Le mariage exige un certain degré de confiance, mais parfois, plus on est jaloux, plus la jalousie s'aggrave et devient presque maladive. Sans aide professionnelle, vous aurez de la difficulté à vous sortir de cet engrenage.

Réactions de la famille et des amis

Il arrive souvent que les gens qui ont à cœur votre bien-être voient des choses que vous ne voyez pas. S'ils ne sont pas préoccupés par leurs propres intérêts, qu'ils proviennent de différentes sphères de votre vie et qu'ils disent tous la même chose, soyez vigilant. Peut-être votre femme vous répète-t-elle sans arrêt que vous êtes indisponible et trop occupé par vos propres affaires, et que votre frère aussi vous dit la même chose. Prenez note de ce qu'ils vous disent. Si vous n'y arrivez pas, c'est qu'il est peut-être temps de consulter. Cela vous permettra de confronter votre comportement, plutôt que de constamment chercher à vous justifier.

CHAPITRE 18

Consolider ses succès

L'avenir, tu n'as point à le prévoir mais à le permettre.

ANTOINE DE SAINT-EXUPÉRY

VOUS AVEZ MAINTENANT LU À PROPOS DES ZONES D'ÉCUEIL et vous savez comment les éviter. Nous avons vu beaucoup de gens transformer leur vie en faisant les bons choix et en réalisant des changements. Voici comment certaines personnes ont été capables de percevoir les zones d'écueil dommageables et d'agir de manière efficace pour enrayer leurs comportements nuisibles. Nous savons qu'il est difficile de le faire, c'est pourquoi nous vous conseillons de poursuivre votre lecture ; vous verrez que le changement qui se produit en triomphant d'une zone d'écueil peut améliorer la qualité de vie d'une personne.

Comprendre la portée de ses actions

Pour Neil, jeune cadre de trente-six ans, grimpant les échelons dans l'industrie de l'alimentation, c'est grâce à une conversation avec un associé d'une société de recherches qu'il a pu reconnaître la zone d'écueil *Ne pas savoir comment vous êtes perçu* et s'ouvrir les yeux. Alors qu'il discutait de ses objectifs de carrière et autres possibilités, on lui dit ceci : « Vous projetez une image d'un homme intelligent et compétent, mais vous criez en parlant. » Cette évaluation soudaine mina l'assurance de Neil. « J'étais stupéfait que les gens me perçoivent ainsi, dit-il. Pourtant, j'ai toujours su qu'au fond j'étais impulsif. J'ai déjà fait pleurer deux de mes secrétaires, et l'une d'elles est partie parce que je l'avais engueulée. »

Il était décidé à devenir un dirigeant au sein de l'industrie et savait qu'il devait changer son image pour réaliser cet objectif. Son expérience dans les études de marché lui avait appris l'importance de la perception. Par conséquent, il fut capable de transformer cette nouvelle compréhension de lui-même en action concrète. « Vous devez faire des rectifications sur un produit afin de le rendre plus acceptable pour le consommateur. Si l'emballage ne convient pas, il est essentiel d'en trouver un nouveau. Si les gens détestent le goût, on doit changer la recette. C'est la même chose pour les gens », explique-t-il.

Neil commença alors à observer d'autres dirigeants de l'industrie, particulièrement des P.D.G., sur leur façon de se comporter. Tandis qu'il observait leurs gestes, il prit conscience qu'il avait lui-même tendance à paraître tendu plutôt que décontracté. Il se rendit compte que les gens semblaient parfois le regarder et reculer, croyant qu'il était furieux contre eux. Il pouvait voir leurs yeux s'agrandir. « J'ai compris ceci : si tu vois que l'autre personne semble apeurée ou intimidée, tu dois essayer de détendre l'atmosphère. Si l'expression de mon visage est tendue, alors les gens seront tendus. Alors, de manière délibérée, j'ai commencé à sourire davantage. Puis, les autres ont commencé à se détendre. »

En grimpant les échelons dans différentes entreprises, il continua à prendre les autres comme modèles et à faire tout en son pouvoir pour créer un environnement de travail positif. Il découvrit que de simples attentions, comme des encouragements, font une grande différence sur la motivation des autres. « Si j'entrais dans une réunion de vente en souriant et en serrant la main à tous, cela pouvait changer toute la teneur de la réunion », se souvient-il.

Il se rendit compte également que sa voix était un facteur non négligeable. « Le ton s'amplifie quand on doit composer avec des gens qui sont sous nos ordres », dit-il. « Une simple note trahissant le mécontentement peut être intimidante pour quelqu'un dont le travail dépend de ma satisfaction. J'ai compris que je devais moduler ma voix. »

Il apprit aussi qu'un cocktail est une bonne occasion pour se détendre et non pour tenir des discussions sérieuses. « Avant, j'entrais dans une pièce, et si j'avais quatre problèmes à résoudre, je me dirigeais automatiquement vers les gens concernés pour leur en parler. Ce n'était pas du bon leadership. »

Malgré tout le travail qu'il a dû faire pour changer, Neil doit encore se rappeler de ne pas accaparer la première personne qu'il voit dans une rencontre sociale. « Je sais aussi qu'il est important pour un dirigeant au tempérament quelque peu explosif de réaliser qu'il peut "péter les plombs". Puisqu'il m'arrive d'exprimer ma colère de manière impulsive, je fais tout ce que je peux pour l'atténuer », dit-il.

L'honnêteté que Neil manifeste envers lui-même ne peut être surestimée. Cette force lui a permis de se concentrer immédiatement sur la résolution de son problème et de changer.

Assumer la responsabilité de ses actions

Pour se débarrasser d'un comportement destructeur, il est essentiel de tourner son regard sur soi-même, d'éviter de se mettre sur la défensive et de ne pas porter le blâme sur autrui. Prenons le cas de Brad, optométriste; il a complètement écarté une fille de sa vie voilà trente ans, mais en garde toujours un vif souvenir. Il explique: « Je commençais une nouvelle relation avec une jeune femme, belle et pleine de vie. Je prenais l'autobus pour aller la chercher et l'emmener au cinéma. Nous vivions toujours chez nos parents. Notre relation était magnifique, jusqu'au jour où elle fit quelque chose qui m'offensa. »

Sa petite amie était très possessive envers sa voiture et ne permettait à personne de la conduire, pas même à Brad. Un sentiment de fierté très fort le fit réagir de façon excessive, puisque de l'avis de Brad, qui était assez vieux jeu, c'était l'homme qui était censé conduire. Ils s'emportèrent, et dans les jours et les semaines qui suivirent, au lieu de chercher une solution, Brad bouda. Il attendit, têtu, qu'elle appelle et qu'elle s'excuse de l'avoir blessé. « Bien sûr, je pouvais et même j'aurais dû trouver la manière d'aborder le sujet pour en discuter avec elle. Mais je n'ai rien fait », se souvient-il. Il cherchait à approfondir cette relation et, pourtant, jamais il ne s'est demandé quel était le résultat de son comportement ou si c'était bien ce qu'il voulait. Cette jeune femme n'a jamais appelé, et la relation s'est terminée ainsi.

Cette perte, et les raisons qui en furent la cause, produit un effet durable sur lui. « Je me souviens de l'attente, de la douleur à rester loin d'elle, dit-il. Je m'infligeais cette punition… pour une chose anodine. »

Ce ne fut pas la seule fois où il éloigna quelqu'un parce qu'il était offensé ou en colère. Mais cet incident continue encore de le hanter, simplement à cause de la grande disparité entre la cause et l'effet. Il finit par comprendre que si décharger sa colère lui procurait dans l'immédiat une petite délivrance, cela finissait, à long terme, par lui faire du tort. « Ça m'a ouvert les yeux de constater cela, dit-il. J'ai appris, depuis, qu'il existe de meilleurs moyens pour gérer les disputes et les déceptions. Aujourd'hui, quand je perds patience (et cela n'arrive pas souvent), je le vois comme *mon* échec. Ce fut une véritable révélation, et depuis ce temps-là ma vie est devenue plus paisible et plus riche. »

Ainsi, au lieu de rendre son rôle plus attrayant dans l'histoire, il confronta ses propres actions et tâcha de contrer sa zone d'écueil. Il changea son comportement pour s'éloigner de ce qui l'empêchait d'obtenir ce qu'il voulait et le confortait dans ses propres convictions. Mais il reste vigilant. Il y a quelques années, il s'est emporté contre le fils d'un ami en lui criant par la tête. Profondément embarrassé, il s'était excusé sur-le-champ. Le jeune homme avait obstinément refusé ses excuses et était parti, très en colère. « Je me suis vu moi-même quand j'étais plus jeune, dit-il. Mais les choses se sont beaucoup mieux terminées, car nous nous sommes réconciliés quelques semaines plus tard. »

Plaider sa propre cause

Delores, l'une de nos patientes, avait la certitude qu'elle n'avait aucune maîtrise sur quoi que ce soit. À cause de cela, elle demeura coincée au sein d'une entreprise où personne ne voulait reconnaître son savoir-faire considérable. Gérante et responsable de la tenue de livre, elle avait mis en œuvre des solutions pour faire épargner de l'argent à l'entreprise, en plus de lancer d'autres initiatives importantes et tout aussi efficaces. Elle devait souvent travailler le week-end, sans rémunération supplémentaire. Pourtant, personne ne semblait reconnaître sa contribution, et au moment d'octroyer des augmentations, l'entreprise l'oubliait toujours. Il arrivait même à son supérieur de la ridiculiser. Craignant de prendre des risques et d'aller explorer d'autres avenues, elle restait prise au piège d'un travail ingrat, jusqu'au moment où un parent du propriétaire de l'entreprise eut besoin de travailler. Alors, Delores fut remerciée.

Ce congédiement fut une expérience traumatisante, et il lui fallut beaucoup de temps pour s'en remettre. Cependant, grâce à l'appui de sa famille et de ses amis, elle commença tranquillement à se chercher un autre travail. Elle réalisa qu'elle aimait le domaine informatique et qu'elle y avait toujours excellé. Elle concentra donc ses recherches vers le secteur des services informatiques. Elle obtint bientôt un poste stimulant au double de son salaire précédent. «Je me sentais mille fois mieux. Me faire congédier a été la meilleure chose qui pouvait m'arriver», dit-elle.

Delores, une femme d'un immense talent et aux capacités extraordinaires, était pourtant sous-utilisée et sous-estimée par son employeur. N'ayant qu'une faible estime d'elle-même, elle se sentait trop impuissante pour plaider sa cause et changer la situation. Cependant, elle maîtrisait beaucoup plus son environnement de travail qu'elle pouvait l'imaginer, une réalité qu'elle mettait à profit dans son nouvel emploi. Aujourd'hui, elle beaucoup moins intimidée à l'idée de faire valoir ses réalisations, et n'hésite pas à parler de ses forces à son employeur. Déjà, sa nouvelle assurance s'est traduite en de grosses augmentations et deux promotions.

Accepter de vivre avec des limites

À certains moments, le défi n'est pas d'agir, mais d'accepter tout simplement qu'on ne peut exercer aucun contrôle sur une situation donnée. Victor, propriétaire d'entreprise à Detroit et père de trois garçons, s'était convaincu qu'il pouvait déterminer l'avenir de ses enfants. Il croyait qu'en offrant de bons encouragements et qu'en ouvrant certaines portes, il pouvait guider ses fils vers le succès.

« Dès les premières années, dit-il, je croyais que mes enfants iraient à Harvard ou à Stanford. Il suffisait que je leur transmette les grands espoirs que j'entretenais pour eux et que je m'assure toujours qu'ils fassent leurs devoirs et qu'ils étudient en prévision des examens. Je croyais ainsi que la réussite et tout ce qui en découle se présenteraient à eux. »

Mais l'aîné de ses fils ne se montrait pas coopératif. « Il revenait à la maison et m'annonçait d'abord la bonne nouvelle : "J'ai eu 95 % à l'examen." Puis, il me montrait son bulletin tapissé de C. Il était intelligent, mais il n'aimait pas étudier. » En fait, il préférait la mécanique et il n'était pas rare de le trouver la tête cachée sous le capot d'une voiture. « Il savait que nous voulions qu'il aille à l'université, mais il voyait les choses autrement. Nous avons eu beaucoup de disputes à ce sujet, mais j'ai appris qu'on ne peut pas imposer à un enfant l'avenir qu'on souhaiterait pour lui. » Aujourd'hui, le fils de Victor est un mécanicien automobile et adore son travail.

Victor secoue la tête et fait la remarque suivante : « Ce fut une leçon d'humilité. Je sais maintenant que mon fils doit réaliser ses propres rêves et non les miens. Le plus important, c'est que nous ne nous disputons plus comme avant. Petit à petit, nous avons réussi à développer une relation solide. »

Prenons un autre exemple. Maria, une autre de nos patientes, choisit d'accepter les limites d'un mariage décevant. Femme au foyer, âgée de quarante ans, elle était malheureuse du fait que son mari, Manny, entrepreneur en construction, ne semblait pas vouloir passer du temps avec elle. Après dix-huit ans de mariage, il ne s'intéressait plus à sa compagnie outre quelques soupers en tête à tête une ou deux fois par mois. Leur vie sexuelle était quasi inexistante. Il passait de nombreux week-ends à leur maison de campagne où il pouvait chasser et assouvir sa passion pour la menuiserie. Elle admettait qu'il avait tous les mérites d'un bon père pour leurs trois enfants et toute la famille faisait souvent des voyages de camping. Il aimait rendre visite à ses parents et à ses beaux-parents. Cependant, il ne semblait jamais vouloir passer du temps seul avec Maria.

Elle insista donc pour qu'ils entreprennent une thérapie de couple. Après les premières séances, il était évident que Manny devait comprendre que s'il voulait améliorer son mariage, il devait passer plus de temps auprès de sa femme. Nous lui en fîmes la remarque, mais il répondit : « Je travaille fort toute la semaine et je vais à la campagne pour me détendre. Notre mariage est bien comme il est. »

Maria comprit que même s'il lui était très dévoué à sa façon, il n'était plus attiré par elle et ne désirait pas changer. Il est très difficile de rester dans une relation quand on sait qu'on n'est plus désiré. Manny ne manifestait pas d'intérêt pour d'autres femmes ; il avait plus de passion pour son travail et ses passe-temps que pour le sexe. Maria sut qu'elle avait deux choix : elle pouvait soit le quitter, soit trouver le moyen de rester tout en se sentant bien avec elle-même. Elle était résolue à rester, car elle et son mari provenaient de deux familles latines très soudées et voyaient un grand nombre de parents de chaque côté. Il la traitait avec gentillesse et était généreux de son argent. En outre, le temps passé avec la famille était agréable.

Même si Maria ne pouvait plus éveiller de désir chez son mari, elle était maître de la plupart des autres aspects de sa vie. Ses enfants iraient à l'université dans quelques années, et elle se mit à penser à d'autres moyens de passer le temps de manière satisfaisante. Un jour, d'une façon tout à faire naturelle, lors d'une séance de thérapie, elle présenta un élégant pull-over fait de ses mains durant ses temps libres. Depuis des années, le tricot était l'une de ses passions et elle possédait le talent pour créer des motifs complexes avec de belles couleurs.

Ainsi, au cours de sa thérapie, Maria vit que son talent était un excellent avantage. Avec le temps, elle commença la vente de ses tricots dans les grands magasins. Elle faisait à présent un travail qui ne concernait pas son conjoint. Son succès lui a non seulement donné confiance en elle, mais lui a également permis d'étendre son cercle social. En fait, ses amies d'auparavant étaient les femmes des amis de son mari, et elle ne fréquentait que d'autres couples. Maintenant, elle développait une vie sociale indépendante avec des femmes qu'elle rencontrait grâce à son petit commerce. Ce nouveau cercle, plus stimulant, lui fit prendre conscience de sa propre existence, au-delà des limites rencontrées dans son mariage.

Penser différemment

Jerry, travailleur autonome qui rédige des discours, rencontra Samantha chez un ami lors d'un barbecue. Il tomba immédiatement sous le charme de cette jolie et vive jeune fille blonde, qui partageait d'ailleurs sa passion pour le jazz. Durant les six mois suivants, ils furent inséparables. Ils allaient dans des boîtes de nuit et à des concerts, apprirent à se connaître et tombèrent amoureux. Toutefois, Samantha avait un passé tourmenté. Son père était alcoolique et son frère fréquentait régulièrement les prisons. Sa mère l'avait rejetée, en disant à qui voulait l'entendre qu'elle « n'aurait jamais dû venir au monde ». Adolescente tourmentée, elle fut envoyée dans une école pour jeunes « à problèmes » dont les familles ne pouvaient plus s'occuper.

Pour Jerry, ce passé non seulement le faisait vouloir s'occuper d'elle, mais il rendait Samantha encore plus attirante. Il voulait la marier, persuadé de pouvoir la sauver. Cependant, les parents et les sœurs de Jerry le supplièrent de reconsidérer la question, en essayant de le prévenir : « Elle est instable, possessive et elle ruinera ta vie. » Mais Jerry ne se laissa pas décourager.

Il avait le fantasme classique de sauver la belle en détresse, de la protéger contre les méchants de son passé. « Je savais qu'elle avait des problèmes émotifs, explique-t-il, mais je me sentais tout-puissant. J'ai cru que je pouvais la remettre sur pied, qu'avec mon amour et ma patience, elle guérirait. »

Le retour à la réalité fut brutal et se produisit quelques heures à peine après le mariage. En route vers le Canada pour leur lune de miel, ils s'arrêtèrent à un motel. Et là Samantha provoqua une violente dispute. Pendant qu'elle criait, elle lui lança des lampes à la tête et l'agressa à coups de poing. Sa petite crise dura des jours. Dans une autre ville, Jerry pensa sérieusement à la renvoyer dans un avion et à annuler le mariage. Toutefois, il tenait désespérément à son rêve de la sauver. Il se dit qu'elle n'était qu'immature.

Les crises de colère de Samantha se firent plus régulières, et la vie avec elle était devenue comme de véritables montagnes russes. Avant le mariage, elle semblait être folle de musique, mais maintenant, elle détestait cela. Elle refusait d'aller dans des boîtes de jazz et interdisait à Jerry de s'y rendre. Il n'avait même pas à la provoquer pour qu'elle soit jalouse.

« Elle croyait que j'avais une aventure avec chaque femme qui m'appelait pour le travail, dit-il. Si seulement c'était vrai. Je serais une légende. » Ils avaient maintenant trois fils. « Qu'est-ce que j'étais censé faire ? Je ne pouvais pas les laisser seuls avec elle ; j'aurais dû en prendre la garde, mais j'avais l'impression qu'ils étaient trop jeunes pour cela », dit-il.

Des années plus tard, ils divorcèrent, et le catalyseur en fut le déménagement dans une plus grande maison. En raison d'un pépin dans le transfert d'école, Samantha dut demeurer un certain temps avec un de leur fils dans l'ancienne maison pendant la semaine, tandis que Jerry et les autres garçons habitaient dans la nouvelle demeure, à deux heures de route. Ils se rejoignaient tous les week-ends. « Ce fut une révélation stupéfiante. J'ai découvert ce qu'était la vie sans elle, confesse-t-il. J'ai ressenti un sentiment de liberté énorme, dénué de la tyrannie et de l'oppression. J'ai décidé que les enfants, alors âgés de neuf, dix et douze ans, étaient assez vieux pour que j'en obtienne la garde. Je voulais m'en sortir. » Il était resté dans cette même situation pendant treize ans.

« J'aurais aimé avoir plus de maturité au départ, dit-il. Sans raison valable, je croyais que je possédais ce qu'il fallait pour l'aider et je me suis convaincu que je l'aimais. Avec le recul, je me demande si ce n'était pas plutôt de la pitié que de l'amour. Puis, d'une certaine manière, peut-être ai-je été aussi dépendant d'elle. Autrement, je serais parti plus tôt. »

Durant la première année suivant le divorce, Jerry ne sortit qu'avec des musiciennes, car la musique était sa passion. Mais il se rendit compte qu'il voulait quelque chose de différent, et c'est ce qu'il trouva en sa nouvelle femme, exactement l'opposé des femmes qui l'avaient attiré jusqu'alors. « Nos personnalités se complètent, nous partageons la même perspective de vie, et puis tout le reste. Elle a une âme généreuse, elle est pleine de compassion, de compréhension, et elle est vraiment enthousiaste à l'idée d'essayer de nouvelles choses. Par exemple, elle n'était pas fervente de musique quand nous nous sommes rencontrés, mais elle était prête à venir avec moi à des concerts. Elle a découvert qu'elle aimait le jazz. Elle est la plus grande humaniste que je connaisse. J'ai vraiment réussi à apprendre de mes erreurs », dit-il.

Se servir de ses forces

Les personnes dont nous venons de parler ont toutes quelque chose en commun. Par elles-mêmes ou avec l'aide des autres, elles ont été en mesure de reconnaître les comportements nuisibles, de les changer et d'améliorer leur vie personnelle et professionnelle. Un autre moyen pour vivre de façon optimale est de se servir de ses forces.

Vous possédez peut-être des forces que vous n'avez jamais considérées comme des atouts. Par exemple, vous savez peut-être très bien comment soutenir quelqu'un, mais vous sous-estimez la valeur du rôle de soutien. Un jour, nous avons assisté à une soirée pour préparer l'entrée à l'université de l'un de nos enfants, et l'un des responsables des admissions déclara : « Les gens parlent surtout des dirigeants, mais ici, nous recherchons ceux qui vont faire partie de toute une communauté. Tout le monde n'a pas besoin de devenir président de l'association étudiante ou d'être le capitaine des groupes de discussions. Nous avons besoin de gens capables de participer, de suivre, d'adhérer, et souvent, ils ne sont pas assez reconnus. »

Peut-être êtes-vous de ceux qui se sentaient moins valorisés à l'université, car vous n'y avez pas fait de grandes réalisations. Vous n'avez pas été choisi comme chef d'équipe ou comme dirigeant de la classe et vous n'étiez pas non plus la vedette du cours de théâtre. Heureusement, votre mère vous avait donné d'autres raisons d'être fier. Vous faisiez partie d'un auditoire assidu et votre apport en ce sens fut important. Que feraient les musiciens, les danseurs et les acteurs si des gens enthousiastes n'allaient pas au théâtre ou aux concerts pour les applaudir ? Comment la vie politique fonctionnerait-elle sans l'aide des volontaires prêts à s'occuper du courrier et à faire le porte-à-porte ? Vous avez non seulement été présent à toutes les saynètes de l'école, mais vous avez également travaillé avec assiduité en faisant de la publicité pour l'album des finissants. Vous n'avez jamais pris conscience que vous participiez à un plus grand ensemble et que vous apportiez une contribution à votre manière.

Peut-être que votre femme et vous avez réussi à inverser les rôles ; vous êtes resté à la maison pour vous occuper à temps plein de vos trois jeunes enfants, tandis que votre femme est une banquière d'affaires très importante. Vous n'êtes pas bon pour prendre des initiatives, mais si l'on vous dit quoi faire, vous pouvez par exemple appeler d'autres parents pour organiser des fêtes d'enfants. Vous pouvez être un homme au foyer et faire l'épicerie. Votre femme est plus énergique et assurée que vous l'êtes. En somme, vous savez tous les deux quelles sont vos forces, vous reconnaissez les atouts de l'autre et votre mariage est fort, bien qu'inverser les rôles puisse parfois causer des frictions.

Il est tout aussi important de reconnaître les situations où vous n'êtes pas à votre meilleur, afin de ne pas y replonger machinalement. En effet, il nous arrive souvent d'être attiré sans réfléchir vers de telles situations, qui sont vouées à l'échec et qui nous font sentir nuls. Prenons l'exemple d'un représentant syndical de notre connaissance qui a fini un jour par accepter la réalité : c'est un épouvantable membre de comité. « On me demande souvent de joindre des comités, alors je dis oui, dit-il. Mais la vérité est que j'aime mieux faire les choses moi-même. Quand je dois travailler en groupe, non seulement je ne suis d'aucun secours, mais je dérange, car je m'ennuie. » Ainsi, l'ennui peut vous amener à chercher les problèmes et à flirter avec le danger au lieu d'essayer d'en comprendre les raisons et de trouver ce que vous pouvez faire. Cet homme reconnaît à présent qu'il n'a pas sa place dans les comités, de sorte qu'il dit non chaque fois que l'occasion se présente.

Il est important de ne pas dépasser ses capacités, et ce principe est bien représenté dans *Le principe de Peter*, un classique qui traite du phénomène des gens d'affaires promus au-delà de leur niveau de compétence. Par exemple, un excellent menuisier d'une entreprise en construction peut devenir superviseur ou directeur des ventes. Cependant, il est possible qu'il soit mauvais dans ces fonctions, car elles requièrent des aptitudes tout à fait différentes. Être bon menuisier nécessite une bonne connaissance du métier, et superviser des vendeurs exige la capacité à gérer une équipe et à affronter les particularités du marché.

Aussi, quand une promotion vous éloigne de vos meilleures aptitudes, vous risquez de vous mentir à vous-même. Au bout du compte, les idées de grandeur se manifestent et les réactions positives de vos subordonnées, souvent hypocrites, contribuent à vous faire croire que vous êtes excellent. Il n'est pas rare pour une personne brillante de penser qu'elle peut tout réussir. Vous devez réaliser que vous pouvez être très habile dans un domaine et médiocre dans un autre.

Il existe bien sûr des situations où vous devez ou souhaitez participer à des activités pour lesquelles votre talent est limité, ce qui n'est pas mauvais, pourvu que vous ne vous y trompiez pas. Mais il est bon de vous poser quelques défis parfois, afin de développer des aptitudes moins sollicitées. L'important est d'utiliser une approche réaliste. N'hésitez pas à suivre un cours de mathématiques ou à apprendre une autre langue, même si vous n'excellez pas dans ces sujets. Acceptez un défi au travail sans savoir si vous pouvez le réussir. Mais du coup, sachez que vous aurez peut-être à travailler plus fort que d'autres quand il ne s'agit pas de votre point fort.

Si, par exemple, vous démarrez une entreprise et que vous êtes plus doué pour la vente que pour la gestion, vous aurez besoin d'un gestionnaire pour assurer la supervision. Si vous décidez de prendre la parole à une conférence afin d'accroître votre visibilité, vous devez vous préparer plus à fond, vous pratiquer plus longtemps à dire votre discours et peut-être même penser à suivre un cours d'art oratoire pour affiner votre technique.

Être souple, car le succès a plusieurs masques

Cela peut vouloir dire neutraliser une caractéristique de votre personnalité qui ne joue pas en votre faveur, suivre un cours auquel vous n'aviez jamais songé ou développer votre assurance à accepter ou à refuser les risques. Quelquefois, vous devez seulement changer vos objectifs de vie pour obtenir satisfaction. Quel que soit le chemin que vous jugez bon de prendre, dites-vous que vous pouvez faire des changements favorables.

CHAPITRE 19

L'avenir vous appartient

*Le changement est le processus par lequel
l'avenir envahit nos vies.*

ALVIN TOFFLER

VOUS SAVEZ MAINTENANT BEAUCOUP DE CHOSES sur la manière
d'éviter de refaire les mêmes erreurs pénibles du passé. Peut-
être même avez-vous commencé à penser différemment et
entrepris quelques démarches pour changer vos comportements. Il serait maintenant bon d'évaluer où vous en êtes, et
d'apprendre comment faire pour garder le cap dans la bonne
direction.

Quel chemin avez-vous parcouru?

Pour savoir quel chemin vous avez parcouru depuis que vous
avez ouvert ce livre pour la première fois, refaites l'inventaire initial du chapitre 2. Si votre lecture s'est étalée sur plusieurs semaines
ou davantage, répondez au questionnaire de suivi dès maintenant. Si vous avez lu le livre dans un laps de temps plus court,
attendez au moins un mois, le temps de digérer ce que vous avez
appris et de commencer à l'appliquer. Posez-vous à nouveau les
questions suivantes:

Inventaire des zones d'écueil – Questionnaire de suivi

Directives : Notez chacun des énoncés suivants sur une échelle de 1 à 5, comme suit :

1 = pas d'accord la plupart du temps
2 = pas d'accord à l'occasion
3 = d'accord et pas d'accord à peu près également
4 = d'accord à l'occasion
5 = d'accord la plupart du temps

- Mes décisions entraînent habituellement les résultats que j'avais prévus.
- Quand une situation ne donne pas les résultats escomptés, je suis capable de voir où j'ai failli dans mon évaluation.
- Je sais habituellement comment faire pour éviter d'être submergé par des émotions fortes telles que l'amour fou ou la peur, qui déforment mon jugement.
- Je parviens assez bien à reconnaître ceux en qui je peux avoir confiance, et ceux en qui je ne peux pas avoir confiance.
- Je sais ce que j'attends des gens.
- Je perçois bien ce que les gens attendent de moi.
- Les autres reçoivent les messages que je leur communique exactement comme je l'entendais.
- Je sais toujours quand il faut (et quand il ne faut pas) agir dans une situation donnée.
- J'assume la responsabilité de mes fautes et de mes erreurs, et je m'attends à ce que les autres fassent de même.
- J'ai le sentiment de maîtriser ma propre destinée, bien que je sois conscient que certaines choses soient hors de mon contrôle.

Comparez maintenant vos réponses à celles que vous aviez indiquées la première fois. Vous sentez-vous plus en confiance dans votre manière de transiger avec vos zones d'écueil ? Laquelle ou lesquelles des huit zones critiques représentent encore des domaines plus sensibles chez vous ? Indiquez-les ci-dessous.

Première zone d'écueil : *Prendre ses désirs pour des réalités*
Deuxième zone d'écueil : *Ne pas savoir si vous maîtrisez ou non une situation*
Troisième zone d'écueil : *Croire aux mythes*
Quatrième zone d'écueil : *Ne pas savoir comment vous êtes perçu*
Cinquième zone d'écueil : *Être à la recherche d'un héros*
Sixième zone d'écueil : *Être un héros ou un sauveur*
Septième zone d'écueil : *Être submergé par les émotions*
Huitième zone d'écueil : *Choisir le mauvais moment*

Quelles que soient les zones que vous ayez indiquées, vous êtes maintenant mieux outillé pour entreprendre le dur travail qui consiste à changer.

Faire face à l'adversité

Il est important de comprendre que mettre en lumière les zones d'écueil et les confronter est un processus qui s'entreprend étape par étape. À mesure que vous progresserez, vous verrez à quel point il est difficile de se faire soi-même des mises en garde, en disant, par exemple : « Un instant ! Je ne suis pas certain que les choses se passent comme il faut. J'aimerais revoir la situation. » Il faut du courage pour réévaluer ce que vous êtes en train de faire. Pour vous aider à faire face aux revers que vous pourriez éprouver en cours de route, nous vous suggérons quelques techniques, expliquées ci-dessous.

1. *Vérifiez vos objectifs à court et à long terme, et assurez-vous de les mener à terme*

Pour obtenir ce que vous voulez dans la vie, vous devez vous fixer à la fois des objectifs à court terme et d'autres objectifs à plus long terme. Il n'est pas rare, toutefois, de privilégier les uns au détriment des autres. Vous visez peut-être de faire partie de la haute direction de votre entreprise, alors que vous vous embourbez continuellement dans les petites luttes intestines et les conflits de politique interne. Ce genre d'accrochages vous drainent de votre énergie, et cela vous distrait dans votre projet à long terme, c'est-à-dire obtenir une promotion. C'est un peu comme gagner la bataille mais perdre la guerre.

D'un autre côté, l'impatience peut vous faire oublier l'importance d'établir en premier lieu des objectifs à court terme, des étapes transitoires qui vous mènent à votre destination finale. Par exemple, si votre but à long terme est de vous marier, les objectifs à court terme pourraient être d'établir un réseau de contacts, par exemple, ou de vous joindre à certaines organisations, ou de vous impliquer à fond dans un projet communautaire. Toutes ces activités vous permettent de rencontrer de nouvelles personnes. Vous pourriez également tenter de savoir comment vous êtes perçu, et essayer de déterminer s'il y a des façons de faire chez vous qui rebutent les autres.

2. Posez-vous la question « Est-ce que je fais les choses correctement ? »

En cours de route, vous ferez immanquablement des erreurs, et il y aura des faux départs et des périodes d'inertie. Il faut s'y attendre et s'y préparer. Ne vous tapez pas sur la tête en constatant que vous ne progressez pas aussi vite que vous l'auriez voulu, ou si vous reculez par moments. Il faut beaucoup de travail pour arriver à définir ce qui se passe dans une vie.

Demandez à d'autres de vous donner leur avis quant à vos progrès, en sachant que certains signes vous indiqueront que vous êtes sur la défensive quand vous entendez ce qu'ils vous disent. Personnel hôtelier, enseignants et parents veulent tous savoir si vous allez bien, mais peu écoutent vraiment la réponse que vous leur donnez. L'histoire des deux restaurants illustre bien ce que l'on voit souvent se produire. Dans le premier restaurant, qui vient tout juste d'ouvrir ses portes et où les prix sont exorbitants, les plats chauds sont servis froids, et le serveur n'apporte pas les hors-d'œuvre que vous aviez demandés. À la fin du repas, le propriétaire de l'établissement se présente à votre table en vous demandant si tout était à votre goût. Quand vous lui répondez franchement, il se met à promener son regard partout dans la salle ; de toute évidence, il a très hâte de s'en aller. Il vous salue enfin d'un petit « bonsoir » cassant. Bien sûr, vous ne mettez plus jamais les pieds dans ce restaurant.

Dans un autre restaurant, ouvert depuis des années et très fréquenté, les choses se passent d'une manière bien différente.

S'il arrive que le service soit lent, le propriétaire offre une boisson ou le dessert aux frais de la maison. À une occasion, un steak qu'on avait commandé saignant fut servi bien cuit; le propriétaire ordonna qu'on prépare à nouveau la commande et déchira la note. Non seulement ce restaurateur sert-il de la nourriture succulente, mais il reconnaît ses erreurs et s'occupe de les réparer. Le message qu'il livre à la clientèle est clair : il se soucie d'eux et souhaite qu'ils repartent satisfaits. On comprend mieux pourquoi ces restaurants ont su gagner la fidélité de leur clientèle.

3. Trouvez un juste équilibre entre les voix intérieures et les influences extérieures

Se fier à son instinct constitue souvent un bon point de départ pour prendre une décision. En effet, c'est en se fiant à leur intuition que souvent les gens décident de prendre un risque ou de se lancer dans une aventure audacieuse. D'un autre côté, l'intuition ne suffit pas quand on veut poursuivre un projet et le mener à bon port. Il est certes important de noter les signaux que vous ressentez au creux de l'estomac, mais il est tout aussi important de les observer dans leur contexte. Font-ils le poids par rapport aux résultats des études de marché et aux réactions de votre entourage?

Quelquefois vous déciderez tout simplement d'aller de l'avant, peu importe les signes extérieurs. Cependant, ne le faites que si vous acceptez d'assumer entièrement la responsabilité de votre décision. Si votre projet s'avère un désastre, la malchance n'aura rien eu à faire là-dedans. Vous seul aurez décidé de mettre en œuvre ce projet risqué. Posez-vous également la question suivante : «Ai-je les moyens d'éponger une perte en cas d'échec?»

Prenons un exemple. Vous avez l'habitude de loger à un certain hôtel chaque fois que vous allez en Floride. Au fil des ans, vous en êtes venu à bien connaître le propriétaire. Un jour, il vous annonce qu'il prend sa retraite et qu'il a l'intention de vendre l'hôtel. Vous venez justement de vous départir de votre propre commerce et immédiatement, l'idée vous prend de saisir l'occasion au vol : en effet, vous adorez ce lieu, l'emplacement, les installations et surtout le terrain de golf. Mais vous connaissez aussi l'importance de procéder à une vérification au préalable. Prenant tout le temps qu'il faut, vous évaluez le prix d'achat et la rentabilité de l'hôtel comparativement à ceux d'autres propriétés. Vous effectuez des recherches pour connaître les possibilités de financement, vous familiariser avec l'économie locale et vous mettre au courant des tendances en matière de tourisme. Au bout du compte, vous constatez que l'acquisition serait une erreur sur le plan financier. À regret, vous devez laisser tomber votre projet. Vous aimez l'idée de posséder votre hôtel et votre propre terrain de golf, mais vous n'avez pas les ressources nécessaires pour absorber une grosse perte. La zone d'écueil *Être submergé par les émotions* vous a causé bien des problèmes dans le passé, mais cette fois-ci, vous réussissez à surmonter votre blocage.

4. Rappelez-vous qu'on ne vous demande pas la perfection

Nous voulons faire en sorte que vous puissiez un peu mieux évaluer la justesse d'une décision. Chez l'un de nos patients, la zone d'écueil *Être à la recherche d'un héros* constitue l'une des zones les plus présentes dans sa vie. Cet homme, un excellent directeur dans une entreprise du secteur de l'informatique, nous dit un jour : « Je prends trop souvent les gens pour ce qu'ils ne sont pas et chaque fois je suis déçu. Je me laisse très souvent influencer par la personnalité de quelqu'un. Je sais maintenant que je peux me fier au jugement de mon épouse lorsque j'ai besoin de revenir sur terre. Quand elle me dit : "Te voilà encore à mettre quelqu'un sur un "piédestal" je l'écoute. Je m'entiche trop facilement, et je sais que c'est une zone d'écueil chez moi. »

Il eut récemment l'occasion de vérifier sa nouvelle attitude lorsqu'il assista à une présentation donnée par un conseiller financier. « Je l'aimais bien, raconte-t-il, et je commençais à me dire qu'il avait raison. Je voulais tellement croire à ce qu'il disait. Puis j'ai réfléchi : "Est-ce que ce ne serait pas ma zone d'écueil qui s'active, là ? Il semble y avoir un petit quelque chose qui cloche dans son histoire." Pour la première fois, et relativement rapidement, j'ai été capable de reconnaître ce qui se passait. Ça m'a donné encore plus confiance dans mes capacités à prendre des décisions par rapport à d'autres. »

Transiger avec les zones d'écueil d'autrui

La vie est déjà assez difficile quand il faut s'occuper de ses propres zones d'écueil. Mais il arrive parfois que vous deviez aussi transiger avec les zones d'écueil d'une autre personne parce qu'elles vous touchent directement. Que faire quand quelqu'un tente de vous changer ou de vous remettre dans le droit chemin ? Quelle est la meilleure façon de faire face à quelqu'un de votre famille qui vous a injustement collé une étiquette ? Ou un sauveur professionnel qui vous a pris comme cible ? Il faut d'abord et chaque fois se demander si la chose nous dérange. Ensuite, si cela vous dérange, voulez-vous mettre de l'énergie à rectifier les choses ?

On vous a peut-être toujours considéré comme le maladroit de la famille. Cette perception est peut-être née à la suite d'un incident particulier, ou alors reflète la personne que vous étiez il y a longtemps. Adolescent, vous étiez peut-être paresseux. Aujourd'hui, vous travaillez dur, mais votre famille semble toujours voir en vous un grand fainéant de seize ans. Si cela vous dérange et que vous voulez qu'on vous traite autrement, dites ceci, par exemple : « Je crois que vous avez un blocage par rapport à ce que je suis et à ce que je fais. Je me levais peut-être à midi quand j'étais adolescent, mais c'était il y a des lustres. Vous agissez en fonction d'une information qui n'est plus valable aujourd'hui. »

Ce genre de discours retient vraiment l'attention des gens. Parfois, simplement mettre le doigt sur une zone d'écueil en disant à quelqu'un : « C'est quoi, là ? Je pense que tu ne me vois pas tout à fait comme je suis réellement » peut changer la perception de cette personne. Ou du moins faire en sorte qu'elle n'agisse plus ainsi avec vous.

La même technique peut s'appliquer au sauveur professionnel qui vous a mis dans sa mire. Face à lui, vous pouvez dire : « J'apprécie beaucoup la générosité de ton geste, mais je n'ai pas envie (ou je n'ai pas besoin) qu'on vienne à mon secours. »

Que faire si vos parents veulent que vous soyez avocat dans une grande entreprise, alors que vous avez d'autres projets ? Vous pouvez leur dire quelque chose du genre : « Vous avez un sérieux blocage par rapport à ce que je suis. Vous voulez que je devienne avocat, mais je n'ai pas ce qu'il faut pour réussir dans ce domaine.

Et même, je n'aime pas ça. Je veux être musicien.» Une jeune femme forcée par sa famille à faire médecine a dû suivre un cours de chimie, qu'elle a détesté. Elle se décida un jour à aller voir son père pour lui dire qu'elle détestait les sciences et qu'elle souhaitait qu'on cesse de vouloir faire d'elle un médecin. Ce n'était pas ce qu'elle voulait faire.

Dans une situation où quelqu'un exerce une autorité sur vous (comme c'est le cas d'un superviseur), votre pouvoir d'action est limité et il vous faut user de beaucoup de diplomatie. Soyez conscient que votre habileté à transiger avec les zones d'écueil d'autrui pourrait être compromise et que certains risques sont présents. Si vous vous confrontez trop directement à un patron odieux, votre évaluation de rendement pourrait s'en ressentir, ou pire, vous pourriez être congédié. Vous déciderez peut-être que votre emploi est plus important et que vous allez plutôt tenter de le supporter.

À d'autres moments, vous n'aurez peut-être pas le choix de vivre avec les zones d'écueil d'une autre personne. Vous direz à ce moment-là : «Mon patron se met facilement en colère. Je n'arrive pas à lui faire comprendre ce qui me déplaît. Mais j'aime mon travail, alors je dois trouver le moyen de tolérer sa façon d'être ou m'arranger pour la contourner. »

Peut-être votre mariage bat-il de l'aile. Pourtant, vous décidez de rester, même si la relation n'est pas celle que vous auriez voulue, car à vos yeux le divorce serait bien pire. Certains couples, effectivement, considèrent l'ensemble de la situation – enfants, style de vie, amitiés et vie sociale – en décidant que, tout compte fait, il vaut la peine de rester ensemble. Vous serez peut-être tenté de tout balancer, mais partir sans penser aux conséquences néfastes de votre geste pourrait être le signe, en soi, d'une zone d'écueil.

Il est possible que vous ne vouliez pas soulever la présence d'une zone d'écueil chez quelqu'un, parce que cela ne servirait à rien. Si la personne est incapable de la voir, il vous faudra peut-être trouver le moyen de transiger avec sa zone d'écueil, tout comme vous transigez avec les petites manies de n'importe qui d'autre. Savoir que ce n'est pas vous qui êtes dans cette zone d'écueil peut parfois être très rassurant.

Quand ce n'est pas vous

Par ailleurs, il se peut, même si la zone d'écueil d'une autre personne ne vous touche pas directement, que vous vouliez aider cette personne parce que vous l'aimez. Combien de fois n'avez-vous pas vu votre ami, votre enfant ou votre conjoint répéter la même erreur et bousiller ainsi une relation, sa carrière ou sa sécurité financière ? À un moment ou un autre, vous aurez probablement voulu lui poser la question : « Comment peux-tu être aveugle à ce point ? Ne vois-tu pas que tu cours tout droit à la catastrophe ? » Il est tout naturel de vouloir aider une personne chère qui est sur le point de se faire du mal. Mais, malheureusement, il n'y a pas grand-chose que vous puissiez faire ; les gens, en effet, rejettent ceux qui leur donnent des avis non sollicités.

Avant de dire ce que vous pensez à cette personne, tenez compte des trois facteurs suivants :

De quel type de relation s'agit-il ? À un enfant adulte ou à une personne très proche de vous, vous pouvez dire : « Je m'inquiète de voir ce que tu fais. » Mais si vous insistez alors que la personne ne veut rien entendre, vous transgressez les limites. Vous devez absolument respecter les limites de l'autre. Il est difficile de rester là à observer passivement quand vous vous dites qu'il suffirait qu'il ou elle voie les choses un peu plus clairement pour que la catastrophe soit évitée. Mais quelquefois c'est exactement ce que vous devez faire.

Quelles sont les conséquences de dire (ou de ne pas dire) quelque chose ?

Cela dépend du genre de comportement en cause. Si quelqu'un tient à toujours épouser le même genre de personne (qui ne lui convient pas, selon vous), c'est son affaire, à moins que la violence n'entre en jeu. Par contre, si la personne parle de suicide, vous devez parler. Vous voudrez sans doute lui dire qu'elle a besoin d'aide.

Quel risque y a-t-il pour notre relation ?

Tentez d'évaluer les conséquences qui pourraient découler de la réaction de la personne face à vos remarques. Posez-vous la question : « Quelle est la pire chose qui pourrait arriver si je dis le fond de ma pensée ? » La personne sera-t-elle contrariée, ou bien coupera-t-elle définitivement les ponts ? Certaines personnes n'aiment pas du tout qu'on entre dans leur vie privée. Une bonne manière de préserver la relation est de demander à l'autre, par exemple : « Veux-tu que je te dise ce que j'en pense, ou bien fais-tu simplement décharger ta colère ? » Si la réponse est la deuxième option, vous devrez l'accepter.

Transformer l'échec en réussite et poursuivre son chemin

Après avoir commis des erreurs graves, souvent les patients nous disent : « À ce moment-là je croyais faire la bonne chose. Si seulement je pouvais retourner en arrière. » Les erreurs font partie de la vie. Mais en ayant davantage conscience de vos zones d'écueil, vous êtes capable de faire des choix plus avisés et vous trébuchez moins souvent. Chaque mésaventure apporte ses leçons, vous comprenez mieux ce que vous avez fait correctement et où étaient vos erreurs. Il faut viser à devenir plus sage dans la manière de vivre sa vie, pour qu'un jour on puisse dire : « Voilà où sont mes faiblesses, et voici ce que je vais faire pour me protéger la prochaine fois. »

Une fois que vous voyez les choses plus clairement, les problèmes qui vous apparaissaient impossibles à dénouer commencent à moins vous intimider. Les options se multiplient, de même que les occasions qui s'offrent à vous. Une situation auparavant pénible et obscure se précisera pour devenir claire comme de l'eau de roche, et vous pourrez plus aisément comprendre ce qui se passe et entamer certains gestes. Peu à peu, reconnaître et prendre en main vos zones d'écueil deviendra même un jeu auquel vous prendrez plaisir à jouer.

Vous avez acquis les outils qui vous permettront d'accomplir les tâches nécessaires. Mettez-vous au travail dès maintenant, car c'est ainsi que vous vous rapprocherez des buts que vous vous êtes fixés. Nous vous souhaitons bonne chance.

Table des matières

TROISIÈME PARTIE: Un chemin d'évolution

Achevé d'imprimer au Canada
sur papier Quebecor Enviro 100% recyclé
sur les presses de Quebecor World Saint-Romuald